Kühlwein
Warum der Papst schwieg

Klaus Kühlwein

Warum der Papst schwieg

Pius XII. und der Holocaust

Für

Pfson Rabinbach

Anregende und nachdenkliche
Lektüre wünscht

Ihr Klaus Kühlwein

Patmos

Freiburg, 19. Sept. 2008

Information der Deutschen Nationalbibliothek

Die Deutsche Nationalbibliothek verzeichnet diese Publikation in der
Deutschen Nationalbibliografie; detaillierte bibliografische Daten
sind im Internet über http://dnb.d-nb.de abrufbar.

INHALT

EINFÜHRUNG

Als Papst Pius XII. für immer die Augen geschlossen hatte, kam er zum Himmelstor und bat Petrus um Einlass. Dieser blickte seinen Nachfolger streng an und fragte: »*Quo vadis, Eugenio?*« Wohin gehst du? Pius erinnerte sich sofort an diese Worte, die Petrus schon einmal an den Herrn Jesus selbst gerichtet hatte. Es war vor den Toren Roms, als er Jesus mit einem Kreuz auf den Schultern in Richtung Rom gehen sah. Petrus war gerade dabei, aus Rom zu fliehen. Jesus sagte ihm, dass er nach Rom gehe, um ein zweites Mal gekreuzigt zu werden.

Im ersten Augenblick war Pius stolz, als ihm die gleiche Frage gestellt wurde wie Jesus. »*Ich komme aus Rom und will in den Himmel – ich bin doch der Papst*«, antwortete Pius. Petrus erwiderte nichts. Er schaute ihn nur an. Plötzlich ging das Tor auf. Jesus kam heraus und lief wortlos an den beiden vorüber. Pius wurde stutzig und fragte Petrus, was der Herr vorhabe. »*Er geht nach Rom, um sein Evangelium ein zweites Mal zu verkünden*«, gab Petrus zur Antwort. Unruhig schaute Pius dem Herrn hinterher. Da machte er kehrt und eilte selbst nach Rom zurück.

Seither streift der Geist Pius' XII. in der Stadt und auf dem Erdkreis umher. Er sucht den Herrn, um sich mit ihm zu versöhnen und Ruhe zu finden bei dem, dessen Stellvertreter er einst war.

Diese kleine Geschichte provoziert in mehrfacher Hinsicht. Zunächst will sie wohl erklären, warum es kein Ende nimmt mit dem Streit um Papst Pius XII. und sein Schweigen zu dem Menschheitsverbrechen der nationalsozialistischen Judenvernichtung. Pius hatte sich nicht gescheut, den unseligen Krieg zu verurteilen, die zahlreichen Gräuel schonungslos anzuprangern und den Kriegsparteien das Leiden der betroffenen Menschen drastisch vor Augen zu führen. Doch zur systematischen Mordaktion am europäischen Judentum durch Hitlers Schergen nahm er öffentlich keine Stellung. Er schwieg.

Warum? Warum nannte Pius XII. das Unfassbare nicht beim Namen? Warum erhob er keine Anklage gegen Nazi-Deutschland, und warum verurteilte er nicht mit pontifikaler Autorität die Verfolgung und Vernichtung der Juden im besetzten Europa? Warum machte er nicht wenigstens den Versuch, durch seine Stimme an das Gewissen Millionen Deutscher zu appellieren, es zu schärfen und zu mahnen? Warum brach er nicht zumindest den päpstlichen Stab über die gottlose, höllische Macht des Nationalsozialismus und exkommunizierte alle Anhänger?

Schon während des Krieges haben viele Menschen diese Fragen gestellt und auch persönlich Pius XII. vorgetragen. Man haderte mit dem schweigsamen Pontifex und forderte einen lauten römischen Protest, der in Deutschland und auf der ganzen Welt widerhallen sollte. Doch Pius zögerte und schwieg.

Auch nach dem Ende des Krieges wollten die kritischen Anfragen nicht verstummen. Aber aus Ehrfurcht vor dem noch aktiven Pius XII. wurden sie künstlich ruhig gehalten. Doch spätestens mit der explosionsartigen Erschütterung, die die Uraufführung des Theaterstücks DER STELLVERTRETER von Rolf Hochhuth[1] im Frühjahr 1963 auslöste, gelangten sie jäh auf die Tagesordnung. Seither brodelt und kocht die Auseinandersetzung, und in unregelmäßigen Abständen schäumt sie über. Die Energie des Konflikts scheint unerschöpflich zu sein. In einem der ersten Leserbriefe 1963 (aus San Francisco) wurde noch die Prognose abgegeben, dass man um das Jahr 2000 Pius XII. vergessen haben werde.[2] Die gegenwärtige Aufregung um seine Person sei nur ein Strohfeuer ohne Substanz. Papst Pius XII. vergessen und versunken in den Falten der Geschichte? Die Vorhersage lag gründlich daneben. Der ruhelose Geist des Papstes fordert unablässig Erinnerung, und nach fünfzig Jahren macht er immer noch keine Anstalten das Feld zu räumen.

Was kann die andauernde Auseinandersetzung bringen? Oder mit der kleinen Geschichte gefragt: Warum will Jesus sein Evangelium erneut verkünden, und welche Aussöhnung sucht Pius mit seinem Herrn?

Im Januar 1945 befragte der amerikanische Geheimdienstoffizier und gebürtiger Wiener Jude Saul Padover offiziell auch den Bischof von Aachen in der schon besetzten Stadt. Der Bischof sprach vom Mut, gegenüber der nachfolgenden Generation die ganze Wahrheit zu sagen. Padover hakte nach und fragte, warum denn auf Seiten der Kirche nicht schon längst die Wahrheit gesagt und nicht offen Widerstand gegen die faschistischen Lügner und Mörder geleistet worden sei. Der Bischof reckte die Hände zum

Himmel und beklagte, dass man überhaupt nichts habe tun können bei dem Terror rings herum. Sicher, man hätte sich schon 1933 verweigern müssen, doch danach sei es zu spät gewesen. In Deutschland hätte Widerstand den Märtyrertod bedeutet, und die Kirche wollte keine Märtyrer, so der Bischof. Padover dazu: »Ich erklärte ihm, dass ich mittelalterliche Geschichte unterrichtet hätte und dass es meines Wissens einst Märtyrer gegeben habe, stolze Märtyrer, die sich furchtlos für Wahrheit und Gerechtigkeit geopfert hätten. Der Bischof schwieg. Ich sagte: »Jesus, der Begründer Ihrer Kirche, hatte keine Angst, die Wahrheit zu sagen, die in ihm war.« Es wurde ganz still in dem dunklen Zimmer. Schließlich sagte der Bischof ruhig: »Ja, das stimmt, aber schauen Sie, was man mit ihm gemacht hat!«[3]

Hatten die Bischöfe in Deutschland und hatte der Papst in Rom Angst um das nackte Leben? Drohungen gab es genug, auch gegenüber Pius XII. Was bedeutete das für den Auftrag, das Evangelium zu verkünden, ob gelegen oder ungelegen? War der Mensch Eugenio Pacelli, im Amt oberster Lehrer und Hirte, ängstlich oder gar feige? Fehlte ihm der Mut, unerschrocken aufzutreten wie sein Herr, dessen Stellvertreter er war?

Der Vorwurf feiger Leisetreterei wiegt schwer. Eine Bestätigung wäre fatal für das Ansehen des Papsttums und für die Einschätzung der Persönlichkeit Pius' XII. Aber dem nicht genug. Gleich ein Strauß von Vorwürfen wird dem Nuntius, dem Kardinalstaatssekretär und besonders dem Papst Eugenio Pacelli von zahlreichen Kritikern entgegengehalten:

Papst Pius XII. sei nicht nur feige und überängstlich, sondern auch deutlich antisemitisch gewesen. Der angeblich verderbliche Einfluss der Juden auf die christlichen Völker der Welt habe ebenso zu seinem Weltbild gehört wie das Recht, sich politisch und kirchlich dagegen wehren zu dürfen. Wenigstens aber sei Pius tief in der Welt des alten kirchlichen Antijudaismus verwurzelt gewesen, der die Juden als verstockte Feinde Christi und Gottes verstoßene Kinder schmähte. Das Schicksal der Juden habe ihn wenig berührt, und er habe bestenfalls eine reinigende Strafe Gottes darin gesehen. Oder: Pius habe heimlich mit dem Nationalsozialismus sympathisiert und Deutschland einen Sieg über die Sowjetunion gewünscht. Gegenüber der furchtbaren Kirchengeißel des Kommunismus und seiner Zentrale Moskau habe er die NS-Ideologie und Berlin als das weitaus kleinere Übel angesehen. Oder: Pius habe sich im Gewirr der Völkerkoalitionen, der ideo-

11

logischen, theologischen und profanen Interessen diplomatisch heillos verheddert – vielleicht weil er zu naiv war, oder im Gegenteil, weil er zu kompliziert dachte. Oder: dem Papst sei das Hemd eben näher gewesen als die Hose. Das heißt, sein Blick und seine Sorge habe nur der katholischen Kirche gegolten; für das Schicksal von Menschen außerhalb der Kirche habe er sich nicht zuständig gesehen. Oder: schließlich wird auch behauptet, dass der Mensch Pacelli psychisch wie mental überfordert gewesen sei. Die monströsen Entwicklungen und Ereignisse hätten ihn so aus der Bahn geworfen, dass er keine kirchenpolitische Linie mehr habe finden können.

Um das hartnäckige Schweigen des Papstes plausibel zu machen, werden oft mehrere Motive gebündelt. Das Endurteil fällt entsprechend harsch aus. Pius-Kritiker sind nicht zimperlich. Besonders Rolf Hochhuth fällte schon früh ein vernichtendes moralisches Urteil: Das Schweigen des Papstes Pius XII. zu Auschwitz sei »verbrecherisch« gewesen – Punktum. Bis heute hält Hochhuth an diesem Verdikt fest und fährt sogar noch heftigere Attacken.[4] Auch viele Gleichgesinnte haben über die Jahre keinen Grund gefunden, ihre Meinung zu revidieren. Selbst ein halbes Jahrhundert nach dem Tod des Pontifex seien noch keine Entlastungsbeweise – etwa aus dem Geheimarchiv des Vatikan – präsentiert worden.

Nachdem die erste Diskussion um Pius XII. zu einer Lawine geworden war, hatte sich Papst Paul VI. schon 1964 zu einer vorzeitigen Archivsichtung entschlossen. Er erlaubte dem kleinen internationalen Expertengremium der jesuitischen Historiker Pierre Blet (Frankreich), Angelo Martini (Italien) und Burkhart Schneider (Deutschland) – später kam Robert Graham (USA) noch hinzu – eine Aufarbeitung aller relevanten Dokumente, die den Zweiten Weltkrieg betrafen. Das Ergebnis ihrer langwierigen und langjährigen Arbeit ist das elfbändige Quellenwerk ADSS, in dem abertausende von Dokumenten ediert sind.[5] Nach Auskunft des Jesuiten-Quartetts soll die Auswahl ein getreues Abbild des gewaltigen Archivmaterials darstellen. Das Spektrum der Belege ist in der Tat umfänglich und exakt aufgearbeitet. Selbst brisante Dokumente finden sich in dem Vier-Männer-Werk. Trotz des immensen Fleißes und der sicher korrekten Arbeit der jesuitischen Historiker bleiben Fragen.

Aus eigener Erfahrung weiß ich, wie schwierig die Sichtung von Beständen im päpstlichen Geheimarchiv ist. Nicht selten sind Aktensammlungen unvollständig oder es gibt Ungereimtheiten. Das ist nicht Ausdruck schlampiger Sortierarbeit des fleißigen Teams im Geheimarchiv, sondern Ergebnis der schier unmöglichen Aufgabe, dem ungeordneten Wust von Schriftstücken eine Ordnung zu geben. Seinerzeit wurden Schriftstücke einfach in Kartons abgelegt und im Archiv gestapelt. Hunderttausende von Einzelblättern, Zeitungsausschnitten, Memoranden – und was sonst alles in den Vatikan gesandt oder dort produziert wurde – haben sich so zu einem stattlichen Berg angesammelt. Es gleicht einer Sisyphusarbeit, in die Fülle des Materials Schneisen zu schlagen. Für das elfbändige Vier-Männer-Werk dürften die Schwierigkeiten immens gewesen sein, einen repräsentativen Überblick zum Zeitraum des Zweiten Weltkrieges zu erarbeiten. Ähnliches gilt hinsichtlich der mittlerweile freigegebenen Akten bis 1939 seit Februar 2003 bzw. September 2006.

Für die Verteidiger von Papst Pius XII. spielt die Frage nach Entlastungsbeweisen aus den Archiven keine Rolle. Die Fakten seien längst klar. Pius XII. habe die gewaltigen Herausforderungen im Zweiten Weltkrieg bravourös gemeistert. Im Hexenkessel von Drohungen und Ultimaten, von Gewalt und Terror, von widerstreitenden Interessen, Begehren und Ängsten inmitten eines unvorstellbar grausamen Krieges habe der Papst die Ruhe bewahren und das Schlimmste verhüten müssen. Kein anderer Staatsmann in der Welt habe sich öffentlich und hinter den Kulissen so energisch für einen umfassenden Frieden eingesetzt wie Papst Pius. Seit Beginn seines Pontifikats im März 1939 habe er unablässig Friedensmahnungen an alle Parteien gesandt und Friedensinitiativen vorgeschlagen. Und sofort nach Kriegsbeginn habe er zahlreiche Hilfsaktionen ins Leben gerufen, die unzähligen Verfolgten, Misshandelten und Gefangenen zugutegekommen seien.

Für die Juden habe Pius XII. dabei im Geheimen mehr getan, als er durch öffentliche Anklagen je hätte tun können. Durch persönliche Interventionen hinter den Kulissen habe er Hunderttausende von Juden gerettet. Er habe sie verstecken lassen und habe Fluchthilfe gewährt, er habe diskret über alle diplomatischen Kanäle verhandelt und in zahlreichen Einzelfällen Juden frei bekommen, sie frei gekauft und ihnen Asyl verschafft. Das alles sei aber nur möglich gewesen, weil sich Pius XII. gegenüber Hitler klug verhalten habe. Das Beste, was der Papst habe tun können, sei die Vermeidung einer offenen Konfrontation zwischen dem Vatikan und Berlin gewesen. Hätte Pius einen flammenden Appell gegen die Judendeportationen erlassen, wäre das Ergebnis katastrophal gewesen. Das Raubtier Hitler wäre außer sich vor Wut geraten und hätte eine gewaltige und brutale Racheaktion in Gang gesetzt. Die Juden und die Katholiken im Herrschaftsgebiet der Nazis hätten die Vergeltung unmittelbar zu spüren bekommen. Was würden die Kritiker von Pius XII. heute dazu sagen? Würde man dem Papst nicht mit Recht Blauäugigkeit, Kurzsichtigkeit und schlimmste politische Verantwortungslosigkeit in einem vorwerfen?

Für die Verteidiger Pius' XII. ist erwiesen: Das öffentliche Schweigen des Papstes war notwendig. Pius durfte Berlin nicht provozieren, und er durfte schon gar keine Karambolage riskieren. Er musste die Folgen im Blick haben und sorgfältig abwägen. Nur so hätte er Schlimmeres verhüten können.

Um es mit der kleinen Geschichte am Anfang zu sagen: Seit fünfzig Jahren irrt nun schon Pius XII. in Rom und auf dem Erdkreis umher und sucht Frieden für seine Seele. Im erbitterten Streit zwischen seinen Kritikern und Verteidigern findet er keine Ruhe. Die Fronten sind verhärtet und Polemik bestimmt die Szene. Was ist noch möglich?

Vielleicht hilft es Pius, wenn man stärker auf ihn selbst sieht und hört. Welche Probleme nahm er wahr, welche Konflikte trug er aus? Wie und nach welchen Regeln fällte er Entscheidungen? Was sagte er selbst über seine Kämpfe, seine Zwänge, sein Schweigen? Was weiß man über den Menschen Pacelli, abgesehen von der die Amtsgeschäfte wahrnehmenden öffentlichen Person des Nuntius, des Staatssekretärs, des Papstes? Schon lange vor seiner Erhebung zum Pontifex war Pacelli mit gesellschaftlichen und politischen Fragen in Deutschland eng befasst gewesen. Von 1917 bis Ende 1929 war er päpstlicher Nuntius in München und Berlin, und ab Frühjahr 1930 hatte er als neuer päpstlicher Staatssekretär »Deutschland« gleich zu seiner Chefsache gemacht. Bereits in diesen langen Jahren leuchtet viel vom Menschen Eugenio Pacelli auf, von seinen Einstellungen und Überzeugungen, seinen Vorlieben und Abneigungen, seinem Denken und Handeln. Es wirft Licht auf die Art, wie Pacelli als neuer Papst den Herausforderungen schließlich begegnete, und lässt besser verstehen, was er überlegte und abwog, was er sagte und nicht sagte, was er tat und nicht tat.

Nehmen wir diese Spur auf und suchen stärker beim Menschen Eugenio Pacelli selbst eine Antwort auf sein Verhalten in finsterster Zeit. Manche Überraschung wartet auf uns.

14

1. WIE DER HOLOCAUST ZU DEN RÖMISCHEN JUDEN KAM

EIN ZUG NACH AUSCHWITZ

Der 18. Oktober 1943 war ein durchschnittlicher Kriegstag im brennenden Europa. Seit gut einem Monat hatte Hitler auch in Italien die Macht übernommen. Mussolini war nach seiner Absetzung und Verhaftung von einem deutschen Kommandounternehmen wieder befreit worden. In Norditalien durfte er gerade ein faschistisches Schattenregime von Hitlers Gnaden etablieren. In Rom dagegen gab es keine Regierungsgewalt mehr.

Die militärische und zivile Kontrolle der Stadt lag offiziell in den Händen des eingesetzten Stadtkommandanten General Rainer Stahel. Tatsächlich aber hatte die SS-Polizei (Sicherheitspolizei und SD) Rom im Griff. In deren Hauptquartier, in der berüchtigten Via Tasso, herrschte SS-Obersturmbannführer Herbert Kappler mit seinen Schergen und italienischer Hilfspolizei über die Ewige Stadt. Der Vatikan war davon ausgenommen. Berlin hatte verlauten lassen, dass es die völkerrechtliche Souveränität des Kirchenstaates anerkenne. Fortan patrouillierten symbolisch zwei Wachsoldaten direkt an der Grenze des Petersplatzes. Von seinem Fenster im dritten Stock des Apostolischen Palastes aus konnte Papst Pius XII. die deutschen Fallschirmjäger jederzeit beobachten.

So war es auch am Morgen des 18. Oktober, einem Montag. Wie gewöhnlich stand Papst Pius in der Frühe am offenen Fenster und spendete über den Petersplatz hinweg seiner Stadt den Segen. Es war ziemlich still in der paralysierten Metropole. Von Ferne konnte der Papst allerdings Motoren von zahlreichen Lastwagen hören, die zwei Straßen weiter am Tiber entlangfuhren. Den ganzen Vormittag über hielt der Lärm an. Immer wieder steuerten leere Transporter das Collegio Militare am Lungotevere an. Dort warteten rund 1000 römische Juden jeden Alters auf ein ungewisses Schicksal. Mit den Lastwagen karrte man sie zügig zum Verladebahnhof Tiburtina auf der anderen Seite der Stadt. Die jüdischen Menschen waren zwei Tage zuvor, in der Sabbatfrühe, bei einer groß angelegten Razzia eingefangen worden. Über 1000 Personen hatte man ins leer stehende Collegio Militare gesperrt, das in der Nähe des alten Ghettos und noch näher beim Vatikan lag. Über das Wochenende waren die Juden hier interniert.

Am Tiburtinabahnhof stand ein Güterzug mit 18 Wagons bereit. Die verängstigten Menschen wurden zu 50 bis 60 Personen in die Viehwagen gezwängt – wie üblich nach Eichmanns Plansoll. Erst um die Mittagszeit waren alle Juden untergebracht, und der Zug setzte sich gegen 14.00 Uhr in Bewegung. Sein Ziel: Auschwitz.

An diesem Montag, dem 18. Oktober, beging man in Rom und in der ganzen Kirche das Fest des Evangelisten Lukas. Sein Evangelium stellt den barmherzigen Jesus stark in den Vordergrund, einen Jesus, der den Armen, den Hilflosen und Kranken in besonderer Weise zugetan ist. Nur im Lukasevangelium steht die provokante Parabel vom barmherzigen Samariter und dem Reisenden, der unter die Räuber gefallen war. In dieser Erzählung sagt Jesus über den Priester und seinen Gehilfen, die den Verletzten ungerührt passieren, zwei Mal: »Er sah ihn und ging weiter« (Lukas 10,31 f.) – harte Worte als Klage und Anklage für alle Zeiten gesprochen.

Die gefangenen Juden Roms waren ohne Intervention des Vatikan vom Bahnhof Tiburtina nach Polen abtransportiert worden. Nach fünf Tagen und fünf Nächten quälender Fahrt rollte der Zug Freitagnacht in Auschwitz ein. In welch jämmerlicher Verfassung die Menschen in den abgeschotteten Wagons schon einen Tag nach der Abfahrt aus Rom waren, berichtete später die Rot-Kreuz-Schwester Lucia De Marchi aus Padua.[1] In Padua hatte der Zug wegen eines technischen Problems unplanmäßig Halt machen müssen. Als der Transport gegen zwölf Uhr mittags im Bahnhof stoppte, wollten Rot-Kreuz-Mitarbeiter Hilfe leisten. Aus den Wagons riefen die Menschen verzweifelt nach Wasser. Signora De Marchi gab an, dass es eine geschlagene Stunde Verhandlungen mit den SS-Wachen kostete, ehe die Erlaubnis erteilt wurde, die Wagons zu öffnen. Eine schauderhafte Szene habe sich den Helfern geboten. Die wahllos zusammengewürfelten und eingekeilten Menschen von alt bis ganz jung seien wie gelähmt gewesen und hätten mehr als erbarmungswürdig ausgesehen. Wenigstens konnte das Rote Kreuz etwas Wasser und Nahrung in die Wagen reichen. Zaghaft unternommene Fluchtversuche einiger wurden durch Schüsse sofort vereitelt. Alsbald ging es weiter über Bologna, den Brenner, Passau, Hof und durch Böhmen in Richtung Auschwitz. In Fürth hatte der Zug noch einmal angehalten; deutsche Rot-Kreuz-Schwestern gaben Zwiebelsuppe aus.

Selektion durch Mengele

Nachdem der Zug gegen 23.00 Uhr Freitagnacht (22. Oktober) in Auschwitz eingefahren war, mussten die Menschen noch bis Samstagmorgen in den verschlossenen Wagons ausharren. In der Frühe ertönte der Befehl: »Alle aussteigen!«[2] Die Wagen wurden entriegelt und SS-Wachen mit Hunden brüllten deutsche Kommandos bis auch der letzte Lebende herausgekrochen war. Auf der Rampe neben dem Gleis hatte sich hoher Besuch eingefunden. Der Lagerkommandant Rudolf Höß war mit einem Offiziersstab eigens herbeigeeilt, um die seltene »Fracht« aus der Ewigen Stadt höchstpersönlich in Empfang zu nehmen. Auch SS-Arzt Josef Mengele war neugierig zur Stelle. Dass man die römischen Juden quasi vor den Augen des Papstes hatte wegschnappen können, war auch in der Hölle Auschwitz ein Ereignis. Zur raschen und klaren Verständigung mit den Italienern wurde der 29-jährige Arminio Wachsberger aus der Menge herausgerufen. Wachsberger war österreich-ungarischer Herkunft, der ebenso perfekt Deutsch wie Italienisch sprach. Zusammen mit seiner kleinen Familie war er in Rom eingefangen worden. SS-Kommandant Höß instruierte Wachsberger, den Menschen zu sagen, dass dies hier ein Arbeitslager sei. Die Kräftigen unter den Ankömmlingen würden Arbeiten verrichten, die sie gewohnt seien. Die Schwachen, die Alten, die sehr Jungen und Schwangeren dagegen würden in einem anderen Lagerteil nur zu leichter Arbeit herangezogen werden. Die ausgewählten starken Arbeiter sollten zu Fuß zu den Duschräumen gehen, während die Schwachen mit Lastwagen gefahren würden.

Gleich darauf begann die Selektion, die Mengele sich nicht nehmen ließ. Bis auf einzelne Vorfälle verlief die Trennung ruhig. So wollten sich zwei eng verbundene Brüder nicht auseinanderreißen lassen. Der Ältere, der 17-jährige Michele, sollte bei seinem Onkel bei der Arbeitergruppe bleiben, während der Jüngere, der 13-jährige Alberto, zu seiner Großmutter auf die andere Seite geschickt wurde. Die mehrfachen Versuche Albertos, zu seinem Bruder hinüberzulaufen, wurden von der Wache rigoros unterbunden. Am Ende hatte Mengele rund 600 Menschen als zu schwach, zu alt, zu jung oder zu krank befunden und über 400 als noch arbeitsfähig. Am Ende bekam Wachsberger von Mengele die Weisung, den Leuten mitzuteilen, dass die Lastwagen jetzt zu einem Lager zehn Kilometer entfernt fahren würden. Jeder, der sich selbst zu schwach fühle, den Weg zu Fuß zu gehen, solle sich der Gruppe anschließen, die mit den Wagen transportiert würden. Fast 250 Menschen liefen spontan hinüber zu den aussortierten Schwachen. Auch Wachsberger wollte auf einen Lastwagen zu seiner Frau Regina und zu seiner 5-jährigen Tochter Clara klettern. Ähnliche Gründe hatten auch viele andere der Arbeitsgruppe bewogen, die Seite zu wechseln. So kam es, dass sich zahlreiche kräftige junge Männer und Frauen in der Todesgruppe befanden. Mengele befahl Wachsberger jedoch bei ihm zu bleiben. Er brauche ihn als Übersetzer, am Abend würde er seine Familie wiedersehen. Er hat sie nie wiedergesehen. Später fragte Wachsberger Mengele danach, warum er den Arbeitsfähigen erlaubt habe, auf die Wagen der Aussortierten zu klettern. Mengele antwortete: »Das waren Faule, die Angst vor einem Marsch von 10 km hatten.«[3] Konnte sich der Zyniker Mengele in seinem moralisch verwahrlosten Weltbild keine anderen Gründe vorstellen?

Rund 82 Prozent der römischen Juden (839 Menschen) wurden auf Lastwagen hinüber nach Auschwitz-Birkenau gefahren, zu den im Jahr 1943 neu errichteten Vergasungs- und Krematoriumsgebäuden. Ein Mitglied des Sonderkommandos vor Ort, der Tscheche David Kravat, beschrieb später, was folgte (Kravat war einer der wenigen Überlebenden des Sonderkommandos).[4] Als der Konvoi angekommen war, wurden zwei Gruppen gebildet, wovon die eine etwas abseits hinter einem Wall warten musste. Vor dem Eingang des weißen Gebäudes versuchten SS-Wachen die erste Gruppe über die Prozedur des Auskleidens und der gemeinsamen Dusche zu instruieren. Aber niemand unter den Römern verstand ein Wort Deutsch, und die Menschen wurden noch verstörter, als sie es ohnehin waren. In Panik fingen einige Kinder an zu laufen und mehrere Erwachsene folgten ihnen. Irgendwo fing eine Frau mit einem Kind laut an zu schreien. Die Situation drohte außer Kontrolle zu geraten. Ein SS-Mann eilte herbei und traktierte die Frau mit einem Knüppel. Danach packte er das Kind und schob es in den Eingang der Anlage. Andere Wachen veranlassten Frauen, ihre Kinder wieder einzufangen. Daraufhin beruhigte sich die Situation.

Alle in der Gruppe gingen in den Auskleidevorraum und dann nackt in die als riesiger Duschraum präparierte Vergasungskammer. Die Kammer war zu groß für die rund 400 Menschen (man hatte wesentlich mehr erwartet). Das gab jedem noch Gelegenheit, sich zu bewegen, ja zu rennen. Dem Mordkommando kam das entgegen, denn auf diese Weise verkürzte sich das Sterben und man konnte Zyklongas sparen. Knapp eine halbe Stunde nach Verschluss der Kammer wurde sie wieder geöffnet, und Kravat musste mit seinen Leidensgenossen die Leichen herausziehen. Gleichzeitig wurde der Raum für die nächste Gruppe entlüftet und gesäubert. Ob für die zweite Gruppe dieselbe Kammer benutzt wurde oder sie in einer anderen Kammer vergast wurde, ist nicht bekannt. Es war wieder Sabbat, der 23. Oktober 1943. Vor genau einer Woche hatte die Razzia in Rom stattgefunden. Jetzt war zur Mittagszeit der Passionsweg durch die Hölle für den Großteil der römischen Juden zu Ende. Für die aussortierten arbeitsfähigen Römer dagegen ging der Weg durch die Hölle weiter. Am Ende sollten von den ursprünglich 1022 Deportierten nur fünfzehn Männer – darunter Arminio Wachsberger – und die junge Frau Settimia Spezzichino überleben. Wachsberger wurde am 29. April 1945 in Dachau befreit und Signora Spezzichino wurde am 15. April 1945 in Bergen-Belsen gerettet. Zuletzt hatte sich Settimia einige Tage in einem Leichenhaufen versteckt. Sie kehrte allein nach Rom zurück; ihre gesamte Familie war tot. Sie selbst starb im August 2000.[5]

An jenem Samstag des 23. Oktober bereitete sich das christliche Rom und die ganze Weltkirche auf das Fest des heiligen Erzengels Raphael vor, das mit der Vigil am Abend begann und am Sonntag auf dem Erdenrund gefeiert wurde. Raphael gilt als Schutzengel der Reisenden vor allen Gefahren. Überall in den Kirchen werden die Priester in der Oration beten: »*Gott, du gabst deinem Diener Tobias den heiligen Erzengel Raphael als Begleiter auf dem Wege; so verleihe denn uns, deinen Dienern, die Gnade, dass wir immerdar durch seinen Schutz behütet und durch seinen Beistand gesichert seien.*« Auch Pius XII. betete am Sonntag diese Oration, und im Graduale sprach er Tobias 8,3 zitierend: »*Raphael, der Engel des Herrn, ergriff und band den bösen Geist.*«

Was mag im Stellvertreter Christi in dieser Woche und an diesem Raphaelssonntag vorgegangen sein? Eugenio Pacelli muss Qualen ausgestanden haben. Es waren Qualen, die in seiner Seele Mauern zum Einsturz brachten.

FÜHRERBEFEHL FÜR ROM

Bis zum Sommer 1943 lebten die Juden Roms zwar mehr schlecht als recht im Reich des Duce, aber sie blieben unbehelligt. Das galt für alle jüdischen Italiener, die nach einer statistischen Erfassung aufgrund der neuen Rassengesetzen im Herbst 1938 knapp 59 000 zählten. Mussolini wagte nicht, Hand an sie zu legen. Allerdings kannten die Faschisten keinen Pardon mit Illegalen und mit jenen, die die italienische Staatsangehörigkeit nicht besaßen oder nicht besitzen durften. Sie wurden interniert oder ausgewiesen.

Seit den Rassengesetzen nach deutschem Vorbild waren aber die einheimischen Juden schwerer Unbill ausgesetzt. Sie wurden gesellschaftlich ausgegrenzt, ja bürgerlich geächtet, und zahllose Angestellte hatten Lohn und Brot verloren.

In Rom hielten sich besonders 1943/44 viele jüdische Flüchtlinge im Untergrund auf. Und beinah täglich kamen welche hinzu. Niemand kannte ihre genaue Zahl; geschätzt dürften es ca. 4000–5000 gewesen sein. Mit ihrer starken jüdischen Gemeinde, den zahlreichen Unterschlupfmöglichkeiten und der geringen Gefahr von Bombenangriffen war die Hauptstadt ein begehrtes Versteck. Außerdem bestand gute Aussicht, dass die Alliierten Rom bald befreien würden.

Mussolini war am 25. Juli 1943 vom großen faschistischen Rat gestürzt und auf Weisung des Königs Emmanuel III. schließlich verhaftet worden. Als neuen Regierungschef ernannte der König Marschall Badoglio. Bei vielen Italienern und besonders bei den bedrängten Juden keimte leise Hoffnung auf. Würde das italienische Festland vom Kriegsschrecken verschont werden? Würde Hitler Italien aufgeben und sich hinter die Alpen zurückziehen? Und würden jetzt die harten Rassendekrete gegen den angeblich verderblichen jüdischen Einfluss aufgehoben werden? Diese Sehnsüchte der Menschen wurden bitter enttäuscht. Es kam schlimmer, als Pessimisten befürchtet hatten. Auch der Vatikan war nach Mussolinis Sturz erleichtert, aber gleichermaßen alarmiert. Spätestens seit Mussolinis kompromissloser Hitlerhörigkeit herrschte Funkstille zwischen dem Heiligen Stuhl und dem Duce. Seit den dreißiger Jahren war der Graben zum faschistischen Regime immer tiefer geworden, und ab 1940 hatte er sich zu einem Abgrund gewandelt. Auch der Regierung Badoglio stand man reserviert gegenüber. Man wollte oder konnte sie nicht so recht einschätzen.

Derweil braute sich ein furchtbares Unwetter über Italien zusammen. Rom lag von Anfang an unter einem Gewitterzentrum, das sich erst am 4. Juni 1944 verziehen sollte. Die ersten Blitze kamen schnell und schlugen unter den Juden der Ewigen Stadt ein.

Am 8. September 1943 war der letzte ruhige Tag gewesen. In früher Abendstunde gab Marschall Badoglio seinen Landsleuten über Radio den Waffenstillstand gegenüber den Alliierten bekannt. De facto hieß das: Kapitulation Italiens und die Aufkündigung der Waffenbruderschaft mit Deutschland. Die Verhandlung bis zu diesem Schritt waren streng geheimgehalten worden. Obwohl Hitler außer sich war über die in seinen Augen verräterische Badoglio-Regierung, hatte er die Entwicklung kommen sehen. Nach Mussolinis Arrest waren in Berlin Verfügungen für den Fall der Fälle getroffen worden (Unternehmen Alarich). Kampfstarke Divisionen wurden über die Alpen geschickt und die Polizeikontrolle im Land unter Himmlers Regie vorbereitet. Am Abend des 8. September war es so weit. Generalfeldmarschall Kesselring bekam Befehl, Rom zu besetzen und mit Waffengewalt gegen widerspenstige italienische Truppen vorzugehen. Die Badoglio-Regierung und der König flüchteten aus der Stadt. Der vage Traum von einer blitzartigen Übernahme Roms durch Amerikaner und Engländer war zerplatzt. Nach heldenhaftem aber aussichtslosem Widerstand kleinerer Einheiten und Freiwilliger – vor allem bei der Pyramide – war die Hauptstadt ab dem 10. September in deutscher Hand. Gleiches galt für das ganze Land. Die großen Bronzetore des Vatikan und andere Eingänge hatte man zu dieser Zeit verschlossen. Zumindest symbolisch wollte man sich gegen eine Besetzung oder gegen eine Plünderung der Archive wehren. Doch Kesselring hatte Befehl vor dem Vatikan Halt zu machen. Der Papst und die Kirchenzentrale schienen nicht in Gefahr zu sein, vorerst jedenfalls. In höchster Gefahr jedoch schwebte die uralte jüdische Gemeinde der Stadt.

Hitler hatte es eilig. Es musste schon in den ersten Tagen nach der Machtübernahme in Rom gewesen sein, als er Himmler mündlich den Befehl gab, die Ewige Stadt von Juden zu »säubern« und die Verhafteten der Endlösung zuzuführen. So sollte auch im restlichen Italien verfahren werden. Himmler gab sofort Weisung an sein Reichssicherheitshauptamt in Berlin. Umgehend erhielt denn auch SS-Obersturmbannführer Kappler einen Anruf in seinem Hauptquartier in der Via Tasso. Kurz darauf kam als offizielle Bestätigung ein Telegramm mit der Unterschrift Himmlers.[6] Die geplante

Judenaktion wäre wohl ohne größere Begleitumstände über die Bühne gegangen, wenn der Ort nicht ausgerechnet »Rom« geheißen hätte.

Herbert Kappler war seit 1939 in Rom und kannte die sensiblen Verhältnisse in der Ewigen Stadt mittlerweile sehr genau. Jetzt war er der verantwortliche SS-Sicherheitschef. Alles, was schiefging, musste er auf seine Kappe nehmen. Das Beziehungsgeflecht zwischen der im Kampf stehenden Wehrmacht mit Generalfeldmarschall Kesselring an der Spitze, der Stadtkommandantur mit General Stahel in der Verantwortung, der deutschen Staatsbotschaft, der deutschen Vatikanbotschaft, dem Vatikan selbst mit dem Diplomatenfuchs Papst Pius XII., der kirchlichen Präsenz überall in der Stadt, der unzuverlässigen italienischen Polizei, insbesondere der Carabinieri, war angesichts der renitenten römischen Bevölkerung zum Zerreißen gespannt. Nachdem Kappler den Judenbefehl erhalten hatte, sondierte er bei Kesselring und Stahel deren Meinung. Auch der Vertreter der Deutschen Botschaft in Rom, Konsul Eitel F. Möllhausen, mischte sich ein. Der stets schneidig auftretende und hart geschliffene SS-Chef Kappler bekam bei dieser heißen Sache kalte Füße.

Warnung an die Juden und Gold für Berlin

In der Vatikanbotschaft (Ernst von Weizsäcker) versuchte man im Hintergrund Fäden zu ziehen. Sofort nach der deutschen Machtergreifung beriet sich Weizsäckers mit seinem engen Mitarbeiter und Vertrauten, Botschaftsrat Albrecht von Kessel. In einer Klarstellung zur aufgeflammten Diskussion über Hochhuths Stück *Der Stellvertreter* schrieb Kessel in der Tageszeitung DIE WELT (1963): »Nach unserer Überzeugung, die leider von vielen Wohlmeinenden wieder einmal nicht geteilt wurde, stand Schlimmes bevor. Es galt daher, die Juden so rasch und so eindringlich wie möglich zu warnen und ihnen ein Sich-Verstecken oder Fliehen anzuraten.«[7] Da die Botschaft auch nicht nur ansatzweise in Verdacht kommen durfte, Indiskretionen an die jüdische Gemeinde weiterzugeben, spannte Kessel einen Schweizer Bekannten ein. Es war Alfred Fahrener, der Generalsekretär des römischen Instituts für internationales Recht. Fahrener hatte Kontakte zu führenden Juden in Rom. Er versprach Kessel, die Warnung weiterzugeben. Doch die Führung in der jüdischen Gemeinde nahm Fahreners Mahnung nicht ernst.

Nur ihr geistlicher Leiter, Oberrabbiner Israel Zolli, war schon längst höchst besorgt gewesen. Mit der deutschen Besatzung sah er Furchtbares auf die Juden zukommen und forderte dringlich die Zerstreuung der Gemeinde. Vergebens. Namentlich Gemeindeleiter Ugo Foà und der Präsident der Nationalen Union israelitischer Gemeinden Dante Almansi waren strikt dagegen. Nach den Informationen Almansis, der engste Kontakte zur Polizei und ins Innenministerium hatte, drohte der jüdischen Gemeinde keine Gefahr. Albrecht von Kessel war entsetzt. Doch der erneute Vorstoß bei Generalsekretär Fahrener stieß auch bei diesem auf taube Ohren. Seiner Auffassung nach hätte sich die Lage im September schnell beruhigt und die Deutschen würden sich korrekt benehmen. »Ich fürchte, diesen sehr kultivierten und sensiblen Mann in jener Stunde angeschrien zu haben«, bekennt Kessel. »Wenn die Juden sich nicht sofort und endgültig ›verkrümelten‹, so würden sie samt und sonders deportiert werden. Soweit ich mich erinnere, habe ich gesagt· ›Ihr Blut wird, wenn sie zugrunde gehen, über mich und meine Freunde kommen – und das haben wir nicht verdient. Ich beschwöre Sie, meinen Rat ernst zu nehmen und Ihren ganzen Einfluss auf die Juden in Rom geltend zu machen!‹ – Das Ergebnis ist bekannt.«[8] Die Bestürzung Kessels war authentisch. Kessel war seit Jahren im politischen Widerstand aktiv und kannte nur zu gut das Schicksal der Juden im besetzten Europa.

Bei Gestapo-Chef Kappler wuchs, als sein Befehl überall auf deutliche Vorbehalte stieß, die Nervosität. Stadtkommandant Stahel bezeichnete die geplante Judenaktion im vertrauten Kreis sogar als »Schweinerei«, mit der er nichts zu tun haben wollte, und Feldmarschall Kesselring wollte keinen einzigen Soldaten dafür abstellen.[9] Daher machte schnell die sogenannte »Tunesische Lösung« die Runde. Gemeint war damit, die Juden zu Schanzarbeiten heranzuziehen, wie jüngst in Tunesien unter Rommel geschehen. Kappler wusste allerdings, dass die Tunesienlösung allein das Reichssicherheitshauptamt (RSHA) in Berlin nicht überzeugen würde. In einem Telegramm pochte er indes auf weit dringlichere Aufgaben für die Sicherheitspolizei in Rom. Die königstreuen Carabinieri und italienische Offiziere müssten dingfest gemacht werden. Das koste Ressourcen und Zeit.[10] Zusätzlich entschloss sich Kappler zu einem Coup, der Berlin auf andere Art beruhigen könnte – vorerst jedenfalls.

Am 26. September bestellte er die beiden führenden Vorstände der jüdischen Gemeinde Ugo Foà und Dante Almansi in die Villa Wolkonski ein, dem Sitz der Deutschen Botschaft. Die beiden Vertreter wurden von Kappler höflich empfangen, dann aber barsch mit einem scharfen Ultimatum konfrontiert. Die Juden seien Feinde Deutschlands und als solche werde man sie auch behandeln. Allerdings werde er niemanden das Leben nehmen, wenn die Juden seine Forderungen erfüllten: 50 Kilo Gold binnen 36 Stunden! Andernfalls werde er 200 Juden verhaften und über Deutschland in den Osten deportieren lassen. Foà und Almansi waren wie vor den Kopf geschlagen. Es blieb ihnen nichts anderes übrig, als sich zu beugen. Sie klammerten sich an die Hoffnung, dass die Gemeinde sicher bleiben werde, wenn es gelänge, das Gold rechtzeitig aufzutreiben. Kaum waren die beiden aus der Villa Wolkonski zurück, setzen sie alle Hebel in Bewegung.[11]

In Rom verbreitete sich Kapplers Gold-Ultimatum wie ein Lauffeuer. Nach einem zögerlichen Beginn der Sammelaktion brach ängstliche Hektik aus. Das Gold kam nicht schnell genug zusammen. Obwohl unablässig von Gemeindemitgliedern, von Freunden und Bekannten, Schmuck, Münzen, Ringe, Ketten, Uhren, Tabakdosen und was sonst noch alles abgeliefert wurde, rann die Zeit davon. In der Not erbat Präsident Foà bei Kappler einen Aufschub um wenige Stunden. Das Gold sei dann sicher beisammen. Kappler gewährte eine kleine Frist.

Es schien, als würden höchstens 35 Kilogramm zusammenkommen. Verzweifelt wandte sich Rabbi Zolli an den Vatikan. Im Staatssekretariat wurde er vom Sondervermögensverwalter Commendatore B. Nogara empfangen. Zolli berichtete vom Gold-Ultimatum und der voraussichtlich noch fehlenden Menge. Ein Mitarbeiter kontaktierte Papst Pius XII. und kam mit der Zusage zurück, jeden noch fehlenden Betrag am Ende per Kredit auszugleichen. Spätere Gerüchte, der Vatikan habe goldene Kelche und dergleichen einschmelzen lassen, sind frei erfunden. Erleichtert überbrachte Zolli der Gemeinde die Zusage des Papstes. Durch enorme Anstrengungen gelang es der jüdischen Gemeinde jedoch, in den restlichen Stunden vor der Zwangsfrist genügend Gold zu sammeln. Hilfe war auch von christlichen Pfarrgemeinden und anderen Römern gekommen. Man informierte den Vatikan, dass sich die Kredithilfe erübrige.[12]

Drei Stunden nach Ablauf des ursprünglichen Ultimatums lieferten Foà und Almansi mit anderen 50 Kilo Gold und 300 Gramm Sicherheitsreserve am Nachmittag des 28. September im Gestapo-Hauptquartier in der Via

Tasso ab. Kappler war nicht zugegen. An seiner Stelle ließ SS-Sturmbann-
führer Schütz das Gewicht akribisch überprüfen. Aus purer Bosheit oder
nur aus Versehen wurde behauptet, es würden ganze fünf Kilo fehlen; die
Juden wollten offensichtlich betrügen. Entsetzt protestierten alle in der
Delegation. Irritiert ordnete Schütz widerwillig eine erneute Zählung an.
Das Ergebnis bestätigte jetzt die 50 Kilogramm. Foà erbat eine Quittung für
die Gemeinde, aber Schütz verweigerte jedes Schriftstück. So musste die
Delegation mit leeren Händen wieder abziehen.

Zwei Tage später schickte Kappler das Gold ins RSHA nach Berlin. Vielleicht würde der Anblick des erpressten Judengoldes das Amt einstweilen
zufriedenstellen. Kappler verwies in einem Begleitschreiben auf die finanziell
schwach ausgestattete Abteilung Spionageabwehr im Haus. Vorsichtshalber
ließ Kappler einen Tag nach der Goldaktion die jüdischen Gemeinderäume
durchsuchen und vor allem die Adressdatei der Mitglieder beschlagnahmen.
Sicher war sicher.

Roms Juden liquidieren

Berlin reagierte auf der ganzen Linie verstimmt. Dem Gold schenkte man
keine Beachtung. Am Ende des Krieges wurde es unangetastet in einem Akten-
schrank im Büro des Chefs des RSHAs, Ernst Kaltenbrunner, gefunden. Stattdessen rüffelte Kaltenbrunner persönlich seinen Mann in Rom. In einem geheimen Telegramm vom 11. Oktober schrieb er Kappler, dass »die sofortige
und gründliche Ausrottung der Juden in Italien« von besonderem Interesse
sei. Man könne nicht damit warten, bis die Polizei- und Offiziersprobleme
gelöst seien. Und die Idee mit den Schanzarbeiten solle man gleich vergessen.
Jede weitere Verzögerung würde den Juden nur Gelegenheit geben unterzu-
tauchen. Dieses Telegramm war bis vor einigen Jahren der Forschung unbekannt. Es wurde erst Mitte 2000 von der CIA freigegeben.[13] Man hatte seinerzeit den Funkverkehr mit Berlin abgehört und war in der Lage den Code zu
dechiffrieren.

Neben dem RSHA war auch das Außenamt unter Ribbentrop aufgeschreckt. Anlass war ein Telegramm Konsul Möllhausens aus der Deutschen
Botschaft in Rom. Möllhausen hatte die Weisung Himmlers an Kappler
über die einzuleitende Endlösung der römischen Juden gelesen und kabelte
mit höchster Dringlichkeit nach Berlin: »Obersturmbannführer Kappler

hat von Berlin den Auftrag erhalten, die achttausend in Rom wohnenden Juden festzunehmen und nach Oberitalien zu bringen, wo sie liquidiert werden sollen.« Möllhausen erwähnt, dass der Stadtkommandant General Stahel Bedenken habe und eine direkte Weisung des Außenministers verlange. Überdies sei doch der Einsatz der Juden zu Befestigungsarbeiten die beste Lösung, so Möllhausen.[14] Einen Tag später schickte der Konsul zur Bekräftigung eine kurze Nachricht hinterher: Generalfeldmarschall Kesselring persönlich habe Kappler gebeten, die Judenaktion zu verschieben oder wenigstens die Leute zu Befestigungsarbeiten heranzuziehen.

Reichsaußenminister Ribbentrop schäumte, weil in einer hochrangigen amtlichen Nachricht – sogar an ihn selbst – das Wort »liquidieren« im Zusammenhang mit Juden auftauchte. Tatsächlich wurde das Möllhausen-Telegramm zu einem der meist zitierten Schriftstücke der Holocaustdokumentation. Ribbentrop wusste außerdem nur zu gut, dass die Angelegenheit allein Sache der SS war und er sich raushalten musste bzw. konnte. Im Antworttelegramm aus Berlin vom 9. Oktober wird denn auch die Nichteinmischung ausdrücklich angemahnt. Nebenbei machte man die Juden zu Geiseln, die nach Mauthausen gebracht werden sollten, so eine Führerweisung.[15] Alle Telegramme zu diesem Vorgang kamen übrigens in die Hände des US-amerikanischen OSS, dem Vorläufer der CIA. Der Chef Allen Dulles selbst hatte einen V-Mann im Reichaußenministerium anheuern können, sein Name: Fritz Kolbe mit dem Decknamen George Wood. Kolbe hatte sofort die Wichtigkeit der Möllhausen-Telegramme erkannt und sie umgehend in der Originalform übermittelt. Erst vor kurzem wurde in den OSS-Akten der Vorgang entdeckt.[16] Auch Präsident Roosevelt wurden die Kolbemitteilungen vorgelegt.

Was wusste der Vatikan, was Papst Pius selbst über das Damoklesschwert, das über den römischen Juden schwebte? Gab es konkrete Hinweise zu der beabsichtigten Razzia? Dazu ist so gut wie nichts bekannt. Es gibt keine Hinweise dazu, ob vom vatikanfreundlichen Stadtkommandanten Stahel oder vom jovialen General Kesselring oder aus deren Umfeld oder gar von den beiden Botschaften eine Warnung an den Apostolischen Palast lanciert wurde. Es ist auch nicht klar, ob der Vatikanbotschafter Ernst von Weizsäcker und Albrecht von Kessel speziell über die geplante Judenaktion der SS im Bilde waren. Wie oben erwähnt, gingen sie von einer grundsätzlichen Gefahr für die Juden aus. In einem späteren Interview soll Konsul Möllhausen behauptet haben, dass Weizsäcker und Kessel von ihm informiert worden seien. Diese hätten dann den Vatikan benachrichtigt.[17]

Es gibt ferner keine Belege darüber, ob etwa der amerikanische oder britische Geheimdienst das päpstliche Staatssekretariat gewarnt hat.

Auf jeden Fall machte man sich im Vatikan große Sorgen. In einer Note des Staatssekretariats vom 17. September mit dem Titel: *Befürchtete Maßnahmen gegen die Juden in Italien* wurde überlegt, was man unternehmen könne. In einer Audienz gab Papst Pius Anweisung, sich erst einmal vorsichtig mit allgemeinen Worten bei der Botschaft Weizsäckers für die zivile Bevölkerung aller Rassen einzusetzen, insbesondere für die Schwächsten, die Frauen, Alten, Kinder, einfachen Leute.[18] Pius gab sich hier noch ganz diplomatisch. Eine akute Gefahr für die Juden seiner Stadt schien er nicht zu sehen. Das war eine grobe Fehleinschätzung.

DIE RAZZIA

Im berüchtigten Amt 4/B 4 (Judenreferat) der Berliner SS-Zentrale bemerkte der umtriebige Adolf Eichmann schnell, dass in Rom Sand im Getriebe war. Eichmann, der in Deutschland und im besetzten Europa für alle Juden-Deportationen zuständig war, sorgte sich um den reibungslosen Ablauf seines engen Zeitplans. Kurzerhand beschloss er, den zögerlichen Kappler zu umgehen. Er beorderte seinen zuverlässigen Mann fürs Grobe, SS-Hauptsturmführer Theodor Dannecker, von Bulgarien nach Rom. Dannecker hatte als Judenreferent Eichmanns in Paris zwei Jahre lang beste Arbeit geleistet bei der Verschleppung der französischen Juden vor allem nach Auschwitz. Seit Januar 1943 war er in Sofia, wo er die Deportation der bulgarischen Juden vorantreiben sollte. Er war der richtige Mann, um in Rom und im restlichen Italien hart durchzugreifen. Am 6. Oktober traf Dannecker mit einer kleinen Eliteeinheit der Waffen-SS in der Ewigen Stadt ein. Er war mit allen Vollmachten zu uneingeschränkter Handlungsfreiheit ausgestattet. Im Stab von Stadtkommandant Stahel wurde sofort bekannt, dass ein SS-Kommando angekommen war und im Hotel Bernini Quartier bezogen hatte. Was das bedeutete, war klar. Berlin hatte die geplante Judenaktion in Rom an sich gezogen.

Hauptsturmführer Dannecker machte sich mit seinen Leuten sofort daran, die Judenrazzia minuziös zu planen.[19] SS-Chef Kappler war in dieser Sache zum Gehilfen degradiert. Er durfte nur noch Informationen und Männer zur Verfügung stellen. Als äußerst wertvoll für die Planung erwies sich die beschlagnahmte Adressdatei der jüdischen Gemeinde. Daneben organisierte Dannecker die Judendateien aus dem Innenministerium. Kurz vor dem Zugriff zeigte er Kappler stolz vorbereitete Karteikästen, in denen fein säuberlich alle abgeglichenen Adressen jüdischer Haushalte steckten. Für die Razzia hatte Dannecker Rom in 26 Sektoren aufgeteilt. Der Hauptsektor und das Hauptziel war das Gebiet des alten Ghettos gegenüber der Tiberinsel. Dort lebte immer noch dicht gedrängt der Großteil der römischen Juden. Seit Errichtung und Einmauerung des Ghettos Mitte des 16. Jahrhunderts war das ein paar Straßen umfassende Areal am Lungotevere Cenci, nicht allzu weit vom Vatikan, das jüdische Wohngebiet schlechthin in Rom.

Eugenio Pacelli war selbst in der Nähe des alten Ghettos aufgewachsen. Nur wenige Minuten zu Fuß und er stand mitten im jüdischen Viertel Roms.

In der Sabbatfrühe

Am 16. Oktober brach das Unheil über die Juden Roms herein. Es war Sabbat und der dritte Tag des Festes Sukkot. Gegen 5.30 Uhr hatten Hundertschaften von SS- und Polizeikräften das alte jüdische Ghetto umstellt und polterten an jede Wohnungstür. An der Tiberuferstraße waren zahlreiche Lastwagen für den Abtransport geparkt. Straßenzug um Straßenzug wurde durchkämmt. Die Menschen waren verstört und geschockt über die deutschen Soldaten vor ihren Türen; man hatte sich einigermaßen sicher gefühlt nach der großen Goldsammelaktion. Auch glaubten viele nicht, dass man in Sichtweite des Papstes die Verhaftung aller römischen Juden wagen würde. Es gibt erschütternde Augenzeugenberichte über die Brutalität der Zusammentreibung, über die Panik, die Angst und den Wahnsinn in diesen Stunden. Es war kalt und regnete. Viele Menschen waren in Nachthemden auf die Straße gejagt worden, wo sie am Sammelplatz gegenüber der Synagoge, dem Portico d'Ottavia (Theater Marcellus), lange warten mussten.

Einigen gelang die Flucht über die Tiberbrücke nach Trastevere. Dort wurden sie sofort von hilfsbereiten Anwohnern in Häusern versteckt. Auch während der Razzia in den Straßen des Ghettos konnten einige flüchten.

Dannecker hatte nicht genug Leute, um das Viertel mit einem lückenlosen Ring einzuschließen. Zuweilen halfen Glück und Nervenstärke, wie den Signoras Emma Di Capua und Cesira Limentani. Als die beiden Damen die Deutschen hörten, sperrten sie ihre vier Kindern mit dem Lieblingsspielzeug in ein Zimmer, wuchteten einen schweren Marmortisch vor die Wohnungstür und verhielten sich mucksmäuschenstill. Nachdem die Soldaten an die Tür gekommen waren und niemand geöffnet hatte, versuchten sie die Tür einzudrücken, doch der Tisch dahinter hielt. Schließlich lauschten die Männer kurze Zeit angestrengt und zogen unverrichteter Dinge zur nächsten Wohnung.[20]

Überlegt reagierte auch Franca Spizzichino, die außerhalb des alten Ghettos wohnte. Als die SS vorfuhr, versteckte sie ihre drei Kleinkinder unter einem Bett. In der Wohnung gaben die Soldaten ihr den zweisprachigen Zettel, auf dem Weisungen standen, welche Habseligkeiten sie noch zusammenraffen dürfe. Signora Spizzichino las die italienischen Anweisungen langsam laut vor. Am Ende fuhr sie im selben Tonfall fort und sagte: »Seid still ... Bewegt euch nicht bis heute Nacht ... dann geht zu eurer Tante.«[21] Die Kinder überlebten. Franca wurde gleich nach ihrer Ankunft im KZ vergast oder starb später dort.

In der Hektik der Ereignisse gab es auch die Fälle, in denen eine anfänglich erfolgreiche Flucht wieder vereitelt wurde. Der jüdische Schriftsteller Debenedetti, der damals abgetaucht in Rom war und die Ereignisse kurz nach dem Krieg recherchierte,[22] berichtet von einer Frau, die sich mit ihren vier Kindern bereits in Sicherheit wähnte. Der Ehemann war zuvor gefasst worden, nachdem sein provisorisches Versteck in einem Wasserkasten entdeckt wurde. Als die Frau an der Ponte Garibaldi auf einem vorüberfahrenden Lastwagen Verwandte entdeckte, entfuhr ihr ein Schreckensschrei. Der Wagen stoppte. Die Wachen vermuteten sofort in der verdächtigen Gruppe entlaufene Juden und ergriffen die schreiende Frau mit ihren Kindern. Ein Passant mischte sich ein und wollte ein Kind retten. Er behauptete, eines der Mädchen sei seine Tochter. Doch das Kind ließ sich nicht beruhigen und weinte laut nach seiner Mutter. Der Täuschungsversuch scheiterte, das Mädchen kam auf den Lastwagen.

Einer anderen Signora war es mit ihrer Tochter gelungen, sich in ein Café zu retten. Draußen kam es plötzlich zu einer lauten Diskussion. Ein junger Journalist verhandelte auf Deutsch mit einer Wache um die Freilassung einer schwangeren Frau, die gerade abtransportiert werden sollte. Signora N. habe durch das Fenster ihre Schwester erkannt und verräterische Gesten gemacht. Das sei einer Wache aufgefallen, mit dem Ergebnis, dass Signora N. samt ihrer Tochter aus dem Café geholt wurden und auf den Lastwagen kamen. Rosa Anticoli glückte ihr Fluchtversuch auch nicht. Beim Durchkämmen der Judenstraßen hatte sie geistesgegenwärtig ihre besten Kleider angezogen und war mit ihren vier Kindern so unauffällig wie möglich und völlig unbeteiligt am Geschehen in Richtung Straßenbahnhaltestelle gelaufen. Eines der Kinder war erkrankt. Ein Wachsoldat schöpfte Verdacht und schrie ihr hinterher: »Jude, Jude!« Signora Anticoli sank auf die Knie und flehte um Barmherzigkeit für ihr krankes Kind. Es half nichts. Mit Gewehrstößen wurden sie und die Kinder zum Lastwagen getrieben.[23]

Tatsächlich hatten die meisten Juden keine Chance zu entkommen. Ihnen blieben nur bettelnde Rufe um Hilfe. So berichtete ein Mitarbeiter des Justizministeriums, der an diesem Morgen gegen acht Uhr an der Synagoge vorbeikam, wie eine fassungslos weinende Frau mit einem etwa fünfjährigen Kind auf ihn zukam und flehte: »Retten sie uns, retten sie uns, Signore! Die Deutschen schaffen uns alle fort.«[24] Weiter hinten sah der junge Beamte, wie Frauen brutal über die Straße gestoßen wurden, wie Kinder weinten, wie die Wachen brüllten, damit die verstörten Menschen schneller auf die Lastwagen stiegen. Plötzlich sei ein Deutscher herbeigekommen, habe ihm einen heftigen Stoß versetzt und ihn angeraunzt, dass er abhauen solle.

Gefangen – unweit vom Vatikan

Eine endlose Kette von Lastwagentransporten schaffte die Menschen in das nahe gelegene Collegio Militare. Das Collegio liegt auf der anderen Seite des Tibers am Gianicolo-Hügel, zehn Minuten zu Fuß bis zum Petersplatz. Transporte kamen auch aus anderen Teilen der Stadt. Zu den von Dannecker markierten Adressen fuhr jeweils ein Lastwagen vor und SS trieb die verschüchterten Menschen aus der Wohnung. Bei diesen Aktionen waren auch italienisch-faschistische Polizeikräfte im Einsatz. Neben dem alten Ghetto wurden in Trastevere, Monteverde und Testaccio die meisten Juden gefangen. War der Wagen voll, fuhr man in Richtung der Kadettenanstalt. Debenedetti behauptet, dass viele Fahrer die Gelegenheit nutzten, um einen Blick auf den Petersdom und den Vatikan zu werfen. Es war ein Umweg von nur höchstens drei Minuten. Einige verzweifelte Juden auf den Wagen hätten dabei nach dem Papst um Hilfe gerufen.[25] Der makabere Touristenblick der SS-Fahrer hat zwar keine weiteren Bürgen, ist aber nicht unwahrscheinlich.

Am frühen Nachmittag war die Judenrazzia beendet. Das alte Ghetto war geräumt und alle bekannten Adressen in Rom waren angefahren worden. Gegen 14.00 Uhr bog der letzte Lastwagen in den Hof des Collegio ein. Am späten Nachmittag oder frühen Abend erstattete Dannecker im SS-Hauptquartier Bericht über seine erfolgreiche Jagd. Der bei der Besprechung anwesende SS-Untersturmführer Fritz Boßhammer sagte später in seinem Prozess aus, Kappler sei süffisant geworden und habe bemerkt, dass dem Hauptsturmführer trotz seiner peniblen Planung ein paar Juden durch die Lappen gegangen seien. Kappler spielte nicht auf die unvermeidlich Flüchtigen an, sondern auf Juden, die nach seiner Kenntnis gerade in einem guten Hotel logierten. Das Hotel sei das Bernini; dort habe der Hauptsturmführer selbst mit seinen Offizieren sein Quartier aufgeschlagen. Dannecker habe aufgebracht sofort einen Lastwagen geordert. Er fuhr zum Hotel, verlangte die Zimmerschlüssel von den jüdischen Gästen und verhaftete eigenhändig die verdutzten Leute.[26]

Insgesamt hatte man an diesem Samstag 1259 Menschen jeden Alters eingefangen und in das relativ kleine Gebäude des Collegio Militare gepfercht. Die Menschen mussten dicht gedrängt in den Klassenzimmern und auf den Fluren kauern. Die hygienischen Verhältnisse litten schnell.

Da auch hier nur deutsche Sicherheitskräfte die Juden bewachten, gab es Verständigungsschwierigkeiten. Als Arminio Wachsberger Kommandos übersetzte, wurde man auf ihn aufmerksam. Dannecker, der vor Ort war, machte Wachsberger zu seinem »Assistenten« mit der Bemerkung: »Du bist der Dolmetscher.«[27] In den kommenden zwei Tagen wurde derart oft nach dem Dolmetscher gerufen, dass die meisten Leute glaubten, der Name ihres Übersetzers sei »Dolmetscher«. Den ganzen Nachmittag über musste Wachsberger bei der Registrierung der Personalien jedes Einzelnen mitarbeiten. Dabei sprachen viele ihren Dolmetscher an, er solle den Deutschen sagen, dass sie gar keine Juden seien oder dass sie sich vor einiger Zeit hätten christlich taufen lassen. Wachsberger gab das Begehren an Dannecker weiter. Der geflissentliche SS-Hauptsturmführer hielt sich an die Dienstvorschrift und befahl eine akkurate Personenüberprüfung zweifelhafter Fälle.

Denn Mischlingskinder und gemischte Eheleute waren von einer Deportation ausgenommen – so war es bislang üblich. Getaufte Juden allerdings hatten keine Chance. Nach gängiger Ideologie und Praxis des Nationalsozialismus blieb jüdisches Blut immer jüdisches Blut. Ob Einzelne in ihrem Leben den Glauben wechselten und Christen, Atheisten oder etwas anderes wurden, war gleichgültig. Am Ende entließ Dannecker 237 Personen aus der Haft.[28] 1022 Menschen blieben zurück.

Für diese gab es kein Pardon. Selbst bei Kranken und einer in Wehen liegenden jungen Mutter machte Dannecker keine Ausnahmen. Ein Junge, bei dem notfallmäßig ein Abszess operiert werden musste, durfte kurzfristig unter strenger Bewachung in ein nahe gelegenes Krankenhaus. Nach der OP wurde der Junge zurück ins Collegio geschafft. Bei der bevorstehenden schweren Geburt verweigerte Dannecker dagegen eine Verlegung; es durfte nur ein Arzt zur Betreuung kommen. Das Neugeborene wurde keine Woche alt. Ob das Baby die Strapazen der Deportationsfahrt nach Auschwitz überlebt hat, ist nicht bekannt. Spätestens nach der Ankunft im Lager musste es jedenfalls mit seiner Mutter Marcella und den beiden kleinen Geschwistern ins Gas. Eine Frau unter den 1022 Menschen wäre von Dannecker noch entlassen worden, wenn sie es gewollt hätte. Die Frau war »arisch« und aus Versehen verhaftet worden, weil sie für die Mutter eines jüdischen Kindes gehalten wurde. In Wirklichkeit war sie die Pflegemutter dieses Kindes, das eine Waise war. Die unbekannt gebliebene Frau brachte es nicht übers Herz, das Kind zurückzulassen. So gab sie bei der Überprüfung fälschlich an, Volljüdin zu sein. Freiwillig begleitete sie das Waisenkind bis in die Gaskammer von Auschwitz-Birkenau.[29]

Noch am späten Samstagabend telegrafierte Gestapochef Kappler ein Vollzugstelegramm zu SS-General Karl Wolff, dem höchsten SS-Polizeichef in Italien. Das Telegramm wurde vom amerikanischen Geheimdienst mitgeschnitten und dechiffriert. Kapplers Rapport lautete:

> »Heute Judenaktion in bester Weise nach Plan des Büros begonnen und abgeschlossen. Alle Kräfte der Sicherheitspolizei und Ordnungspolizei im Einsatz. Teilnahme der italienischen Polizei aufgrund von Unzuverlässigkeit in dieser Angelegenheit nicht möglich. Nur bei einzelnen schnell aufeinander folgenden Verhaftungen innerhalb der 26 Einsatzbezirke waren Möglichkeiten gegeben. Abriegelungen ganzer Straßen wegen des Status als Offene Stadt und wegen unzureichender Anzahl deutscher Polizeikräfte, insgesamt 365, waren

nicht möglich. Trotzdem wurden während der Aktion zwischen 5.30 und 14.00 Uhr 1259 Personen in jüdischen Wohnungen festgenommen und in das Sammellager der lokalen Militärschule gebracht. Nach Freilassung der Mischlinge, Ausländer, einschließlich eines Bürgers des Vatikan, der Mischfamilien, einschließlich der jüdischen Ehepartnern und der arischen Angestellten und Untermieter befinden sich noch 1007 Juden in Haft. Transport Montag 18.10. um 9.00. Begleitung durch 30 Männer der Ordnungspolizei.«[30]

Dieses schauerliche Dokument bestätigt, wie akkurat geplant Rom nach Maßgabe des Möglichen durchkämmt wurde. Auch ein reguläres Ende der Operation wird mitgeteilt und nicht ein vorzeitiger Abbruch wegen einer Papstdrohung, wie gerne behauptet wird.

Bei dem irrtümlich arrestierten Vatikanangehörigen handelte es sich nach einer internen Mitteilung von Msgr. Montini vom Staatssekretariat wahrscheinlich um Signore Foligno, einem Advokaten des hohen päpstlichen Gerichtshofes der Rota. Foligno sei mit seiner Frau und den Kindern heute verhaftet (16. Oktober) worden, heißt es in der Notiz.[31] Ob das Staatssekretariat wegen des Rota-Advokaten bei Dannecker intervenierte, ist nicht bekannt. Es ist aber nicht sehr wahrscheinlich. Foligno wurde schon am Nachmittag zusammen mit den Mischehen und den Mischlingskindern freigelassen. Ein Kontakt zu den Gefangenen im Collegio fand erst am nächsten Tag statt.

Am Sonntagmorgen machte sich Don Igino Quadraroli, Attaché bei der zweiten Sektion des Staatssekretariats, auf den Weg zum Collegio.[32] Er sollte Hilfsmöglichkeiten sondieren, insbesondere im Hinblick auf das Schicksal nicht-arisch Getaufter. Don Igino berichtete noch am gleichen Tag, dass er viele arme Juden in schlechter Verfassung angetroffen habe. Sprechen durfte er mit niemandem, nur beobachten. Es wäre ihm aber gelungen, etwas Nahrungsmittel zu überreichen. Don Igino erwähnte, dass sich dort einige getaufte und gefirmte Juden befinden würden. Er konnte allerdings nichts für sie tun. Nach dem Besuch gab es keine weitere Kontaktnahme mit den Inhaftierten.

Von Dannecker bekamen die verängstigten und verwirrten Menschen die Mitteilung, dass sie in ein Arbeitslager gebracht würden. Dort gäbe es reichlich Arbeitsgelegenheiten für jeden. Dennoch fragte sich jeder bang, wo sie hinkämen, was mit ihnen geschehe. Die Inhaftierten waren zwischen Verzweiflung und zaghafter Hoffnung hin- und hergerissen. Persönliche

Wertsachen waren ihnen abgenommen worden. Die Verpflegung und die hygienischen Verhältnisse während der zwei Tage bis zum Transport am Montag blieben völlig unzureichend. Für Dannecker gab es keinen Grund, den gefangenen Juden die Lage erträglicher zu machen.

Die meisten erwarteten wie betäubt ihr weiteres Schicksal.

2. PIUS XII. UND DIE JAGD NACH JUDEN IN ROM

HEKTIK HINTER DEN KULISSEN

Als am frühen Samstagmorgen die Razzia im alten Ghetto und der Stadt begonnen hatte, brach hinter den Kulissen hektische Betriebsamkeit aus. Wer immer ein Telefon hatte und mit der jüdischen Gemeinde irgendwie in Verbindung stand oder allein am politischen Geschehen in Rom interessiert war, erfuhr im Laufe des Vormittags von der Infamie der SS. Auch die Stadtkommandantur und die beiden deutschen Botschaften wurden informiert. Hilfe erwarteten die Juden und viele ihrer Freunde indes nur von Papst Pius XII. persönlich. Er müsse rasch und energisch sein diplomatisches Gewicht als Souverän des Heiligen Stuhls und seine internationale Reputation in die Waagschale werfen.

Um Kontakt mit dem Papst aufzunehmen, wurde schon früh morgens die römische Prinzessin Enza Pignatelli Aragona alarmiert.[1] Die Principessa kannte Pius seit ihren Kindertagen; er hatte sie auf die Erste Hl. Kommunion vorbereitet. Eine unbekannte Dame klingelte sie aus dem Bett und sagte ihr aufgeregt, dass die Deutschen die Juden verhaften und wegschaffen würden. Die Prinzessin kenne doch den Papst, sie müsse unbedingt gleich zu ihm. Er sei der Einzige, der jetzt noch die Juden retten könne.

Um schnell mit einem Wagen zum Vatikan zu kommen – Privatautos waren in Rom verboten und requiriert – rief die Principessa ihren Freund Karl Gustav Wollenweber von der deutschen Vatikanbotschaft an. Er kam sofort. Beide fuhren am Tiberufer entlang und konnten sich selbst von der umfassenden Ghettorazzia überzeugen. Im Vatikan verlangte Enza Pignatelli eindringlich nach dem Maestro di Camera. Es ist nicht bekannt, wie die hereingeplatzte Principessa den verdutzten und gestrengen Protokollchef seiner Heiligkeit überzeugte, mir nichts dir nichts in aller Frühe zum Papst vorgelassen zu werden. Jedenfalls gab der Maestro dem Drängen nach und ließ die hektische Dame in die Privatkapelle des Papstes führen. Pius war noch bei der Morgenmesse.

Als der Papst die Principessa plötzlich hinten in der päpstlichen Kapelle knien sah, dürfte ihm Unheil geschwant haben. Gleich nach der Messe fragte er sie besorgt: »Was machen Sie hier um diese Zeit? Was ist geschehen?« Pignatelli-Aragona sagte:

»Eure Heiligkeit, bitte gehen Sie zum Portico d'Ottavia, denn sie deportieren die Juden.«

»Das ist unmöglich!«, rief Pius aufgeregt. Doch er besann sich gleich und sagte: »Gehen wir telefonieren!«

Dabei packte er die Principessa an der Schulter und zog sie mit zum Telefon. Pius muss in dem Moment wirklich außer sich gewesen sein, ansonsten hätte er die strikte Verhaltensetikette nicht verletzt. Pius rief seinen Kardinalstaatssekretär Luigi Maglione an. Enza Pignatelli erzählte, dass der Papst ihm sehr nervös und mit Tränen in den Augen von der Judenverhaftung berichtet habe. Kardinal Maglione bekam die Weisung, sofort Botschafter von Weizsäcker einzubestellen und einen Stopp der Verhaftungen zu fordern. Ansonsten müsse der Heilige Stuhl zum ersten Mal öffentlich seine Stimme erheben und gegen die Judendeportation protestieren. Aufgeschreckt vom Anruf aus dem Vatikan eilte Weizsäcker unverzüglich zum Apostolischen Palast. Weizsäcker wusste, worum es ging. Die Judenverhaftung direkt vor den Augen des Papstes war ein offener diplomatischer Affront gegen den Heiligen Stuhl und es drohte eine internationale Karambolage.

Diplomatische Feuerwehr

Das aufschlussreiche Protokoll der Krisenunterredung Kardinalstaatssekretärs Maglione mit Botschafter von Weizsäcker ist erhalten geblieben und in Band neun der wichtigen Dokumentenreihe ADSS[2] veröffentlicht worden:

Gleich zu Beginn drängte Kardinal Maglione den Botschafter im Namen der Menschlichkeit und der christlichen Liebe für diese Ärmsten da draußen zu intervenieren. »Ich warte darauf, dass Sie mich fragen: Warum bleiben Sie noch in Ihrem Amt?«, antwortete Weizsäcker. Maglione wies dieses Ansinnen sofort energisch zurück. Darum gehe es nicht. Er wolle nur einfach sagen:

»›Exzellenz, Sie, der Sie ein mildtätiges und gutes Herz haben, versuchen Sie all diese unschuldigen Menschen zu retten. Es ist für den Heiligen Vater schmerzlich, unsagbar schmerzlich, dass gerade in Rom, vor den Augen des Kirchenvaters so viele Menschen nur wegen ihrer Herkunft leiden müssen [...].‹

Nach einem kurzen Moment der Besinnung fragte der Botschafter: ›Was würde der Hl. Stuhl tun, wenn die Dinge weitergehen würden?‹ Ich antwortete: ›Der Hl. Stuhl würde nicht gezwungen sein wollen, ein Wort des Missfallens ausdrücken zu müssen.‹«

Weizsäcker versuchte abzuwiegeln. Der Hl. Stuhl habe sich in den letzten Jahren sehr umsichtig verhalten und habe das Schiff an jeder Klippe vorbeimanövriert. Ausgerechnet jetzt, wo das Schiff den Hafen erreiche, könne alles in Gefahr geraten. Weizsäcker weiter:

»Ich denke an die Konsequenzen, die ein Schritt des Heiligen Stuhls provozieren könnte. Die Direktiven kommen von höchster Stelle.« Weizsäcker erbat freie Hand, nicht über dieses offizielle Gespräch Bericht erstatten zu müssen. Der Kardinal stimmte zu, denn die Grundlage dieser Unterredung sei nur der Appell an die Menschlichkeit des Botschafters.

Um seinem Begehren Nachdruck zu verleihen, nahm der Kardinal Weizsäckers Worte vom umsichtigen Schiffskurs auf. Tatsächlich habe der Hl. Stuhl in diesem Krieg alles getan, um nicht den geringsten Eindruck beim deutschen Volk zu hinterlassen, gegen Deutschland etwas getan zu haben oder tun zu wollen. Aber jetzt dürfe der Hl. Stuhl nicht zu einem Protest genötigt werden. »Sollte sich der Hl. Stuhl dennoch dazu gezwungen sehen, würde er sich, was die Konsequenzen anbelangt, der göttlichen Vorsehung anvertrauen«, so der Kardinalstaatssekretär wörtlich.

Zum Schluss bedankte sich Maglione für Weizsäckers offenes Ohr. Er stelle die Sache seiner Gerechtigkeit anheim. Und er betonte noch einmal, dass der Botschafter keinen Vermerk über dieses Gespräch machen müsse, wenn er es für opportun halte.

Maglione wird wohl noch am gleichen Tag Papst Pius über die Unterredung mit dem Botschafter informiert haben. Pius hatte Weizsäcker in dieser Sache nicht persönlich empfangen, weil er sich an die diplomatische Gepflogenheit hielt. Eine außerordentliche Privataudienz war in den Augen des Papstes wohl ein zu heikles Signal. Der altgediente Diplomat Pacelli traute dem normalen Dienstweg viel zu. Doch hier verrechnete sich Pius.

Nachdem Botschafter Weizsäcker sein Unvermögen gegenüber der von höchster Stelle befohlenen Judenaktion eingestanden und vor einem Protest gewarnt hatte, blieben nicht mehr viele Chancen offen.

An dem Wochenende oder in den nächsten Tagen führte Weizsäcker auch ein vertrauliches Gespräch mit Unterstaatssekretär Montini (dem späteren Papst Paul VI.). Weizsäcker unterstrich noch einmal seine Bedenken und sagte zu Montini, »dass eine Äußerung des Papstes nur bewirken würde, dass die Abtransporte erst recht durchgeführt werden«. Er kenne die Reaktion der eigenen Leute. Montini habe das eingesehen.[3]

Einen Strohhalm ergriff Papst Pius, indem er seinen Verbindungsmann zu den deutschen Dienststellen in Rom, Pater Pankratius Pfeiffer, zum Stadtkommandanten General Stahel schickte. Der deutsche Pater Pfeiffer war Generaloberer der Salvatorianer, die nahe am Petersplatz ihr Ordenhaus hatten (und immer noch haben). Pfeiffer eilte zu Stahel und informierte ihn eindringlich von dem drohenden öffentlichen Protest des Hl. Stuhls, wenn die Aktion nicht sofort beendet werde. Der Pater überreichte auch ein eiliges Schreiben, das von Bischof Aloys Hudal unterzeichnet war. Monsignore Hudal war der langjährige Rektor der deutschen Nationalkirche dell'Anima in Rom und mithin der deutschen römischen Gemeinde. Hudal war bekannt für seine besten Kontakte nach vielen Seiten. Im Brief heißt es, dass der Verfasser eben aus der unmittelbaren Umgebung des Papstes über die Judenrazzia in Kenntnis gesetzt worden sei (der Informant soll der Neffe von Pius XII., Carlo Pacelli, gewesen sein). Weiter heißt es:

> »Im Interesse des guten bisherigen Einvernehmens zwischen dem Vatikan und dem hohen deutschen Militärkommando, das in erster Linie dem politischen Weitblick und der Großherzigkeit Eurer Exzellenz zu verdanken ist und einmal in die Geschichte Roms eingehen wird, bitte ich vielmals, eine Order zu geben, dass in Rom und Umgebung diese Verhaftungen sofort eingestellt werden; ich fürchte, dass der Papst sonst öffentlich dagegen Stellung nehmen wird, was der deutschfeindlichen Propaganda als Waffe gegen uns Deutsche dienen muss.«[4]

Pater Pfeiffer und der Brief rannten beim Stadtkommandanten offene Türen ein. Stahel war ja von Anfang an gegen die geplante Razzia gewesen. Er selbst konnte nichts tun. Er hatte weder Befehlsgewalt noch Kontrolle über die SS-Operation. Pater Pfeiffer berichtete dem Staatssekretariat: General Stahel habe ihm gesagt, dass er sich nicht in die Verhaftungen der

Juden einmischen könne, das sei Sache der Gestapo. Deshalb wolle er keine Beschwerden in dieser Angelegenheit haben.[5]

Stahel hatte bereits im Vorfeld versucht, über Verbindungen etwas zu erreichen. Nach einer Interview-Aussage im Jahr 2000 von Nikolaus Kunkel, der damals junger Leutnant im Stab der Stadtkommandantur war, schickte Stahel ihn selbst mit einem Brief zu Botschafter von Weizsäcker. Wahrscheinlich lag dieser Vorstoß Ende September/Anfang Oktober, als sich die Razzia abzuzeichnen begann. Stahel wusste, dass Weizsäcker in Berlin gute Beziehungen hatte. In der Botschaft wartete Leutnant Kunkel gleich auf Antwort. Weizsäcker sei nach kurzer Zeit mit dem übergebenen Brief wieder erschienen und habe gesagt, dass er leider nicht behilflich sein könne.[6]

Der drohende Brief mit Hudals Unterschrift wurde noch am Abend des 16. Oktober über die Deutsche Botschaft nach Berlin ins Auswärtige Amt telegrafiert. Tags darauf schickte Botschafter Weizsäcker ein Telegram hinterher, in dem er seinen berühmt gewordenen Satz formulierte:

»Die Kurie ist besonders betroffen, da sich der Vorgang sozusagen unter den Fenstern des Papstes abgespielt hat.«[7]

Er wisse von dem Hudalbrief, der von der Deutschen Botschaft telegrafiert wurde, so Weizsäcker, und er bestätige die Befürchtung eines schwerwiegenden Papstprotestes. Weizsäcker weiter:

»Die Reaktion würde vielleicht gedämpft, wenn die Juden zur Arbeit in Italien selbst verwendet würden. Uns feindlich gesinnte Kreise in Rom machen sich den Vorgang zu Nutzen, um den Vatikan aus der Reserve herauszudrängen. Man sagt, die Bischöfe in französischen Städten, wo Ähnliches vorkam, hätten deutlich Stellung bezogen. Hinter diesen könne der Papst als Oberhaupt der Kirche und als Bischof von Rom nicht zurückbleiben. Man stellt auch den viel temperamentvolleren Pius XI. dem jetzigen Papst gegenüber. Die Propaganda im Ausland wird sich des jetzigen Vorgangs sicher gleichfalls bemächtigen, um zwischen uns und der Kurie Unfrieden zu stiften.«

Die Telegramme aus den beiden Botschaften gelangten auf den Schreibtisch des Legationsrats von Thadden im Ministerium Ribbentrop. Erst am Samstag, den 23. Oktober, bearbeitete dieser die Teleschreiben und schickte sie in das RSHA zu Eichmann. Dieser nahm sie zur Kenntnis, informierte seinen Vorgesetzten Heinrich Müller und legte die Schreiben zu den Akten. Über Konsequenzen dachte man nicht nach.

Zu spät

Die Ereignisse in Rom an jenem Samstag und Sonntag des 16./17. Oktober 1943 haben zu mehreren Legendenbildungen geführt. Sie haben alle Entlastungsfunktion im Blick auf das Verhalten des Papstes und kirchlicher Behörden. Das ganze Hin und Her in jenen zwei Tagen gibt auch reichlich Stoff ab.

Das wichtigste und stärkste Gerücht stilisiert Pius XII. zum Retter der römischen Juden während jener unheilvollen Razzia. Es wurde erst jüngst erneut von der einflussreichen Zeitschrift der Jesuitenzentrale in Rom *Civiltà Cattolica* propagiert.[8] In einem Artikel Ende 2003 behauptete Pater Giovanni Sale SJ, es sei allein Papst Pius zu danken, dass die rund 8000 Juden Roms bei der Razzia »wunderbarerweise« gerettet worden seien. Nach der Intervention des Papstes bei Botschafter von Weizsäcker und bei Bischof Hudal sei die Verhaftungsaktion ebenso schnell eingestellt worden, wie sie begonnen habe. Für die schon in den ersten Stunden verhaftete Gruppe hätte man dagegen nichts mehr unternehmen können. In entsprechenden katholischen Pressemeldungen weltweit wurde daraufhin z. B. getitelt: »Pius XII. verhinderte SS-Aktionen gegen die Juden Roms«. Dabei wurden auch neue Dokumente erwähnt, auf die sich *Civiltà Cattolica* stütze.

In den USA werden namentlich Ronald Rychlak und seine Mitstreiter nicht müde, Ähnliches zu behaupten.[9] Die Razzia sei um 14.00 Uhr abgebrochen worden, nachdem General Stahel die Vatikandrohung erhalten und daraufhin direkt mit Himmler in Berlin telefoniert habe.

Eine leicht andere Zeitvariante wird gern aufgrund einer Notiz von Msgr. Hudal vertreten. Danach habe General Stahel Bischof Hudal am Sonntagabend (17. Oktober) angerufen, um den Stopp der Judenaktion mitzuteilen. Er hätte selbst mit Heinrich Himmler telefoniert und hätte ihm von den Befürchtungen des Monsignore berichtet. Himmler habe daraufhin den Befehl zum Abbruch der Razzia gegeben.

Zu all dem ist zu sagen: Es gibt weder neue Dokumente noch wurden die 8000 Juden Roms wunderbarerweise gerettet noch wurde die Razzia von Himmler abrupt beendet noch wurde die Judenjagd in Rom eingestellt. Das ist akzeptierter Stand der Forschung, das beweisen alle Dokumente und das wurde durch meine Nachforschungen – auch in Rom – bestätigt.

Es ist erwiesen, dass die Judenaktion am 16. Oktober ordnungsgemäß gegen 14 Uhr beendet war. Alle bekannten Adressen waren angefahren worden, und alle Juden, deren man dort habhaft wurde, sind auch festgesetzt worden. Tatsächlich erhoffte man in Berlin wie auch Dannecker in Rom eine höhere Zahl, doch angesichts der Umstände war man zufrieden. Jene 8000 Juden, die häufig genannt werden, sind eine reine Schätzung Berlins gewesen. Niemand kannte die genaue Zahl. Eine andere Schätzung rechnet nur mit bis zu höchstens 5000 Juden. Der Großteil davon lebte im Untergrund der Stadt. Diese Illegalen und Flüchtlinge hatten selbstredend keine Adresse und schon gar keine Registrierung. Nach der sorgsam vorbereiteten Verhaftungswelle am 16. Oktober war niemand mehr zu verhaften. In der Stadt gab es fortan nur noch flüchtige Juden. Wohl denen, die ein sicheres Versteck finden konnten oder schon besaßen. Die vermeintliche Mitteilung von General Stahel an Bischof Hudal, SS-Reichsführer Himmler habe die Razzia vorzeitig beenden lassen, gilt in der Forschung als falsch, jedenfalls in dieser Variante. Der Hinweis darauf findet sich nur in einer Fußnote in Band 9 der Dokumentensammlung ADSS.[10] Bischof Hudal hat in seinem autobiografischen Buch *Römische Tagebücher*[11] die angebliche Mitteilung von Stahel mit keinem Wort erwähnt.

Ob General Stahel direkt mit Himmler telefoniert hat, ist nicht mehr feststellbar. Auf jeden Fall hatte er seine Bedenken nach Berlin gefunkt – entweder am 16./17. Oktober oder bereits früher, als die Judenrazzia avisiert war. Eine Stopporder aus Berlin gab es deswegen keine. Im Gegenteil. Im RSHA lief die Planung für künftige Razzien in anderen Teilen und Städten Italiens weiter, und in Rom wurde jeder neu aufgegriffene Jude verhaftet. Im *Centro di Documentazione Ebraici Contemporanea*/Mailand und im *Jüdischen Museum* in Rom kann man zum Beispiel viele alte Verhaftungskarten der Gestapo sehen, auf denen unter der Rubrik »wegen« »JUDE« geschrieben steht. Die Daten liegen alle nach dem 16. Oktober 1943.[12]

Möglicherweise hat General Stahel Msgr. Hudal am Sonntag, den 17. Oktober beruhigend mitgeteilt, dass die Razzia beendet sei. Damit hatte er Recht, denn Samstag um 14 Uhr war sie beendet worden. Hudal könnte aus Unkenntnis der tatsächlichen Vorgänge die Mitteilung im Sinne eines Abbruchs missverstanden haben. Ich neige zu dieser Annahme.

Die Verärgerung, die der widerspenstige Kommandant der Ewigen Stadt in Berlin ausgelöst hatte, quittierte man mit einer Versetzung an die Ostfront. Dort geriet der General alsbald in russische Gefangenschaft. Aufgrund seines schlechten Gesundheitszustands überlebte er nicht lange.

Es ist umstritten, ob der Text des besagten Alarmbriefs Bischof Hudals von diesem selbst stammte. Vielleicht hat er eine Vorlage nur abgezeichnet. Der Brief könnte aus der gemeinschaftlichen Feder Albrecht von Kessels und Gerhardt Gumperts stammen. Der Weizsäcker-Vertraute Kessel war mit Gumpert von der Deutschen Botschaft befreundet gewesen. Dieser war unter anderem Kontaktmann zur Stadtkommandantur und zur fraglichen Zeit Statthalter in der Botschaftsvilla Wolkonski. Botschafter Rahn war im Norden bei Mussolini, und Konsul Möllhausen war wegen seines offenherzigen Telegramms abkommandiert. Im Einvernehmen, dass eine Drohgebärde des Vatikan helfen könne, haben vielleicht Kessel und Gumpert ein Schreiben für Bischof Hudal und General Stahel entworfen. Auf jeden Fall haben sie den Brief ins Außenamt der Berliner Wilhelmstraße telegrafiert.[13]

Monsignore Hudal war in Rom einer der zwielichtigsten Kirchenführer gewesen. Schon früh hatte er große Sympathien für die NS-Ideologie entwickelt und arbeitete unermüdlich an einer friedlichen Koexistenz zwischen Kirche und Nationalsozialismus. Daneben hatte Hudal große Ambitionen innerhalb der Kirche. Aufgrund seiner NS-Einschätzung, seines berechnenden Einschmeichelns und seiner egozentrischen Winkelzüge war Hudal schon seit geraumer Zeit in der Kurie und bei Pius abgeschrieben. Daher hält es Pater Gumpel SJ, der langjährig zuständige Untersuchungsrichter im Seligsprechungsprozess Pius' XII., für sehr unwahrscheinlich, dass Pius seinen Neffen Carlo zu Hudal geschickt habe, um über diesen einen drohenden vatikanischen Protest zu lancieren. Pater Pfeiffer war Pius' Kontaktmann zu den Deutschen, insbesondere zur Stadtkommandantur. Es ist kein Grund zu sehen, der Einschätzung Gumpels, dass Bischof Hudal von Pius nicht eingespannt wurde, nicht zu folgen.

Am Montagnachmittag, den 18. Oktober 1943, als die 1022 eingefangenen Juden auf dem Weg nach Auschwitz waren, schien in Rom das Leben wie gewohnt weiterzugehen. Dannecker machte sich mit seinen Leuten auf, die Stadt zu verlassen, um in Städten Norditaliens seine perfide Arbeit fortzusetzen, Kappler hatte die volle Polizeikontrolle zurück, in der Stadtkommandantur kümmerte man sich wieder um rein militärische Fragen, die Botschaften erledigten das gewöhnliche diplomatische Geschäft. Und im Vatikan schien man nur still mit den Achseln zu zucken über den erneuten Beweis der Grausamkeit

Hitlers und seiner SS, gegen die nichts zu machen sei. Zehn Tage später schickte Botschafter von Weizsäcker auch erleichtert ein Telegramm nach Berlin:

>Der Papst hat sich, obwohl dem Vernehmen nach von verschiedenen Seiten bestürmt, zu keiner demonstrativen Äußerung gegen den Abtransport der Juden aus Rom hinreißen lassen. Obgleich er damit rechnen muss, dass ihm diese Haltung von Seiten unserer Gegner nachgetragen und von den protestantischen Kreisen in den angelsächsischen Ländern zu propagandistischen Zwecken gegen den Katholizismus ausgewertet wird, hat er auch in dieser heiklen Frage alles getan, um das Verhältnis zu der deutschen Regierung und den in Rom befindlichen deutschen Stellen nicht zu belasten. Da hier in Rom weitere deutsche Aktionen in der Judenfrage nicht mehr durchzuführen sein dürften, kann also damit gerechnet werden, dass diese für das deutsch-vatikanische Verhältnis unangenehme Frage liquidiert ist.«[14]

Weizsäcker hat sich gründlich geirrt. Weder war die unangenehme Judenfrage, wie der Botschafter euphemistisch formulierte, liquidiert, noch war eine demonstrative Äußerung des Papstes vom Tisch.

Die Alltagsruhe trog. Im Menschen Eugenio Pacelli war etwas geschehen, was ihn das Ruder herumreißen ließ.

ASYL FÜR DIE JUDEN

Was die Judenrazzia bei Papst Pius XII. ausgelöst haben muss, lässt sich schon im Protokoll von Kardinalstaatssekretär Maglione über die Krisenunterredung mit Boschafter von Weizsäcker erahnen: Schmerzlich, überaus schmerzlich sei es für den Heiligen Vater, dass hier in Rom vor seinen Augen so etwas geschehe, sagte Maglione dem Botschafter ins Gesicht. Pius war auch bei anderen Nachrichten über Gräueltaten der Nazis zutiefst erschüttert, jetzt aber betraf es *seine* Stadt, *seine* Diözese, deren Bischof er war. Das Wohl und Wehe nicht nur der Katholiken war ihm direkt von Christus anvertraut.

In besonderer Weise betraf der päpstliche Schutz die Juden, allem voran die Juden Roms. Über die »unheilige«, die komplizierte und geradezu launische Beziehung der Päpste zu den Juden ist schon viel Erhellendes geschrieben worden. Verwiesen sei nur auf die profunden Untersuchungen von Thomas Brechenmacher und David I. Kertzer.[15] Schon seit Gregor dem

Großen (7. Jh.) gibt es ausdrückliche päpstliche Schutzgarantien für die Juden. Sie waren immer dann erforderlich, wenn Leib und Leben der jüdischen Bevölkerung in Gefahr gerieten. Die Juden galten als von Gott verstoßenes Volk, als Feinde aller Christen wie alles Christlichen, und entsprechend schränkte man ihre Bewegungsfreiheit, ihre wirtschaftliche Existenz, ihren Einfluss und auch ihre Kultausübung mit wechselnder Intensität ein, aber über allem stand ein päpstlicher Basisschutz. Diese Ambivalenz zeigt sich im Begriff der »doppelten Schutzherrschaft«. Auf der einen Seite hatte der Papst die Christen vor den Juden zu schützen, auf der anderen Seite aber auch Juden vor Angriffen der Christen. Seit dem Untergang des Kirchenstaates im 19. Jahrhundert war diese Schutzherrschaft zwar nicht mehr rechtlich verankert, aber immer noch theologisch legitimiert. Noch nie in der langen Geschichte jüdischer Präsenz im christlichen Rom waren die Juden aus der Stadt vertrieben worden.

Der schockierte Papst – alle Türen auf

Jetzt war das Inferno vor Pius' Haustür angekommen. Bislang konnte er diplomatisch auf der Weltbühne agieren und Unparteilichkeit demonstrieren. Jetzt war er in seiner Stadt herausgefordert, mit Ja oder Nein zu reagieren. Bislang konnte er den bedrängten Bischöfen nur moralisch und spirituell beistehen. Jetzt war er selbst als verantwortlicher Bischof Roms für die ihm unmittelbar anvertrauten Menschen in der Pflicht.

Wiederum gibt das besagte Protokoll Magliones Auskunft darüber, dass sich in Eugenio Pacelli etwas anbahnte: Sollte sich der Hl. Stuhl zu einem Protest gezwungen sehen, »würde er sich, was die Konsequenzen anbelangt, der göttlichen Vorsehung anvertrauen«. Im Auftrag des Papstes ließ der Kardinalstaatssekretär hier eine Formulierung fallen, die bis zu diesem Zeitpunkt absolut tabu war. Es waren eben diese »Konsequenzen«, die Pius bislang davon abhielten, sich offen gegen Hitler zu stellen. Die erwarteten schlimmen Folgen eines päpstlichen Aufschreis glaubte der Papst auf seinen eigenen Schultern tragen zu müssen. Das Urteil seines Gewissens, mit einem Protest Schlimmeres zu verursachen, als er verhüten konnte, quälte ihn Tag und Nacht. Am 16. Oktober 1943 begann zaghaft ein Sinneswandel. Pius fing an, aus anderer Perspektive auf die schier unlösbare Problematik zu schauen. Gott hält letztlich die Geschichte in seiner Hand und jede menschliche Tat ist darin aufgehoben. Vertrauen in die göttliche Vorsehung bedeutet: Wer aus humaner Gewissensüberzeugung vor Gott handelt, dem werden nicht alle Konsequenzen seines Handelns im Weltenlauf schuldhaft angerechnet. Es gehört Mut dazu, schwere Entscheidungen aus Verantwortung vor den Geboten des Evangeliums zu fällen, deren letzte Detailwirkungen man nicht zu überschauen vermag. Und es gehört Mut dazu, auf die Kraft des Guten in der Hand Gottes zu vertrauen.

Wir wissen von vielen Zeitzeugen, die Eugenio Pacelli bestens gekannt haben, wie schwer er sich klare Entscheidungen abgerungen hat. Kein Geringerer als Pater Leiber SJ, der Pacelli als Privatsekretär schon in Deutschland diente und bis zu Pius' Tod immer in seiner unmittelbaren Nähe war, sprach offenherzig von der großen Vorsicht des Papstes bei Sachentscheidungen aller Art.[16] Er habe immer lange überlegt, »bis er Ja oder Nein sagte«. Nie habe er es gewagt, »in der Öffentlichkeit spontan zu sprechen, ohne sein Wort vorher schriftlich genau festgelegt zu haben«. Und die Ausarbeitung dieser Worte überließ er niemand anderem. Anmerkungen und Zitationen in Büchern oder Vorlagen, »begegnete er mit ausgesprochenem Misstrauen. In jedem Fall verlangte er, den zitierten Autor, das zitierte Quellenwerk selbst einzusehen.« Pater Leiber betont ausdrücklich die nüchterne, sachliche Art von Pacelli, mit der er »realistisch und beherrscht an Schwierigkeiten, Fragen und Aufgaben herantrat«.

Pius schauderte, ja ängstigte sich vor Unklarheiten, Kontroversen und Unwägbarem. Hatte er jedoch einmal Stellung bezogen, stand er auch bei heftigen Angriffen dazu und gab sich ausgesprochen kämpferisch.

Papst Pius wähnte nach der Golderpressung die jüdische Gemeinde in Sicherheit – vorerst jedenfalls. Es war nicht notwendig, seine diplomatisch ruhige Haltung, die er in den letzten Kriegsjahren eingenommen hatte, neu zu bewerten. Die zahlreichen privaten Hilfsaktionen im Geheimen für bedrängte oder flüchtende Juden blieben davon unberührt. In der Hauptsache galt: Berlin wurde nicht offen provoziert.

Es muss für Pius ein schwerer Schock gewesen sein, als ihm die Principessa Pignatelli Aragona frühmorgens aufgeregt von der Judenrazzia unweit des Vatikan berichtete. Wir können nur mutmaßen, was in ihm vorging, als seine Bemühungen gegenüber Botschafter Weizsäcker und General Stahel ins Leere liefen. Es ist bekannt, dass Pius jeden späten Abend zwischen elf und Mitternacht vor dem Allerheiligsten in seiner Privatkapelle allein in Anbetung versunken war. Während dieser Zeit hielt er die vertraulichste Zwiesprache mit seinem Herrn. War es schon an jenem Montag, als die Juden seiner Stadt auf den Weg nach Auschwitz geschickt wurden (18. Oktober), an dem Pius endgültig mit seiner bisherigen Praxis der diplomatischen Zurückhaltung gebrochen hat?

Es war der Tag, an dem das Fest des hl. Lukas gefeiert wurde. Im Tagesevangelium (Lukas 10,1 ff.) ist zu lesen, dass Jesus seine Jünger in Städte und Dörfer sandte, *wie Lämmer unter die Wölfe*, um Frieden zu bringen, die Kranken zu heilen und das Reich Gottes anzukündigen.

Spätestens jedoch in den nächsten Tagen muss die Entscheidung gefallen sein. Denn am 25. Oktober wurden schon überall in Rom Schutzbriefe an religiösen Konventen und Instituten jeder Art angeschlagen. Der zweisprachige Schutzbrief war auf Bitten des Papstes vom Stadtkommandanten General Stahel ausgestellt worden.[17] Er lautete:

BEKANNTMACHUNG!

Dieses Gebäude dient religiösen Zwecken und
gehört dem Vatikanstaat. Haussuchungen und
Beschlagnahmungen sind verboten.

Der deutsche Kommandant
General Stahel

Ähnliche Schutzbriefe besorgte man sich von der Vatikanbotschaft.

Während der Woche der Deportationsfahrt der römischen Juden nach Auschwitz kam Pius XII. zur Überzeugung, dass er die untergetauchten und neu hinzukommenden Juden in Rom retten müsse. Er war bereit, dafür auch schwere Vergeltungsmaßnahmen gegen die Kirche hinzunehmen und den größten Zorn Hitlers, Himmlers, Goebbels oder der örtlichen SS zu provozieren. Er war bereit, einen diplomatischen Eklat auszulösen, der seine eigene Verhaftung, gar den Tod bedeuten konnte. Und er war bereit, vor dem Forum der internationalen Öffentlichkeit hier und jetzt in Rom Farbe zu bekennen. Sein Rettungsprogramm war: freies Kirchenasyl für alle.

Mittlerweile gibt es bei einer deutlichen Mehrheit der Forscher keinen Zweifel daran, dass Papst Pius XII. höchstpersönlich Weisungen gab, in allen kirchlichen Einrichtungen Roms, flüchtigen Juden – und anderen Verfolgten – Asyl zu gewähren. Er hob dazu in einem pontifikalen Akt die Klausurpflicht in allen Konventen auf.

Einwände, die zuweilen erhoben werden, stützen sich hauptsächlich auf die fehlenden Belege. Noch nie ist ein schriftliches Dokument dazu aufgetaucht. Gäbe es solche Dokumente, hätte sie der Vatikan längst präsentiert. Tatsächlich hat Papst Pius die Asylweisung mündlich erlassen. Es gibt dazu beeidete Zeugenaussagen von Emissären, die Pius persönlich beauftragt und ausgesandt hat, um alle Refugien Roms von der päpstlichen Order zu informieren. Der Pius-Untersuchungsrichter Pater Gumpel hat mir das ausdrücklich versichert. Diese Aussagen lägen bei den Seligsprechungsakten. Rychlak hatte die Gelegenheit nachzuzählen und kommt auf achtundneunzig Fälle.[18] Aber selbst ohne solche beeidete Aussagen wäre die entsprechende Papst-Weisung nicht in Frage zu stellen. Es gibt zu viele indirekte Bestätigungen von Patres, Nonnen und Brüdern in römischen Konventen und Pfarreien, wo Juden versteckt wurden.[19] Auch Schwester Pascalina,[20] die langjährige Haushälterin Pacellis und Beauftragte für das päpstliche Not-Hilfswerk, sowie der Papst-Privatsekretär Pater Leiber[21] beglaubigten ausdrücklich entsprechende Anordnungen von Pius XII.

Beispielhaft seien zwei noch neue Quellen angeführt: Im Rahmen eines Pius-Symposiums an der Lateran-Universität in Rom (April 2006) wurde der federführenden Zeitschrift *30Giorni* von der Mutter Oberin Sr. Mancini der Klausurschwestern der Augustinerinnen von Santi Quattro Auszüge vom Klostertagebuch jener Zeit überreicht. An einer Stelle heißt es:

> »Ab dem November [1943] müssen wir uns auf einen vollkommen unerwarteten Dienst der Nächstenliebe vorbereiten. Der Heilige Vater will seine Kinder retten, auch die Juden. Es ist sein Wunsch, dass die Klöster diesen Verfolgten Gastfreundschaft gewähren, und auch die Klausurklöster haben dem Wunsch des Heiligen Vaters Folge zu leisten.«[22]

Oberin Sr. Mancini bekräftigte, dass es sich um einen peremptorischen, d. h. um einen dauerhaften Öffnungsbefehl des Papstes gehandelt habe.

Jüngst wurde auch vom Vatikanisten Tornielli ein Interview veröffentlicht, das der Sohn eines damals versteckten Juden gab.[23] Es handelt sich um Bruno Ascoli, der erst nach den italienischen Rassengesetzen eine Katholikin geheiratet hatte. Damit war seine Ehe nicht als Mischehe anerkannt, und er galt weiterhin als unverheirateter Jude. Nachdem er der Razzia am

16. Oktober entkommen war, konnte er sich einstweilen bei hilfsbereiten Römern verstecken. Doch bald wurde es zu brenzlig. Über eine Vermittlung wurde Ascoli das ermöglicht, was etwa über 2000 anderen Flüchtigen – vor allem Juden – auch gewährt wurde: die Aufnahme in die päpstliche Palatingarde. Gemäß den Lateranverträgen von 1929 sollte die Garde eine Stärke von 150 Mann haben. Nach dem Rettungsbefehl Pius' XII. stieg sie rasant auf weit über zweitausend Mann an. Schon am 16. Oktober 1943 hatte man offiziell beim italienischen Kriegsminister um die Genehmigung nachgesucht, wegen der gefährlichen Sicherheitslage die Garde auf 2000 Mann aufzustocken.[24] Mit dem lebensrettenden Ausweis eines Palatingardisten bzw. einer Hilfskraft der Vatikanischen Garde waren Juden und andere Flüchtlinge vor dem Zugriff der Gestapo weitgehend sicher. Sie durften nur nicht ständig offen in Rom herumspazieren und sich laufend kontrollieren lassen. Daher hielten sich die Flucht-Gardisten meist in extraterritorialen Gebäuden auf oder hatten Deckadressen. Die Aufnahme in die päpstliche Ehrengarde hatte auch Signor Ascoli das Leben gerettet.

Heute gilt als gesichert, dass in mindestens 150 Konventen, Pfarreien, kirchlichen Universitäten und anderen Einrichtungen in Rom Juden aufgenommen und versteckt wurden.[25] Zuweilen herrschte drangvolle Enge. So mussten z. B. in der päpstlichen Jesuitenuniversität Gregoriana und im Bibelinstitut, dessen Rektor Pater Augustin Bea, der Beichtvater des Papstes, war, Flüchtlinge in ungeeigneten Kellerräumen und Fluren versteckt bleiben, während oben der internationale Lehrbetrieb weiterging. Beinah skurril war die Situation im Ordenshaus des Paters Pankratius Pfeiffer (Salvatorianer) direkt am Petersplatz. Jeweils zwei Soldaten der Elitetruppe der Fallschirmjäger liefen rund um die Uhr Wache vor dem Platz. Der Stadtkommandant wandte sich alsbald an Pater Pfeiffer mit der Frage und Bitte, ob nicht die Soldaten die Toiletten im Ordenshaus benutzen dürften. Es wurde gestattet. Während nun unten im Gebäude Soldaten jeden Tag aus- und eingingen, kauerten oben unter dem Dach Juden in panischer Angst vor jedem deutschen Militärangehörigen. Pater Pfeiffer hatte dutzende Flüchtlinge aufgenommen und auf dem Dachboden versteckt.

Für Papst Pius reichten die Asylmöglichkeiten in kirchlichen Instituten nicht. Zudem schien es ihm nicht gerecht, wenn der Vatikan unbeteiligt blieb. Welchen überaus gewagten Schritt er noch riskiert hat, lässt sich leicht aus harmlosen Bemerkungen von Fluchtgeschichten herauslesen. So erzählt der jüdische Historiker und Zeitzeuge Michael Tagliacozzo,[26] wie er am 16. Oktober durch Zufall der Razzia entging, wie fremde Menschen ihn im Schlafanzug auf der Straße aufgelesen haben und wie seine alte Italienischlehrerin ihm half, über Priester einen sicheren Ort zu finden. Kurze Zeit später fand er Aufnahme im Lateran, wo er bestens behandelt und versorgt worden sei. Der Lateranpalast in Rom ist wie die Lateranbasilika völkerrechtlich mit dem Vatikan assoziiert. Die Gebäude sind das wichtigste vatikanische Exterritorialgebiet. Als souveräner, völkerrechtlich anerkannter Staat existierte der Vatikan seit 1929 (Lateranverträge). Auch das Deutsche Reich respektierte den Vatikan als Völkerrechtssubjekt. Einen ähnlich diplomatischen exterritorialen Status hatten allem voran der päpstliche Sommersitz *Castel Gandolfo* und die Patriarchalbasiliken *Santa Maria Maggiore* und *St. Paul vor den Mauern*. Flüchtige Juden – und andere – sind in diese Exterritorialen aufgenommen worden. In Castel Gandolfo sammelte sich die größte Zahl von Flüchtlingen an. In einem freundlich gewährten Telefoninterview[27] erwähnte Prälat Georg Ratzinger, dass sogar im Schlafzimmer des Papstes in Castel Gandolfo Juden einquartiert gewesen seien. Das habe er beim Besuch seines Bruders auf dem Sommersitz erfahren. Tatsächlich war das Schlafzimmer damals zur Sanitätsabteilung umfunktioniert worden, in der auch viele Kinder geboren wurden.

Nach der Landung der Alliierten bei Anzio-Nettuno im Januar 1944 wuchs die Anzahl von Schutzsuchenden dramatisch. Viele aus der Bevölkerung der Umgebung erhofften sich Sicherheit im alten Papstpalast. Am Ende drängten sich mehrere Tausend überall auf dem Gelände, in unterirdischen Schutzgängen und in den Zimmern. Juden, Kommunisten, Flüchtlinge aus der näheren Umgebung und von überallher. Leider war die Ortschaft Castel Gandolfo im Februar mehrfach Ziel von Angriffen der amerikanischen Luftwaffe. Auch innerhalb der päpstlichen Residenz waren zahlreiche Opfer zu beklagen. Doch wie gewöhnlich wurden diplomatische Proteste nur von Politikern zur Kenntnis genommen und nicht von kommandierenden Frontoffizieren. Präsident Roosevelt hatte dem Papst bereits im Juli 1943 eine Schonung der kirchlichen Einrichtungen versprochen – soweit irgend möglich.

Auch in den Vatikan selbst sind Schutz suchende Juden aufgenommen worden. Leider gibt es dazu kaum Belege, weil Pius keine Aktennotizen anfertigen ließ. Allerdings war deren Zahl sehr beschränkt, weil es in dem Bienenhaus »Vatikan« wenig Unterbringungsmöglichkeiten gab. Allein aus den Diensttagebüchern der Schweizer Garde könnte man Schlüsse ziehen. Denn die vielen Fremden in den vatikanischen Gebäuden stellten ein Sicherheitsproblem dar. Ich habe bei der Garde in dieser Sache eigens nachgeforscht. Obwohl mir Major Hasler aufgeschlossen entgegenkam, konnte er mir nicht weiterhelfen. Die Diensttagebücher des damaligen Kommandanten seien unter Verschluss. Nur der Papst könne sie freigeben. Es wäre ein großes Entgegenkommen an die Pius-Forschung, wenn Papst Benedikt XVI. Einsicht in die Tagebücher der Schweizer Garde gewähren würde.

Ein Problemfall im Vatikan ist auf kurialer Ebene aktenkundig geworden.[28] Im Kanonischen Seminar waren fünfzig Flüchtlinge untergebracht. Anfang Februar 1944 kam es deswegen zu einer Kontroverse mit dem Leitungsteam (drei Kardinäle) für die Zivilverwaltung des vatikanischen Staatsgebiets. Kardinal Rossi von Leitungsteam teilte dem Vorstand des Seminars Guido Anichini mit, dass seine Gäste ihren Aufenthalt beenden müssten. Diese Aufforderung der nicht-kurialen Verwaltung zog einen Aufruhr unter anderen Kardinälen in der Kurie nach sich. Monsignore Anichini wandte sich direkt an den Papst um Hilfe. In seinem Schreiben heißt es, dass viele Flüchtlinge in Lebensgefahr schweben würden, wiese man sie hinaus. Gleichzeitig traten Kardinäle an Staatssekretär Maglione heran, damit er den Fall dem Papst vortrage. Pius XII. entschied umgehend, dass die Flüchtlinge im Seminar bleiben dürften. Wer freiwillig gehen wolle, könne das jederzeit. Tatsächlich gab es in den kirchlichen Asylhäusern überall in Rom immer wieder Schutzsuchende, die nur vorübergehend eine Unterkunft brauchten – zuweilen Ex-Offiziere und Widerstandskämpfer. Manchmal suchten sie Orte, von denen aus sie aktiv werden konnten, oder sie waren bestrebt, bei Verwandten eine dauerhafte Bleibe zu finden.

Der Fall im Februar zeigt, dass es innerhalb des Getriebes im Vatikan und wohl auch in der gesamten römischen Kirchenszene kontroverse Einstellungen zum neuen Kurs des Papstes gab. Bei weitem nicht alle Priester, Bischöfe und Kardinäle konnten sich mit dem Asylbefehl des Heiligen Vaters anfreunden. Es gab verdeckten und sicher auch offenen Widerstand. Auf dieses Konto gehen vereinzelte Zwischenfälle, in denen Schutzsuchende nur widerwillig Aufnahme fanden oder Aufgenommenen nahe gelegt wurde, alsbald zu gehen.

Nach neuesten Schätzungen waren es rund 4300 Juden, die in kirchlichen

Einrichtungen Roms, im Vatikan und in Castel Gandolfo aufgenommen und vor deutschem Zugriff versteckt wurden.[29]

Ohnmacht der Gestapo und Sand im Kirchengetriebe

Nach wie vor suchte die Gestapo, in Rom flüchtiger Juden habhaft zu werden. Das Kirchenasyl mit den zusätzlichen Schutzbriefen an den Türen machten Zugriffe in den Gebäuden nahezu unmöglich.

Die Praxis der Asylgewährung in den Konventen war bereits eine große Provokation gegenüber der Besatzungsmacht. Mit der Entscheidung aber, auch auf vatikanischem Staatsgebiet und in Exterritorialen Asyl zu gewähren, löste Papst Pius einen diplomatischen Eklat aus. Die Juden galten offiziell als Feinde des Reiches und kein Staat unter Hitlers Machtkontrolle konnte sich einfach erlauben, Reichsfeinde zu verstecken. In diesem Punkt brach der Papst mit seiner bislang peinlich eingehaltenen Neutralität. Es war eine offene Kampfansage an Berlin. Drastisch ausgedrückt: Pius XII. wetzte die Messer gegen NS-Deutschland. Er stellte sich mit seiner pontifikalen Macht vor die flüchtigen Juden in Rom und bürgte für sie mit der Souveränität des Heiligen Stuhls. In dem dreiviertel Jahr bis zur militärischen Räumung Roms hütete sich Berlin, die Herausforderung des Papstes zu einer internationalen Affäre zu machen. Das Kirchenasyl der Juden wurde zwar zähneknirschend, aber stillschweigend hingenommen. Ein direktes Vorgehen der Sicherheitsorgane in Rom gegen kirchliche Einrichtungen oder gar vatikanische Territorien selbst, war Berlin offensichtlich zu riskant. Das galt auch für eine propagandistische Ausschlachtung des Vorgangs. Die vorauszusehende internationale Empörung und unabsehbare Solidarisierungseffekte in Deutschland schienen es nicht wert zu sein.

Viele Verantwortliche in den kirchlichen Einrichtungen wunderten sich, warum die allgegenwärtige Sicherheitspolizei keine Hausrazzien machte. Exemplarisch ist die Bemerkung von Monsignore Arthur Hughes gegenüber dem Oberrabbiner Isaac Herzog während eines längeren Gesprächs im September 1944 in Kairo. Hughes war zu dieser Zeit als Apostolischer Gesandter in Ägypten. In dem Gespräch erzählte Hughes auch von der Order des Papstes im letzten Jahr, alle Klöster zu öffnen und Juden zu verstecken. Er selbst gehöre den »Weißen Vätern« an und in Rom bildeten sie einen Minikonvent mit nur vier Patres. Er und seine Mitbrüder hätten aber zweiunddreißig

Juden versteckt. Hughes nannte es verwundert ein Werk der Vorsehung, dass sein Kloster nicht durchsucht worden sei. Denn es wären über Monate hinweg Nahrungsmittel für sechsunddreißig Personen an eine Adresse geliefert worden, wo nur vier Leute wohnen durften. Das hätte der Gestapo nicht verborgen bleiben können.[30]

Es kam nur vereinzelt zu Testprovokationen in der Stadt Rom. Sie wurden nicht von der Gestapo selbst durchgeführt, sondern verantwortlich der faschistischen italienischen Polizei überlassen. Diese wiederum bediente sich einer parapolizeilichen Gruppe, der sogenannten »Koch-Bande«. Am 21. Dezember 1943 drang Pietro Koch, ein fanatischer Faschist, mit seinen Leuten – und in Begleitung von SS-Angehörigen – in das Lombardische Seminar sowie das nahe gelegene Orientalische Institut mit dem Russischen Kolleg ein. Sie durchsuchten die Räume und überprüften alle Personen. Es war der schnellen Alarmkette zu verdanken, dass viele Juden und andere (Antifaschisten, Kommunisten) rechtzeitig aus den Gebäuden fliehen konnten. Viele befanden sich im vierten Stock und benutzten einen Fluchtweg zum Nachbargebäude. Andere rannten in den Keller, wo ein präpariertes Versteck für den Notfall hergerichtet war. Ein jüdischer Flüchtling rettete sich in die Totenkapelle und legte sich geistesgegenwärtig in einen Sarg zwischen vier Kerzen und mimte einen Toten. Doch die Häscher waren misstrauisch und »holten ihn ins Leben zurück«, wie es in einer Note des vatikanischen Staatssekretariats tags darauf hieß.[31]

Koch gelang es über ein Dutzend Illegale aufzugreifen. Sonderlich genau war die Personenüberprüfung allerdings nicht. Im Tagebuch des Seminars wird vermerkt, wie Koch eine Gruppe von Seminaristen bemerkte, die geschlossen in einen Unterrichtssaal gingen. »Alles Priester, ja?«, fragte Koch den Rektor. Sarkastisch gab sich Koch gleich selbst die Antwort: »Sicher, Priester seit dem 8. September.«[32] Er ließ die Seminaristen gleichwohl unbehelligt. Im vatikanischen Staatssekretariat war man besorgt über diese Aktion. Kardinal Maglione kontaktierte deswegen italienische und deutsche Stellen. Offizieller Protest wurde nicht eingelegt.

Das änderte sich, als die Koch-Bande in der Nacht vom 3./4. Februar 1944 einen zweiten und letzten Versuch wagte, in ein kirchliches Asylgebäude einzudringen. Diesmal war keine deutsche Sicherheitspolizei dabei. Das mit gutem Grund. Denn das Ziel von Koch war die Benediktinerabtei bei der Patriarchalbasilika *St. Paul vor den Mauern*. Der gesamte Gebäudekomplex gehörte zwar nicht zum vatikanischen Staatsgebiet, war aber exterritorial geschützt. Wiederum gelang es einer Gruppe von etwa dreißig Leuten zu flüchten, bevor Kochs Häscher alle Ausgänge besetzt hatten. Ziemlich rüde trieben sie alle Benediktiner zusammen und suchten nach »Scheinmönchen«. Abgesehen hatten sie es vor allem auf den untergetauchten italienischen General Adriano Monti. Sie identifizierten ihn unter einer Mönchskutte. Als die Parapolizei am nächsten Morgen nicht ohne gestohlene Wertgegenstände wieder abzog, hatten sie noch fünfundvierzig andere aufgestöberte Flüchtige, darunter Juden, bei sich.

Der Vatikan war durch diese dreiste Aktion ziemlich erbost. Diesmal gab es umgehend offiziellen Protest bei deutschen und italienischen Behörden.[33] Über die diplomatischen Vertretungen wurden die neutralen Staaten Spanien, Portugal, Irland, Türkei, Schweden und die Schweiz über den Vorfall informiert. Ein formaler Protest wurde im Osservatore Romano veröffentlicht. Deutsche Stellen antworteten, dass sie nichts mit dem Überfall auf die diplomatische Enklave zu tun gehabt hätten. Das lässt sich zwar nicht mehr nachprüfen, aber Mitwisser war die römische Gestapo sicherlich.

Irgendjemand aus einer kurialen Behörde nutzte die Gunst der Stunde der allgemeinen Aufregung über die Attacke gegen *St. Paul vor den Mauern*, um wieder einen Querschuss abzugeben. Das Ziel waren diesmal die Untergetauchten im Lombardischen Seminar. Nach dem Überfall vom 21. Dezember blieb das Seminar ein Schutzhort für viele Flüchtlinge, allerdings waren keine Juden mehr darunter. Das Risiko eines erneuten Handstreichs war zu groß geworden. Eine Notiz im Tagebuch des Seminars Ende Februar 1944 berichtet von einer Order, alle Nicht-Kleriker wegzuschicken.[34] Möglicherweise wollte die Order ein Exempel gegen das unüberschaubar gewordene Flüchtlingswesen statuieren. Es waren auch Soldaten darunter, die aus Lagern entflohen waren. Das Verstecken von italienischen oder alliierten Soldaten war kirchlichen Einrichtungen des neutralen Vatikans offiziell untersagt. Gleichwohl suchten und fanden viele Militärangehörige auf der Flucht Schutz in Pfarreien, Instituten und Konventen. Ob sich im Lombardischen Seminar Soldaten aufhielten, ist nicht bekannt. Auf jeden Fall war die pauschale Aufforderung, alle Nicht-Kleriker wegzuschicken, unbarmherzig und dreist. Es war eine Torpedierung der päpstlichen Asylpolitik im besetzten Rom.

Insgesamt weiß man kaum etwas über diese Order. Ihr Ursprung und ihre Wirkung bleiben dunkel. Kreise hat die Affäre nicht gezogen. Selbst die sehr kritische Susan Zuccotti gibt zu, dass wenig über die Herkunft und die Umsetzung der Weisung bekannt ist. Dennoch nimmt sie den Vorfall sehr ernst und stilisiert ihn zu einem schlagenden Gegenbeweis für den angeblichen Rettungsbefehl von Papst Pius XII. Die Ausweisungsorder an das Lombardische Seminar sei unvereinbar mit der Behauptung, der Papst habe Verfügungen zum Schutz und zur Aufnahme von Flüchtlingen in kirchlichen Instituten gegeben.[35]

Es ist erstaunlich: man findet ein Haar in der Suppe – wohl zu Recht – und nimmt den Küchenchef gleich für das gesamte Menü in Haftung. Es war und es ist Illusion anzunehmen, dass der Wille eines Papstes im subtilen Räderwerk der vatikanischen Kurie unbeschadet zur Geltung kommt.

Zur Zeit, als im Lombardischen Seminar die anonym gebliebene Order zur Entfernung der Nicht-Kleriker eintraf, gab Pius XII. für das Benediktinerkloster *St. Paul vor den Mauern* ein andere Weisung. Nach dem Gewaltstreich gegen das Kloster durften weiterhin Flüchtlinge versteckt werden und versteckt bleiben. Das geht (indirekt) aus einer Notiz des Kardinalstaatssekretärs Maglione vom 6. Februar hervor.[36] Im Namen des Papstes habe er die Abtei instruiert, dass sich niemand in Ordensgewänder kleiden solle, der nicht Priester oder Mönch sei. Bilder von dem verschleppten General Monti im Mönchshabit waren durch die Presse gegangen und hatten den Vatikan peinlich berührt, ja aufgeschreckt.

Für den kirchenrechtlich beschlagenen Pius XII. gab es gleich zwei gute Gründe eine »Verkleidung« zu unterbinden. Zum einen wurde das kanonische Recht über das Tragen geistlicher Gewänder verletzt, zum anderen rückte die Publizität des Vorgangs die Kirche ins Zwielicht. Sie sah jetzt nicht mehr wie ein neutraler Asylhort aus, sondern zog den Verdacht der Konspiration auf sich. In der kanonisch-frommen Denkwelt des Papstes war der erste Grund sicherlich von Gewicht, aber angesichts der Umstände eine übertriebene Standestreue. Aus heutiger Sicht mag man sogar den Kopf darüber schütteln. Das zweite Argument wiegt schwerer. In der aufgeheizten Atmosphäre im besetzten Rom mit vorrückender Front der Alliierten musste jede unnötige Zusatzprovokation vermieden werden. Die vollen Konvente, kirchlichen Institute und päpstlichen Universitäten, das randvolle Castel Gandolfo und der belegte Vatikan selbst stellten als solche bereits eine extreme Herausforderung Berlins dar.

Dennoch, Berlin und der SS in Rom war die Sache zu heiß. Nach der

Attacke auf die Benediktiner von *St. Paul vor den Mauern* gab es keine Vor-fälle mehr zum Kirchenasyl bis zur Befreiung durch die US-Army.

Aus einer kurzen Notiz des vatikanischen Staatssekretariats (Büro Unter-sekretär Montini) vom 25. Oktober 1943 lässt sich erkennen, wie früh schon Berlin über den Fluchthort Vatikan Bescheid wusste. In der Note heißt es, der deutsche Botschafter sei vorstellig geworden und habe gesagt, dass Berichte aus Deutschland von politischen, jüdischen und militärischen Flüchtlingen im Vatikan sprechen würden. »Man antwortete, dass das nicht wahr ist«, lautete die Reaktion knapp und bündig aus dem Büro.[37] In einer redaktionellen Anmerkung bezeichnen die Editoren diesen Bescheid als eine zweifellos diplomatische Antwort. Denn man habe offiziell nichts über die Flüchtlingssituation im Vatikan gesagt. Ich weiß nicht, was die jesuitischen Herausgeber unter einer »diplomatischen Antwort« verstehen, aber genau genommen war das eine Lüge. Im Oktober befanden sich nachweislich schon Flüchtlinge im Vatikan. Das hat z. B. Harold Tittmann ausdrücklich bestä-tigt.[38] Tittmann war damals Assistent und Vertreter des US-amerikanischen Gesandten Taylor am Heiligen Stuhl. Vielleicht hat jener Büromitarbeiter, der Weizsäcker die knappe Antwort gab, streng »jesuitisch« gedacht. Aus seiner Sicht war die Formulierung keine Lüge, denn erstens hatte der Vatikan offizi-ell keine Flüchtlinge – sondern nur im Geheimen – und zweitens war er nicht offiziell auf dem Dienstweg darüber unterrichtet, wie auch sonst niemand. Wenn Weizsäcker die Beschwerde direkt Pius XII. vorgetragen hätte, wäre die Auskunft wohl anders ausgefallen. Es sei denn, Pius hätte kommentarlos für eine Antwort an das zuständige Büro Montini verwiesen. Jedenfalls war man in Berlin schon im Oktober 1943 überzeugt, dass der Vatikan zur Fluchtinsel für Juden und andere Feinde avancierte.

Am frühen Morgen des 5. Juni 1944 konnten alle Flüchtlinge in Rom ihre Verstecke verlassen. Amerikanische Brigaden von General Clark hatten Rom erreicht und besetzten die kampflos aufgegebene Stadt.

Schon bald darauf erreichten Papst Pius zahlreiche persönliche und schriftliche Danksagungen geretteter Juden und jüdischer Organisationen. Bis heute gedenken noch zahlreiche Überlebende und Hinterbliebene dank-bar der mutigen Entscheidung des Papstes in jenen Monaten der deutschen Besatzung Roms. Und bis heute gelten auf Seiten der Verteidiger Pius XII. die Vorgänge in Rom 1943/44 als das Beispiel par excellence für die Haltlosigkeit jeglicher Pius-Kritik. Angesichts der unmittelbaren Lebensrettung Tausender Juden würden Vorwürfe gegen das Verhalten des Papstes an boshafte Verleumdung grenzen.

Die seit 45 Jahren dauernde Blockade der Auseinandersetzung zwischen Pius-Verteidigern und Pius-Kritiker scheint mit jedem neuen Hinweis und jedem Quäntchen mehr an Erhellung historischer Vorgänge nur zu wachsen. In den Ereignissen der stürmischen Zeiten in Rom 1943/44 sehe ich jedoch die große Chance, Papst Pius XII. aus einem anderen Blickwinkel wahrzunehmen. Es ist ein Blickwinkel, der weit aufschlussreicher ist als die üblichen historischen Betrachtungsweisen. Während der Tage nach dem 18. Oktober ist Papst Pius tief erschüttert worden. Die Judenrazzia in seiner Bischofsstadt samt der Deportation der Menschen vor seinen Augen wurde für ihn zu einer Art Damaskuserlebnis.

Vom Saulus zu Paulus musste sich Eugenio Pacelli nicht direkt wandeln, denn er war nie ein Judenverächter oder nur ein kaltherziger Diplomat gewesen, den das Schicksal der Juden wenig interessierte. Aber er wandelte sich in seinem eigenen Urteil über die Zwangslage, in der er sich gefangen sah. Ich bin überzeugt, dass es Eugenio Pacelli nie an Mut auch zu heftiger politischer Konfrontation fehlte. Allein er selbst hat diesen Mut oft geknebelt. In Gewissenskonflikten folgte er gern moralischen Güterabwägungen, die ihn allzu sehr lähmten. Wie er darunter litt und wie unsicher er an entscheidenden Wegmarken war, hat er selbst zugegeben.

Um den inneren Konflikt Pius' XII. im Hinblick auf die Judenverfolgung und den Holocaust besser nachvollziehen und verstehen zu können, müssen wir die Zeit vor und nach dem 18. Oktober in den Blick nehmen. Wie hat sich Pius in der Kriegszeit bis zum 18. Oktober verhalten? Was hat er wann über das Ausmaß der Deportationen und Tötungen gewusst? Welche Handlungsoptionen zog er in Erwägung? Wie hat Pacelli als Kardinalstaatssekretär und früher als Nuntius Ereignisse der Judenverfolgung und die Gewaltherrschaft in Deutschland bewertet und behandelt? Was hat Pius nach dem 18. Oktober in Italien, in Deutschland und europaweit unternommen? Und warum blieb er immer noch vorsichtig, wenn auch nicht in dem Maß wie zuvor?

3. EUGENIO PACELLI –
DIPLOMAT IN KRISENZEITEN

WIE AUS EUGENIO DER DIPLOMATENPRIESTER DON EUGENIO WURDE

Im Sommer 1944 muss Pius XII. ein Felsen vom Herzen gefallen sein. Sein diplomatisches Hasardeurstück war erfolgreich und glücklich ausgegangen. Viele Tausende Juden und andere Verfolgte im Raum Rom verdankten ihm ihr Leben. Ob Pius in dieser Zeit an 1901 zurückdachte, als er am selben Ort im Vatikan mit seiner Arbeit im kirchlichen Verwaltungs- und Diploma-tendienst begann? Zwei Jahre zuvor war er zum Priester geweiht worden. Danach hatte er die theologische Promotion absolviert und war dabei eine weitere in Kirchenrecht vorzubereiten. Er stellte damit Weichen für eine Karriere, die er eigentlich nicht wollte. Pacelli wünschte sich von Anfang an ein seelsorgerliches Priesteramt. Er wird diesen Wunsch lang aufrechterhal-ten und an Schnittstellen seiner Karriere immer wieder auf Entbindung aus der Verwaltungs- und Diplomatentätigkeit hoffen.

Der fromme und kränkliche Büchernarr Eugenio

Berufungen zum Priester nach dramatischen Seelenkämpfen sind spekta-kulär und ziehen Interesse auf sich. Aber verdient nicht ein völlig selbstver-ständlicher Weg zum Priestertum von früher Kindheit an auch Erstaunen? Der Bube Eugenio Pacelli wäre ein Kandidat dafür.

Eugenio wurde am 2. März 1876 im historischen Zentrum Roms gebo-ren (*Via di Monte Giordano*, heute *Via degli Orsini*). Er war das dritte Kind von Filippo und Virginia Pacelli und bekam die Beinamen Maria, Giuseppe, Giovanni. Sein Vater und der Großvater standen als Laienjuristen in vatika-nischen Diensten. In den Zeiten des Aufruhrs und der antiklerikalen Stimmung in Rom seit 1848 hielten sie treu zum Papst. Damit einher ging eine große persönliche Frömmigkeit, die das gesamt Familienleben prägte. Vor allem die Mutter Virginia hielt ihre Kinder zu regelmäßigem gemeinsamen Gebet in der eigenen Wohnung an. Selbstverständlich waren Marienandachten. Schon früh entwickelte der kleine Eugenio eine intensive Marienfrömmigkeit, die er bis zum Lebensende beibehalten sollte. Lieb war ihm der Rosenkranz, und er hielt gern vertrauliche Zwiesprache mit Maria. So sah man Eugenio auf dem Schulweg immer einen Abstecher in die Kirche Il Gesù machen, wo er in der Kapelle »Madonna della Strada« seiner Himmelsmutter einen Besuch abstattete. Bald bekam der Junge auch ein Skapulier, das er bis aufs Sterbebett trug.

In der nahe gelegenen Pfarrkirche Chiesa Nuova, die nur dem Namen nach »neu« ist, fand Eugenio eine geistliche Heimat. Dort entzündete sich eine besondere Verehrung zum volkstümlichen Heiligen Philipp Neri, der in der Chiesa Nuova beigesetzt ist; dort diente er lange Jahre als Ministrant und dort sang er im Jugendchor des Pater Laïs, der ihn spirituell sehr prägte. Eugenio begeisterte sich für liturgische Feiern aller Art. Dabei faszinierte ihn nicht das Schauspiel öffentlicher Gottesverehrung, sondern die Möglichkeit privaten Abtauchens in die Nähe heiliger Urgründe. Im Ritus fand er Halt und Inspiration zugleich. Liturgie war nicht nur sicheres und geradliniges Geleit zu Gott, sie war auch Gottesbegegnung.

Wohl auf Wunsch Eugenios nähte die Mutter für ihren so frommen, in sich gekehrten Jungen Paramente, damit er »Messe« spielen, nein zelebrieren konnte. Wenn Eugenio Gottesdienst übte und später rechtmäßig zelebrierte, wirkte er wie abwesend. Es war, als ob er alles um sich herum vergaß und allein war in der Zwiesprache mit Gott. Ein letztes Foto von Pacelli, das kurz vor seinem Tod in Castel Gandolfo gemacht wurde, zeigt ihn wie er geradezu verklärt-abwesend vor einem Kreuz betet. Man deutete das Bild oft dahingehend, dass Pacelli um seinen nahen Tod wusste und schon in mystischer Vereinigung mit seinem Herrn war. Doch den Priester, Erzbischof, Kardinal und Papst Pacelli konnte man nie anders vor dem Kreuz oder am Altar beten sehen. Allein die Erschöpfung des alten Papstes verleiht Pacellis Gesicht einen besonderen Ausdruck.

Eugenio sah man nicht häufig in Gesellschaft Gleichaltriger. Wann immer es ging, hielt er sich abseits, war am liebsten mit sich und Büchern oder der Natur allein. Wenn es die Gelegenheit gab, genoss er außerhalb

Roms Freizeit auf dem Rücken eines Pferdes, im Ruderboot oder schwimmend, am liebsten im Meer. Sonntags machten die Pacellis häufig Kutschfahrten hinaus aus Rom. Und in Onano, in der Nähe des Bolsena-Sees, besaßen sie ein Sommerhaus. Was ging Eugenio durch den Kopf, wenn er oft weit hinausruderte, um ungestört im See oder im Meer zu schwimmen und die Zeit vergessen zu können? Die Zeit war nämlich schon für den Buben Eugenio ein Problem. Er hatte zu wenig davon oder der Tag war einfach zu kurz.

Das machte sich bei der zweiten Leidenschaft Eugenios schmerzhaft bemerkbar: dem Studieren. Während der Schulzeit steht Eugenio ungewöhnlich früh auf, oft schon gegen vier Uhr. Er setzt sich an seine Bücher, die er über alles liebte. Und abends brannte in seinem Zimmer lange die Öllampe. Meist musste der Vater kommen und dem lesenden Jungen das Licht löschen. Tagsüber war es ungewöhnlich, wenn man Eugenio nicht mit einem Buch in der Hand sah. Selbst zu Tisch nahm er ein Buch mit. Eine der wenigen Fotografien, die den kleinen Eugenio zeigen, lässt ahnen, wie rastlos der Junge gewesen sein muss. Der sechsjährige Eugenio war herausgeputzt zur professionellen Ablichtung in ein Studio gekommen. Das Foto zeigt den Jungen mit einem gelangweilt-verdrießlichen Gesicht. Jahrzehnte später fiel das Bild einer seiner Hausschwestern im Apostolischen Palast in die Hände. Gerührt fragte sie, warum den Heilige Vater damals ein so ernstes Gesicht gemacht habe. Erheitert betrachtete der Papst das Bildchen und erklärte, dass es ihm überhaupt nicht gepasst habe, lange still zu stehen und den endlosen Anweisungen des stets unzufriedenen Fotografen Folge leisten zu müssen. Er hätte doch so viel zu tun gehabt![1]

Einen seiner ersten Schulaufsätze titelte Eugenio: »*Der beste Freund ist ein gutes Buch.*« Er schrieb: »Ferner ist ein gutes Buch nicht nur nützlich, sondern es gibt auch Freude, denn es bereichert unseren Geist mit Kenntnissen und erzieht unser Gemüt zu edlen Gefühlen. Ah! Wie viel besser verbringt man die Zeit mit einer ethisch wertvollen Lektüre, als mit gewissen Freunden, die, statt den Gemütern der Kameraden die Liebe zur Tugend einzugeben, ihre Unschuld verderben!«[2] Eugenio bemerkte weiter, dass es schwer sei, einen guten Freund zu finden. Und hätte man ihn einmal gefunden, würde irgendwann der grausame Tod ihn entreißen, oder es bestünde die Gefahr, dass er sich noch zu Lebzeiten zum Schlechten wandle. All das könne mit einem guten Buch nicht passieren. So verschlang Eugenio alles, was die klassische und italienische Literatur an Erbaulichem und Lehrreichem zu bieten hatte.

Bei Freundschaften mit Klassenkameraden war Eugenio wählerisch. Jemanden näher zu kommen war für ihn ernste Vertrauenssache, die aber nicht an die gleiche Glaubenshaltung gebunden war. So knüpfte Eugenio zum Beispiel Freundschaft mit dem jüdischen Mitschüler Guido Mendes. Die freundschaftliche Bindung blieb über die Gymnasialzeit hinaus bestehen. Mendes berichtete später, dass Pacelli zu mehreren jüdischen Kameraden engeren Kontakt gesucht hatte. Er interessierte sich für jüdische Philosophie und Theologie und lieh sich bei Guido entsprechende Literatur aus. Auch war er häufiger Gast in der Mendes-Familie und nahm mindestens einmal an einem Sabbat-Festmahl teil.[3]

In der Grundschule, die er in einem privaten Hauslehrinstitut absolvierte, und weiter am Gymnasium des ehrwürdigen Collegio Romano (seit 1870 in Visconti umbenannt) war Eugenio stets Klassenbester. Als Pacelli zum Papst gewählt wurde, erinnerte sich ein ehemaliger Gymnasiallehrer, Professore Neviani, dass ihm der jungendliche Pacelli noch gut im Gedächtnis sei. Er sehe lebendig vor Augen, wie dieser ihn aus der zweiten Bankreihe mit seinen großen Augen fixiere und förmlich an seinen Lippen hänge.[4]

Von der äußeren Erscheinung her war bereits der jugendliche Eugenio recht groß. Ausgewachsen wird er 1,82 Meter messen. Als er im Alter von dreizehn Jahren schriftlich ein Selbstportrait verfassen musste, hielt sich Eugenio selbst nicht für übermäßig groß. Weiter schrieb er: »Meine Gestalt ist schlank, meine Hautfarbe braun, mein Gesicht etwas blass; meine Haare sind kastanienförmig und fein, meine Augen schwarz, meine Nase ist ziemlich gebogen. Von meiner Brust will ich nicht weiter sprechen, die, um die Wahrheit zu sagen, nicht sehr breit ist. Schließlich habe ich ein Paar ziemlich dürre und lange Beine und zwei Füße von nicht geringen Ausmaßen. Aus all diesem ist leicht zu begreifen, dass ich körperlich ein durchschnittlicher junger Mann bin.«[5]

So durchschnittlich war Eugenio nicht. Seine lange, schlaksige Gestalt und seine großen dunklen Augen, mit denen er intensiv fragen und fixieren konnte, ließen ihn auffallen. Aber er mochte nicht auffallen. Er verhielt sich unaufdringlich, höflich und ernst, ohne abweisend zu wirken. Allerweltsgeschwätz in Gruppen, gar Klamauk, war nicht seine Sache. Er hielt sich zurück oder abseits und widmete sich lieber seinen Studien.

Aufwändig war das Erlernen von Sprachen. Neben den klassischen Fächern Latein und Griechisch lernte Eugenio auch Englisch, Französisch und Deutsch – Hebräisch wollte er auch gern lernen, aber es ist nicht bekannt, ob er in der Schulzeit privat dazu kam. Schon im Kindergarten lernte er Französisch. Das Deutschstudium wird Pacelli jahrelang weiterführen. Die Aussprache fällt ihm schwer und es dauert geraume Zeit, bis er die Tücken der Grammatik überwindet. Aber schließlich wird er Deutsch perfekt beherrschen und bis zum Lebensende gerne sprechen – regelmäßig mit den deutschen Schwestern um ihn herum ebenso wie mit seinen Vögeln Gretchen und Peter und immer, wenn sich die Gelegenheit bot, mit Pilgern, Bischöfen und Sekretären.

Es war nicht nur dem unbändigen Studier-Marathon zuzuschreiben, dass Pacelli ein Prädikatsabitur ablegte. Eugenio soll schon als Junge ein sagenhaftes Lerngedächtnis entwickelt haben. Er konnte mühelos ganze Seiten aus Büchern wiedergeben. Was er nicht vergessen wollte, gravierte er regelrecht in sein Gedächtnis ein. Dabei half ihm eine Mischung aus »Fotografie« und Mnemotechnik. Pacelli pflegte diese Gabe und Technik bis ins hohe Alter und verblüffte immer wieder Menschen, die ihm zuhörten. Allerdings war es auch eine Last – für Pacelli und für seine engsten Mitarbeiter. Zumal während seines Pontifikats investierte er viel Zeit, um zahllose Ansprachen auswendig zu lernen. Dazu kam die noch aufwändigere Ausarbeitung derselben. Pius XII. recherchierte nämlich selbst auch kleinste Sachbemerkungen und Fußnoten. Wenn er ein benötigtes Buch nicht in seiner riesigen Privatbibliothek finden konnte, ließ er es sofort herbeischaffen. Von seinen Hilfskräften verlangte er die gleiche Genauigkeit beim Beleg von Zitaten, Fakten und Thesen aller Art.

Es wundert nicht, dass Eugenio trotz seiner introvertierten Manier und seiner starken Selbstkontrolle, zuweilen aufbrausen und sehr ungnädig reagieren konnte. Besonders während der Anfangszeit am Gymnasium bekamen Mitschüler Eugenios intellektuellen Ehrgeiz zu spüren. In einem offenherzigen Aufsatz *(Meine Feinde)*[6] schrieb der Abiturient Pacelli rückschauend: »Im Übrigen hat mich als Kind mein ziemlich unruhiges und heftiges, wenn auch vielleicht nicht ganz ungroßmütiges Wesen ein paar Mal dahin gebracht, kleine und kindische Feindschaften anzuzetteln.« Pacelli erinnert sich an einen Mitschüler, der ähnlich wie er selbst begierig war, in Diskussionen Streit anzufangen. So stießen beide Kontrahenten oft aufeinander und beharkten sich unerbittlich. Pacelli schreibt dazu: »Die Abneigung wuchs; denn jenes ständige gegenseitige Widersprechen brachte ihn, der bisweilen ein wenig starrköpfig war, und mich, der ein bisschen überheblich war, ziemlich in Wut.« Eine Art Feindschaft sei entstanden, mit Verachtung, Schmähreden und Tölpeleien, bekannte der Abiturient selbstkritisch. Aber es hätte auch Gutes bewirkt, nämlich ein glücklicher Wetteifer im Studium. Pacellis Kopfschütteln über sein ungeduldiges und ungestümes Verhalten als Kind und in der frühen Jugend war ehrlich, obwohl er seine Untugend übertrieben hat.

Im Elternhaus und in der kirchlichen Erziehung legte man großen Wert auf ständige und achtsame Besinnung über das Tugendleben. Schneller und ernsthafter als andere Knaben in seinem Alter verinnerlichte Eugenio das Gebot, eigene Mängel und Fehler rückhaltlos aufzuspüren. Die Lektüre seiner erhaltenen Aufsätze und Gedichte lässt ahnen, wie viele Gedanken sich der Schuljunge über sich, über das Gute, das Schlechte, über Tugend und Ideale machte. Vielleicht liegt darin auch ein wichtiges Motiv für Pacellis Leidenschaft, Theater zu spielen. Bei Schulaufführungen war er immer dabei und spielte jede Rolle, die im angetragen wurde. Sein vorzügliches Gedächtnis ließ ihn mühelos lange Szenen auswendig lernen. Mit der Zeit hatte sich Pacelli ein ansehnliches Repertoire unterschiedlicher Rollen angeeignet, die er stets mit starker innerer Beteiligung gespielt haben soll.

In seiner schmalen Freizeit sah man Eugenio auch über seiner Briefmarken- und Münzsammlung sitzen. In der Musik fand Eugenio am meisten Entspannung. Er spielte Klavier und beherrschte noch besser die Geige.

Eugenio war klar, dass er bei aller Frömmigkeit und allem Studieneifer kein Musterknabe war. Das verhinderte schon das strenge religiöse Menschenbild von der beschädigten Tugendkraft durch den Fall Adam und Evas im Paradies. Auch die Lektüre klassischer Texte trug seinen Teil bei. Pacellis Wunsch, Priester zur werden, blieb davon unberührt. Es ist nicht überliefert, wann Eugenio selbst und wann die Familie wusste, dass er sich zum Priestertum berufen fühlte. Es war wohl eine Entwicklung, die nur einen Weg kannte und nie in Frage gestellt wurde.

Auf dem Weg zum Priesterseminar tauchte jedoch ein Problem auf, das zum Stolperstein hätte werden können: Die Gesundheit. Bei Eugenio machten sich schon früh Magenprobleme bemerkbar. Er vertrug nur schwer »normales« Essen. So aß Eugenio vergleichsweise wenig und möglichst ausgewählt. Doch der Magen blieb übermäßig empfindlich und der Stress des Lerneifers tat sein Übriges. Später schrieb Schwester Pascalina in ihren Erinnerungen, dass der Papst an einer »Magensenkung« gelitten habe.[7] Pascalina hatte den Erzbischof, den Kardinal und den Papst Pacelli Jahrzehnte lang umsorgt und bekocht. Allerdings ist Magensenkung keine Krankheitsdiagnose, sondern nur eine relativ harmlose anatomische Beschreibung, die auf zahlreiche schlanke und hoch gewachsene Menschen zutrifft. Eine Magensenkung ist kaum für die Beschwerden verantwortlich, die Pacelli bis ins greise Alter geplagt haben. Meines Wissens wurde nie eine echte Diagnose gestellt, vielleicht war sie bei dem diffusen Krankheitsbild unmöglich. Pacelli sprach auch nicht über seine Schmerzen. Allein an seiner Dauerdiät konnte man ablesen, dass er magenleidend war.

Wie schwer das Leiden schon den jugendlichen Pacelli erfassen konnte, zeigt eine ärztliche Intervention am Ende der Mittelstufe des Gymnasiums (1890). Im Herbst sollte er die dreijährige Oberstufe beginnen, doch der Hausarzt bestand auf einer Unterbrechung der Schule um ein ganzes Jahr.[8] Der Gesundheitszustand des 14-Jährigen war zu schlecht geworden. Eugenio hatte keine Probleme die Erholungszeit zu füllen, mit Gebet und Studium, mit schwimmen, reiten, langen Spaziergängen und historisch-archäologischen Exkursionen. Oft leistete ihm sein jüngere Schwester Elisabetta Gesellschaft, mit der er sich gut verstand.

Nach der gesundheitlichen Erholung konnte Pacelli im Herbst 1891 das Lyzeum beginnen; im Sommer 1894 machte sein Abitur. Der Eintritt ins römische Priesterseminar Capranica war fraglos. Das pfarramtliche Zeugnis konnte nur Bestes über Pacelli berichten, aber das Magenleiden quälte weiter. Würde er das strikte Seminarleben mit den gemeinsamen Pflichtmahlzeiten eines Standardessens aushalten? Er hielt es nicht aus. Obwohl die Familie jeden Sonntag mit selbst gekochter, verträglicher Speise ins Seminar kam, um Eugenio wenigstens einmal in der Woche Erleichterung zu verschaffen, ging es mit der Gesundheit des Seminaristen bergab. Nach Bitten, ärztlichen Gutachten und der Fürsprache geistlicher Freunde der Familie wurde ihm die Erlaubnis erteilt, fortan zu Hause wohnen zu dürfen. Wie gehabt sollte Pacelli aber an den Übungen im Seminar teilnehmen und die Vorlesungen an der päpstlichen Universität Gregoriana (Philosophie) und dem renommierten Athenäum St. Apollinare (Theologie) besuchen. Das Privileg, die wichtige Seminarzeit als Externer verbringen zu dürfen, ist außergewöhnlich. Für Pacelli war es eher eine Last. Das streng beaufsichtigte und reglementierte Seminarleben scheute er nicht. Doch durch die Sonderbehandlung fiel er öffentlich auf, was ihm gar nicht behagte. Jedoch sein Magenleiden erzwang dieses Opfer für den Herrn.

Zwei weitere Probleme belasteten Eugenio. Es gibt allerdings keine Berichte darüber, ob er schon im Kindes- und Jugendalter mit ihnen zu tun hatte. Es handelte sich einmal um leichtes Stottern, besonders bei Anspannung, und um einen immer wiederkehrenden Schluckauf. Das Stottern wird Pacelli später einigermaßen durch das Anheben seiner Stimme in den Griff bekommen. Nach seiner Erhebung zum Papst sei das aber selten notwendig gewesen.[9] Der Schluckauf war weitaus schwerwiegender, ja eine ernsthafte Krankheitserscheinung. Pacelli wird daran bis ins hohe Alter leiden. Weder ärztliche Therapien noch diverse Hausmittel noch Ratschläge aus aller Welt bringen Erfolg. Im Herbst/Spätherbst 1954 wird ein überaus quälender und hartnäckiger Schluckauf den 78-jährigen Papst beinahe das Leben kosten. Aufgrund der Magenprobleme und den Tag wie Nacht anhaltenden, krampfartigen Schluckaufs findet Pacelli kaum noch Ruhe und Schlaf. Er magert bedrohlicher denn je ab und seine physischen wie psychischen Kräfte verfallen rapide. Eine erzwungene Bettruhe für den stets agilen Papst, vielleicht auch die Alternativbehandlung mit Frischzellen und eine spirituelle Trostvision bringen Pacelli wieder auf die Beine.[10]

Im Jugendalter waren die fünf langen Jahre des Studiums und der geistlichen Vorbereitung auf das Priestertum für den intellektuell so begabten, eifrigen und frommen Seminaristen kein Problem. Den Doktorhut in Theologie hatte Pacelli fest im Auge. Während des Studiums erwachte auch sein Interesse am Kirchenrecht. Er belegte Zusatzkurse und strebte eine zusätzliche Promotion in kanonischem Recht an.

Sein lang gehegter Wunsch erfüllte sich Ostersonntag, dem 2. April 1899. Eugenio Pacelli wurde von einem Freund der Familie, dem stellvertretenden Kardinalvikar Roms, Monsignore di Paolo Cassetta, in dessen Privatkapelle zum Priester geweiht. Seine Primiz feierte er tags darauf in der ehrwürdigen Patriarchalbasilika der Gottesmutter St. Maria Maggiore. Dort erfleht der Neupriester Pacelli auch den Schutz der Himmelkönigin für sein priesterliches Wirken. »*Steh mir bei!*« lauten die letzten Worte auf seinem Primizbildchen.

Aus wissenschaftlichem Ehrgeiz trieb Pacelli seine Studien weiter und promovierte 1901 zum Doktor der Theologie. Eine weitere Promotion zum Kirchenjuristen folgte im Jahr darauf. Es konnte nicht ausbleiben, dass ein Freund der Familie, der Kirchenrechtler Monsignore Gasparri, auf den begabten Jungpriester aufmerksam wurde. Er wünschte sich Don Eugenio an seiner Seite. Gasparri war Sekretär der Kongregation für außerordentliche kirchliche Angelegenheiten und verstand sich gut mit dem Kardinalstaatssekretär Rampolla. Das Begehren Gasparris versprach eine erstklassige Karriere im vatikanischen Verwaltungsdienst. Pacelli war allerdings nicht sonderlich erfreut. Der Einsatz in der Seelsorge wäre ihm lieber gewesen. Doch vorerst war er noch in Ausbildung und in puncto kirchlichem Gehorsam gab es für Pacelli keine Diskussion.

Karriere im Staatssekretariat

Pacelli fing im Frühjahr 1901 als »Lehrling« (apprendista) im Staatssekretariat an. Gasparri wird über die Jahre nicht nur Mentor und Förderer Pacellis sein, sondern auch sein väterlicher Freund werden. Von der Pike auf lernte Don Eugenio die Tiefen und Untiefen kirchlicher Diplomatie kennen.[11] Schon 1903 musste er erleben, dass ein Pontifikatswechsel Karrieren abrupt beendet und neue Sterne aufsteigen lässt. Der neue Papst Pius X. machte den theologisch versierten Hardliner und diplomatisch erfahrenen Kardinal Merry del Val zu seinem ersten Mann. Der liberal-intellektuelle Kardinal Rampolla wurde wegbefördert und zunehmend kalt gestellt. Auch Gesinnungsgenosse Gasparri bekam Gegenwind zu spüren. Der große Plan eines eigenen kirchlichen Gesetzbuches gab die Gelegenheit, den Kanoniker Gasparri an die Spitze der Erarbeitungskommission zu setzen und mit Paragrafenarbeit einzudecken. Wiederum holte sich Gasparri den gerade zum Minutanten (»Sachbearbeiter«) beförderten Pacelli als Mitarbeiter. Fortan war Pacelli an unterster Stelle im Staatssekretariat tätig und ging seinem Mentor bei der Erstellung des Riesenprojekts eines *Codex iuris canonici* (CIC) zur Hand.

Jenseits der nüchternen Verwaltungsarbeit lernte Pacelli auch den unvermeidlichen Kirchenklatsch und die strenge Hackordnung im Vatikan kennen. Meist ging es um so weltbewegende Fragen wie: Wer steigt auf, wer steigt ab? Wer ist Günstling bei welchem Vorgesetzten, gar einem Kardinal, und wer kann nicht mal einen Prälaten seinen Freund nennen? Wer kommt mit wem gut aus, wer nicht? Wer hat welche Fehler gemacht, wer wurde strafversetzt und beim wem hieß es Schwamm drüber? Welche kleinen bis großen Schwächen haben die dort oben, Bischöfe und Kardinäle? – etc., etc.

Nach allem, was man von dem Bürolehrling, dem Minutanten, Pro-Sekretär und Sekretär Pacelli weiß, hat er sich nie an Klatsch und Tratsch beteiligt, ja er ist ihm aus dem Weg gegangen und hat ihn verabscheut. Diese Haltung hat er zeitlebens beibehalten, obwohl es ihm die späteren Aufgaben als Nuntius und Staatssekretär diesbezüglich nicht leicht machten. Pacelli galt als introvertierter, überaus fleißiger und extrem gewissenhaft-genauer Büroarbeiter des Herrn, der stets zurückhaltend und vornehm auftrat, der nie die Fassung verlor und den nur eine Sorge umzutreiben schien: Wie vermeide ich Zeitvergeudung?

Bis 1914 hatte sich Pacelli im päpstlichen Außenamt vom Minutanten zum Untersekretär (Pro-Sekretär) und schließlich zum Sekretär hochgedient. Ab 1909 war er auch als Dozent an der renommierten päpstlichen Diplomaten-akademie tätig. In Gasparris Kommission für den Kirchencodex CIC hatte er fleißig weitergearbeitet, seit 1912 auf dem Posten eines Sekretärs.

Im August 1914 starb Pius X. Hinter den Kulissen zogen alte und neue Gegner ihre Rüstungen an für das Hauen und Stechen um den neuen Ponti-fex. Der damals 38-jährige Pacelli war zwar kein Kombattant, aber er war mit betroffen und wusste, was ablief. Viele Kardinäle waren damals verär-gert bis empört gewesen über die Auswüchse der massiven Anti-Modernis-muskampagne der vergangenen Jahre. Durch Spitzeleien und Denunzia-tionen war es zu großen innerkirchlichen Verwerfungen gekommen. Der neue Pontifex sollte die Kirche beruhigen und einen. Wegen des gerade aus-gebrochenen Krieges war das von hoher Dringlichkeit.

In einem schwierigen Konklave konnte schließlich der Erzbischof von Bologna, Kardinal Giacomo della Chiesa, knapp die Mehrheit erringen. Della Chiesa war aufgeschlossen und hatte vor Jahren treu unter Staatsse-kretär Rampolla gedient. Der neue Pontifex gab sich den Namen Benedikt XV. Papst Benedikt erfüllte die Hoffnungen, die man in ihn setzte. Sofort stellte er den Betreiber des skandalösen Spitzelnetzwerkes, den berüchtigten Msgr. Benigni, kalt und stoppte sämtliche Aktivitäten. Gleichzeitig ereilte Staatssekretär Merry del Val das gleiche Schicksal wie seinerzeit Kardinal

Rampolla. Er wurde aus dem Regierungsamt entfernt und zum Offizium beordert, wo er unter unmittelbarer Kontrolle war. Zum neuen Staatssekretär berief Papst Benedikt nach einem einmonatigen Intermezzo einen Mann, den er von früher im Staatssekretariat gut kannte und mit dem er gleichen Sinnes war: Kardinal Pietro Gasparri. Zusätzlich ernannte er ihn zum Präfekten des Apostolischen Palastes – ein einflussreicher Posten in der unmittelbaren Umgebung des Papstes. Damit waren die Würfel auch für Pacelli gefallen. Sein mittlerweile zum Freund gewordener Förderer Pietro Gasparri war Knall auf Fall zum zweiten Mann in der Kirche aufgestiegen. Kardinal Gasparri ließ keinen Zweifel daran, dass er Monsignore Pacelli dringend brauchte.

ALS NUNTIUS NACH DEUTSCHLAND

Im Ersten Weltkrieg wahrte der Vatikan strikt Neutralität. Die römische Kirchenzentrale war weder Staatssubjekt noch verfolgte sie unmittelbare Interessen im Völkerkonflikt. Ihre Autorität war moralischer Art. Allerdings hatte die Kurie laufend Planungen für die Nachkriegsordnung in den Schreibtischen. Es ging vor allem um Konkordate, die erneut zu verhandeln oder abzuschließen waren. Nicht nur die veränderte Lage, sondern auch das neue kodifizierte Kirchenrecht würden viele Anpassungen notwendig machen. Höchste Kompetenz und Fingerspitzengefühl waren verlangt. Ganz oben auf der Agenda stand Deutschland. Sollte der staatliche Flickenteppich dort nach dem Krieg weiter bestehen, wäre genug zu tun. Sollte Deutschland aber nach dem Krieg eine neue politische Ordnung bekommen, wäre die Herausforderung für den jeweiligen Nuntius des Heiligen Stuhls immens.

Einstweilen widmete sich Pacelli intensiv dem päpstlichen Hilfswerk zur Milderung von Kriegsfolgen. In Italien besuchte er Gefangenenlager, um helfen zu können, soweit es möglich war, bemühte sich Anfragen aufzuklären und organisierte Lebensmittelverteilungen an Notleidende. Daneben lief die Arbeit im Staatssekretariat weiter. Vor allem die Friedensinitiativen und Appelle des Papstes mussten vorbereitet und begleitet werden. Aus nächster Nähe konnte Pacelli erleben, dass die Kombination aus moralischer Autorität, humanitärem Anliegen und gutem Willen längst nicht ausreicht, um im Minenfeld von Hass und Misstrauen, Arroganz, Kaltschnäuzigkeit und Bosheit ernsthaft angehört zu werden. Im Kriegskonzert der Kombattanten hatte die Stimme Papst Benedikts kaum Chancen. Bestenfalls wurde sie freundlich aufgenommen, freilich ohne Konsequenzen; oft gab es nur ein leidiges Achselzucken oder man verdächtigte den Vatikan parteiisch zu sein und die Interessen des Gegners zu vertreten.

Kriegsdiplomatie und Palmen für die Juden

Seit Herbst 1916 war die wichtige Münchner Nuntiatur unbesetzt. Der Nachfolger dort hatte eine heikle Aufgabe zu erfüllen, besonders angesichts des drohenden Kriegseintritts der USA. Der Vatikan wäre dann die einzig verbliebene internationale »Macht«, die Frieden hätte vermitteln können. Gleichzeitig aber stieg das Misstrauen gegen die päpstliche Neutralität. So schimpfte der cholerische General Ludendorff in der obersten Heeresleitung Benedikt XV. den *Franzosenpapst,* und der »Tiger« Georges Clemenceau an der Spitze der französischen Regierung schwadronierte über den *pape boche.* In der heißen Kriegsphase war die Gefahr groß, dass sich der Nuntius in Deutschland die Finger verbrannte. Obwohl in Bayern wie in Rom der Name des umsichtigen Pacelli fiel, zögerten Staatssekretär Gasparri und Papst Benedikt mit einer Ernennung. Wenn Pacellis Ruf im Krieg beschädigt würde, könnte er in der Nachkriegszeit nicht mehr unbeeinträchtigt über Konkordate verhandeln. Aber dafür brauchte man den exzellenten Kirchenrechtler und erfahrenen, Deutsch sprechenden Diplomaten Pacelli.

Vorerst schickte Benedikt den agilen Monsignore Aversa, der zuvor in Brasilien gedient hatte, nach München (Januar 1917). Doch seine Amtszeit endete abrupt einige Wochen später. Anfang April 1917 starb der neue Nuntius nach einer Blinddarm-OP gerade 55-jährig. Jetzt war Eile geboten. Die Kriegslage in Europa war eskaliert und ein Ende war abzusehen. Noch einmal konnte Pacelli nicht zurückgestellt werden. Er musste in die Nuntiatur nach München, und zwar im Rang eines Bischofs. Nach vatikanischen Verhältnissen war die Hast, mit der man Pacelli am 20. April ernannte, gerade zu abenteuerlich. Hektisch bereitete sich Pacelli auf seine neue Aufgabe und seine Abreise vor. Er hat nicht geahnt, dass am Tag seiner Ernennung zum Nuntius in Deutschland eine gewisser Gefreiter Adolf Hitler seinen neunundzwanzigsten Geburtstag feierte, mit dem er in München bald unangenehm zu tun bekam und dem er später auf Leben und Tod ausgeliefert sein würde.

Am 13. Mai 1917 weihte Papst Benedikt selbst Monsignore Pacelli in der Sixtinischen Kapelle zum Bischof. Das war ein Ausdruck hoher Wertschätzung. An diesem Tag der ersten Marienerscheinung in Fatima waren drei aufeinander folgende Päpste in der Sistina versammelt: Neben Benedikt auch Msgr. Ratti (Pius XI.) und eben Pacelli, Pius XII. in spe, dem die Fatimabotschaft wichtig werden wird. Während Monsignore Pacelli hingestreckt auf dem Boden seine Weihe erflehte, legte man ihm zum Zeichen seiner neuen authentischen Hirtensorge ein aufgeschlagenes Evangelienbuch auf den Nacken. Als Nachfolger der Apostel trug er jetzt unmittelbar Botschaft und Auftrag Jesu Christi auf seinen Schultern. Gern hätte Pacelli seine Hirtensorge in einem realen Bischofssprengel ausgeübt, aber nach dem Willen des Papstes war er nur nominell Erzbischof der virtuellen Diözese Sardes. Pacelli war zum Nuntius in Deutschland bestimmt, um dort für die Belange der Kirche Sorge zu tragen.

Ende Mai reiste Pacelli in einem Sonderzug mit diplomatischer Immunität über die Schweiz nach München. Als großes Gepäck führte er auch eigene Nahrungsmittel für seinen empfindlichen Magen mit sich. Die Versorgungslage in Deutschland bedeutete selbst für einen Nuntius Einschränkungen, die ihm gesundheitlich erheblich zusetzen konnten. Die Nuntiatur lag nahe am Zentrum Münchens, in der Brienner Straße. Pacelli wird dort bis 1925 wohnen bleiben, obwohl er seit 1920 offiziell Nuntius für ganz Deutschland mit Sitz in Berlin war. Er empfand München und Bayern sehr schnell als angenehmen Wohnort, und der Umzug nach Berlin wird ihm außerordentlich schwer fallen.

Pacelli stürzte sich sofort in die Arbeit. Schon zur feierlichen Akkreditierung bei König Ludwig III. am 29. Mai brachte er ein Problem mit, das er auf dem Schreibtisch hatte. Es ging um die kirchenrechtlich korrekte Sprachregelung bei dem gerade neu eingesetzten Münchner Erzbischof Michael von Faulhaber. Faulhaber – in ein paar Jahren auch Kardinal – wird einmal ein Vertrauter von Pacelli werden und einer der ersten und wichtigsten Ansprechpartner im Konflikt mit dem nationalsozialistischen Deutschland sein. Gegenüber dem königlichen Staatsminister Hertling insistierte Nuntius Pacelli auf der Verwendung der Vokabel *Begehren* (postulatio) statt *Ernennung* (nominatio). Nach dem Codex Iuris Canonici dürfe nur der Papst Bischöfe *ernennen*. Alle anderen Personen oder Gremien könnten nur ein Begehren vorbringen. Hertling sagte eine Überprüfung des Sachverhaltes zu. In den Akten fand er aber stets die *Ernennung* von Bischöfen durch die bayerischen Könige. Höflich, aber bestimmt teilte der Staatsminister dem eifrigen neuen Papstvertreter mit, dass es bei der bisherigen Sprachregelung bleiben wird. König Ludwig werde Papst Benedikt die Ernennung des speyerischen Bischofs Faulhaber zum neuen Münchener Oberhirten mitteilen. Der überaus korrekte Nuntius bekam schon in den ersten Tagen seiner Amtszeit den rauen Wind lokaler Empfindlichkeiten zu spüren.

Auch bei seinen Antrittsbesuchen beim Reichskanzler Bethmann Hollweg in Berlin und Kaiser Wilhelm in Bad Kreuznach bekam Pacelli vorgeführt, dass diplomatische Gespräche oft anders verlaufen, als man denkt. Pacelli hatte den Auftrag, beim Kanzler die Erwartungen Deutschlands zu klären. Die präzisen Fragen Pacellis machten Hollweg stutzig. Er mutmaßte, der Vatikan habe Kontakte zu Großbritannien und wolle Deutschlands Forderungen herunterschrauben. Im Gespräch ließ dann Bethmann Hollweg konziliante Bemerkungen fallen. Insgeheim war Pacelli begeistert. Allen Ernstes nahm er an, dass jetzt ein Weg für den Frieden unter Vermittlung des Papstes frei sei. Doch Pacelli irrte. Hollweg hatte unter falschen Voraussetzungen nur privat gesprochen, ohne Rücksprache mit dem Kaiser und der obersten Heeresleitung. Bei Ludendorff und Hindenburg war er ohne Rückhalt. Was Nuntius Pacelli vom Reichskanzler gehört hatte, erübrigte sich endgültig, als keine drei Wochen später Hollweg aus dem Amt entlassen wurde.

Noch in euphorischer Stimmung traf Pacelli am 29. Juni Kaiser Wilhelm in Bad Kreuznach. Er übergab ihm einen Brief des Papstes zur Friedensfrage. Der Kaiser hielt eine Ansprache und wurde weitschweifig – was bei ihm häufig vorkam. Er berührte Problempunkte und tippte Überlegungen an, die gänzlich unrealistisch oder ziemlich nebensächlich waren. Pacelli blieb vornehm aufmerksam und machte gute Mine zum epischen Ausflug des Kaisers. Nach Rom wird Pacelli berichten, dass ihm die Rede und die Gesten des Kaisers seltsam vorgekommen seien. Er hätte einen exaltierten Menschen erlebt, der offensichtlich »nicht ganz normal sei«.[12] Pacelli fragte sich, ob das die Natur Wilhelms sei oder Ergebnis eines angstvollen dreijährigen Krieges. Das sind harte, ja unerhörte Worte aus dem Mund eines frisch akkreditierten Diplomaten. Beim Kaiser dagegen machte der neue Nuntius einen hervorragenden Eindruck. Später wird er vermerken: »Pacelli ist eine vornehme, sympathische Erscheinung, von hoher Intelligenz und vollendeten Umgangsformen.«[13] Trotz der wirren Rede verließ Pacelli den Kaiser guten Mutes. Er hatte bei ihm weder Kriegstreiberei herausgehört noch eine Ablehnung päpstlicher Friedensbemühungen.

Wie schnell sich diplomatische Einschätzungen als Fehler erweisen und Hoffnungen in Luft auflösen können, musste Pacelli in den folgenden Monaten hautnah miterleben. Zum Kriegsjahrestag 1. August (1917) wagte Papst Benedikt eine große Friedensinitiative, die er an alle Kombattanten sandte. Im Vatikan war man zuversichtlich, dass sich etwas bewegt. Doch der Vorstoß zerschellte an einer Mauer des Misstrauens, Kopfschüttelns und offener Ablehnung. Auch die Berliner Regierung zeigte dem Vatikan letztlich die kalte Schulter. Alle Bemühungen Pacellis, wenigstens Anzeichen einer Türöffnung zu erreichen, blieben vergebens. Düster orakelte Kardinalstaatssekretär Gasparri an Pacelli, dass im Falle eines Scheiterns weitere Friedensvorschläge nicht mehr möglich seien und der Krieg bis zum bitteren Ende weitergehen würde. Kurz drauf war allen klar: die so hoffnungsvoll lancierte Friedensinitiative ist gescheitert.

Das Ergebnis war bitter für Pacelli. Bislang hatte er nur das diplomatische Alltagsgeschäft von der römischen Zentrale aus beobachtet. Jetzt war Weltkrieg, und er stand an vorderster Diplomatenfront. Was der Papst befürchtet hatte, war eingetreten. Die Reputation des Nuntius Pacelli hatte gelitten. Aber im Herbst 1917 galt nur noch die Devise: Augen zu und durch, bis der unselige Krieg ein Ende gefunden hat. Vielleicht wäre Pacelli nach dem Krieg abgelöst worden, wenn es nicht zu einer Revolution gekommen wäre, die vieles änderte. Bis dahin mühte sich Nuntius Pacelli neben seinen binnenkirchlichen Aufgaben nur noch um rein humanitäre Anliegen. Aus der politischen Diplomatie musste er sich heraushalten. Stattdessen besuchte er Gefangenenlager, kümmerte sich um Verpflegung und organisierte einen Suchdienst für Vermisste.

Mit dem Einzug in seine Münchner Residenz wurde Pacelli auch vom Alltagsgeschäft einer Nuntiatur in Beschlag genommen. Als Apostolischer Gesandter war er nicht nur Brennpunkt aller kirchlichen und kirchen-diplomatischen Obliegenheiten, sondern er war auch Ansprechpartner für viele kleine und große Sorgen zahlloser Menschen. Die Kümmernisse und Nöte einer schier endlosen Reihe von Bittstellern musste Pacelli ebenso bewältigen wie die hohen Amtsgeschäfte mit Regierungsstellen und der Kurie.

Eines der ersten Gesuche um Beistand an die Nuntiatur ist breiter bekannt geworden. Anfang September 1917 erschien der Münchner Rabbi Dr. Werner bei Pacelli und bat ihn um die Hilfe des Vatikan.[14] Er sei Vertreter der israelitischen Gemeinden in Deutschland und hätte ein drängendes Anliegen für das nahe Laubhüttenfest. Zu den hohen Festtagen im Herbst seien bislang immer Palmwedel aus Italien eingeführt worden. Jetzt aber habe die italienische Regierung die Ausfuhr verboten; in Como würde die bereits gekaufte Ladung festgehalten, erklärte Rabbi Werner bedrückt. Die israelitische Gemeinde hoffe und vertraue auf eine Intervention des Papstes bei der italienischen Regierung. Die Gemeinde bitte die Apostolische Nuntiatur in dieser Angelegenheit tätig zu werden. Tausende von gläubigen Juden würden vertrauensvoll einen glücklichen Ausgang erwarten.

Pacelli versprach dem Rabbi, einen dringenden Bericht an den Hl. Stuhl zu schicken. Allerdings fürchte er, dass aufgrund der Verzögerungen in der Kommunikation mit Rom das Problem nicht mehr rechtzeitig lösbar sei. Was Pacelli dem Rabbi nicht sagte, erwähnte er in seinem Bericht an Staatssekretär Gasparri vom 4. September. Ihm sei dieses Gesuch nicht als Bitte um Beistand für ein ziviles oder natürliches Recht erschienen – solche Bitten könne er nicht ablehnen. Es handele sich aber um eine aktive Unterstützung der jüdischen Religionsausübung – Pacelli zeigte sich dogmatisch und kirchenrechtlich aufgeschreckt. Nach kanonischem Recht war die Unterstützung nichtchristlicher Kulte verboten. Das galt auch und besonders für den jüdischen Glauben. Für den kirchenrechtlich beschlagenen Nuntius war die Bitte der Juden daher schon entschieden. Der Vatikan durfte hier nicht tätig werden.

In seinem kurzen Antwortschreiben war Kardinal Gasparri derselben Meinung. Pacelli solle dem Rabbi mit wohlgesetzten Worten die Unmöglichkeit einer Hilfe durch den Hl. Stuhl unter vier Augen mitteilen. Allerdings, so Gasparri ausdrücklich, solle Pacelli auf dem Umstand insistieren, dass der Hl. Stuhl keine diplomatischen Beziehungen zur italienischen Regierung unterhalte. Was der Staatssekretär hier verlangte, mag man einen diskreten diplomatischen Winkelzug nennen, es ist aber dennoch ein starkes Stück. In nachgesagt jesuitischer Manier soll die Mitteilung an den Rabbi die wahren Gründe der vatikanischen Untätigkeit verschleiern. Andere würden ein solches Vorgehen eine Lüge nennen. Pacelli tat, was verlangt war. Ende September meldete er Vollzug. Er habe Rabbi Werner persönlich die Lage erklärt und insbesondere auf die fehlenden diplomatischen Kanäle zur italienischen Regierung verwiesen. Inwiefern Pacelli im Gespräch mit dem Rabbi auch auf das Verbot zu sprechen kam, den jüdischen Kult aktiv zu unterstützen, geht aus dem Schreiben nicht hervor. Er scheint aber darauf eingegangen zu sein, denn er habe mit allem Taktgefühl das Gespräch geführt. Pacelli schreibt im Schlusssatz, dass Rabbi Werner die dargelegten Gründe vollkommen verstanden und sich herzlich für die Hilfe der Nuntiatur bedankt habe.

Wir wissen nicht, was in Herrn Werner tatsächlich vorgegangen ist und wie sich Pacelli bei dieser brenzligen Angelegenheit fühlte. Aus heutiger Sicht greift man sich an den Kopf. Der große Kenner der Materie Michael Feldkamp sieht in Pacelli »ein Kind seiner Zeit«, für den verbindliche kanonischen Bestimmungen galten.[15] Andere wollen hier den Beleg für eine latente Judenfeindschaft Pacellis erkennen. Es ist leicht dem Nuntius im Palmwedel-Fall Antijudaismus anzuhängen. Doch das lässt sich nur oberflächlich und kurzschließend behaupten. Ich erinnere daran, dass Pacelli seit seiner Jugend persönliches Interesse am Judentum, an seinem Kult und an rabbinischer Theologie gezeigt hatte. Tatsache ist auch, dass dem späteren Theologiestudenten, Priester und Diplomaten nie irgendwelche antijudaistische Einstellungen nachgesagt wurden.

Im Palmwedel-Fall verhielt sich Nuntius Pacelli korrekt, überkorrekt, und er wollte seinen Vorgesetzten gehorsam sein. Die Angelegenheit war delikat – so die eigene Sprachregelung – und es durfte kein Fehler passieren. Dabei benahm sich Pacelli allerdings nicht wie ein seelenloser Bürokrat, der nach Vorschriftenlage entscheidet. Nuntius Pacelli hätte schon beim Erstkontakt mit Dr. Werner die Achseln zucken und den Rabbi mit Ausdruck des Bedauerns wieder hinausexpedieren können. Aber das war nicht die Art des Menschen Pacelli. Er wollte und er brauchte die Angelegenheit nicht in seinem Büro zu entscheiden. Vielleicht würde der Papst ja aus eigenem Entschluss doch eine Intervention befürworten.

Gegenüber dem Bestreben der agilen zionistischen Bewegung, die in Palästina eine Heimstätte für Juden aus aller Welt errichten wollte, war Pacelli aufgeschlossen und wohlwollend. Er setzte sich damit deutlich von einflussreichen Kreisen in der Kurie ab, die im Zionismus eine Gefahr für das Heilige Land und die Heiligen Stätten sahen. Pacelli versuchte indessen Türen im Vatikan zu öffnen. So sorgte er noch kurz vor seiner Abreise nach

München (Mai 1917) dafür, dass der rührige Generalsekretär der Zionistischen Weltorganisation (WZO), Nachum Sokolow, eine Privataudienz bei Papst Benedikt erhielt. Er sollte diesem unter vier Augen das Anliegen des Zionismus erläutern.[16]

Der gute Kontakt Sokolows zu Pacelli hielt über Jahre an. 1922 brauchte Sokolow noch einmal dringend dessen Hilfe. In der Kurie war eine Denkschrift gegen den Zionismus erstellt worden und im Osservatore Romano hatte man das Papier wortreich unterstützt. Zur gleichen Zeit wurde beim Völkerbund in Genf letzte Hand an das britische Mandat über Palästina gelegt. Jegliches Störfeuer des Vatikan war jetzt schädlich. Von Genf aus wandte sich Victor Jacobson, der dortige Vertreter der Zionistischen Weltorganisation, an Nuntius Pacelli um Hilfe. Pacelli lag zu diesem Zeitpunkt erkrankt in der Berliner Hedwigsklinik und hatte ärztliches Besuchsverbot. Eine erste Anfrage wurde daher abgewimmelt. Als man Pacelli mitteilen ließ, dass ein gewisser Sokolow ihn dringend sprechen müsse, kam sofort die Antwort: »Seine Eminenz würde sich freuen, Nachum Sokolow für fünf Minuten zu empfangen.« Im Krankenhaus schärfte der Arzt Sokolow die fünf Minuten ein und verwehrte seinem Begleiter Blumenfeld den Zutritt. Aus den fünf Minuten wurden eineinhalb Stunden. Danach hatte Sokolow freie Hand ein »klärendes Telegramm« zu verfassen und es via Nuntiatur zum vatikanischen Vertreter nach Genf kabeln zu lassen.[17] Nach Mitteilung Jacobsons war das Ergebnis der Intervention eine voller Erfolg.

Insgesamt behandelte Pacelli Anliegen, die an die Nuntiatur gestellt oder die ihm persönlich vorgetragen wurden, sehr generös. In den Akten finden sich zahllose Vorgänge, bei denen sich Pacelli intensiv engagierte. Es widerstrebte ihm, Bittsteller einfach wegzuschicken. Ein intimer Kenner des Menschen Eugenio Pacelli als Staatssekretär und Papst, Monsignore (Kardinal) Tardini, wird später über ihn schreiben, dass er weich, zu weich war in unmittelbar zwischenmenschlichen Kontakten. Obendrein sei er schüchtern gewesen. Pacelli konnte schlecht etwas offen abschlagen. Tardini erzählt:

> »Jedes Mal, wenn Pius XII. Gruppen von Geistlichen zu empfangen hatte, zeigte er sich nicht wenig besorgt. Häufig sagte er mir […]: ›Ich werde heute eine Gruppe von Priestern empfangen. Wer weiß, wie viele Bitten sie mir vortragen werden!‹ Lächelnd erwiderte ich: ›Heiligkeit, sagen Sie zu allen »nein!«‹ Darauf entgegnete der Papst: ›Gut, ich sage »nein«, aber

dann drängen sie und drängen sie [...]‹ Und er machte eine weite Geste wie der Resignation.«[18]

Tardini berichtet an anderer Stelle weiter, dass der Heilige Vater geradezu ängstlich gewesen sei, kirchliche Würdenträger zu empfangen. Nicht die Gespräche an sich hätten ihn geschreckt, »sondern er fürchtete sich vor sich selbst, fürchtete, auf die zahlreichen, drängenden und beharrlichen Bitten aller Art nicht nein sagen zu können«.[19] Daher seien auch die Kontakte mit Bischöfen und Prälaten aus aller Welt eingeschränkt worden. Pius scheute Härte gegenüber den bettelnden Augen seiner Besucher. Ähnliches habe bei wichtigen internen Entscheidungen gegolten, wenn Fraktionen in der Kurie den Papst mit je eigenen Vorschlägen und Empfehlungen auf ihre Seite ziehen wollten. Dann sei der Papst in Verlegenheit gewesen, »angefochten von einer natürlichen wohlwollenden Nachgiebigkeit und dem strengen Urteil seines Gewissens«.[20]

Was Nuntius Pacelli regeln konnte oder musste, fiel ihm schwer genug. Über jede Entlastung seiner Verantwortung war er froh. Ab dem 2. März 1939 wird Pacelli das »Privileg« eines Untergebenen, den Vorgesetzten entscheiden zu lassen, nicht mehr haben. Er wird dann selbst die Schlüssel Petri in Händen halten und alles mit sich allein ausfechten müssen.

»Jüdische« Revolutionäre und ein Auto

Das dramatische Kriegsende in Deutschland machte den Nuntius wieder schlagartig zu einer Person des öffentlichen Interesses. Pacelli erlebte die Novemberrevolution in München hautnah mit. Ohne Verzögerung schickte er Lageberichte und Einschätzungen nach Rom. Schon in den ersten Tagen des Umsturzes kam Erzbischof Faulhaber aufgeregt zu Pacelli und drängte ihn, das heiße Pflaster München zu verlassen. Die Person des Nuntius sei in Gefahr. Faulhaber empfahl Pacelli sich in die Schweiz zurückzuziehen. In Rorschach am Bodensee gebe es das geistliche Haus *Stella Maris*, wo die Menzinger Lehrschwestern vom Heiligen Kreuz eine Niederlassung hätten. Das sei sicherlich gut geeignet. Faulhaber kannte Stella Maris als gern genutzten Ort zur Erholung und zu Exerzitien für sich und andere Geistliche aus dem süddeutschen Raum.

Aus der Kongregation der Menzinger Schwestern stammte auch Pacellis Haushälterin, Sr. Pascalina Lehnert, die im März 1918 in die Nuntiatur kam.

Die 23 Jahre junge bayerische Ordensschwester wurde zur Aushilfe nach München geschickt. Diese Aushilfe sollte gut vierzig Jahre dauern. Schwester Pascalina wird in dieser Zeit fast immer um Pacelli herum sein, und in den fünfziger Jahren wird sie sich zu einer Art grauen Eminenz im Vatikan entwickeln, die den Zugang zu Papst Pius XII. kontrollierte.

Pacelli behagte es nicht, seinen Posten verlassen, um der gefährlichen Situation aus dem Weg gehen zu können. Er wandte sich telegrafisch an Kardinal Gasparri in Rom und bat um Instruktionen für sich und sein Personal. Am 13. November gibt Gasparri dem Nuntius volle Handlungsfreiheit, München zu verlassen. Pacelli zögerte, doch schließlich rang er sich zur Abreise durch. Neben seiner angegriffenen Gesundheit dürfte nur die Sorge um die Beschädigung des Amtes in Zeiten der Revolution ausschlaggebend gewesen. In der zweiten Januarhälfte 1919 kam Pacelli aus Rorschach nach München zurück. Die Lage war aber zu unsicher, und Pacelli hielt sich für ein paar Wochen abseits im Kloster Zangenberg auf. Im März kehrte er endgültig nach München zurück, obwohl zwischenzeitlich Kurt Eisner ermordet worden war und eine Revolutionskrise die andere ablöste.

Im April 1919 eskalierte die Situation durch die Errichtung der kommunistischen Räterepublik in München unter der Führung von Eugen Leviné. Die diplomatischen Vertretungen in der Stadt fürchteten Schutzlosigkeit und beauftragten in einer Krisensitzung unter anderem die Nuntiatur, Sicherheitsgarantien einzuholen. Pacelli schickte seinen engsten Mitarbeiter, den Uditore (Rechtsbeistand) Monsignore Schioppa, zur Revolutionszentrale in die königliche Residenz. Zusammen mit Graf von Zech aus der preußischen Vertretung betrat Schioppa mutig die Residenz. Er kam schockiert wieder heraus. Seinem Vorgesetzten Pacelli muss er Drastisches erzählt haben. Jedenfalls wurde gleich ein Bericht angefertigt, der die Aufregung Schioppas und des Nuntius widerspiegelt:

>Das Schauspiel im besagten Palast ist unbeschreiblich. Das chaotischste Durcheinander, der widerlichste Dreck, das ständige Kommen und Gehen von bewaffneten Soldaten und Arbeitern, die Schreie, die unflätigen Worte, die Flüche, die dort widerhallten, machten jene bevorzugte Residenz der bayerischen Könige zu einem wahren Inferno. Ein Heer von Angestellten, die kommen und gehen, die Befehle weitergeben, die Nachrichten verbreiten, und unter ihnen eine Schar junger Frauen von wenig beruhigendem Aussehen, Jüdinnen wie die ersten, die in allen Büros in provokanter Weise und

mit zweideutigem Lächeln herumstehen. An der Spitze dieser weiblichen Gruppe steht die Geliebte Levinés: eine junge Russin, Jüdin, geschieden, die als Chefin kommandiert. Und dieser musste sich die Nuntiatur beugen für die Genehmigung freien Zutritts. Leviné ist ein junger Mann, auch er Russe und Jude von circa dreißig oder fünfunddreißig Jahren. Bleich, dreckig, fahle Augen, mit heiserer, ordinärer Stimme: ein wahrlich abstoßender Typ, doch mit einer intelligenten und schlauen Physiognomie.«[21]

Pacelli erwähnt weiter, dass Leviné sich gerade noch herabließ, dem Uditore auf dem Flur widerwillig zuzuhören – Zigarette rauchend, mit Hut auf dem Kopf und von einer Leibwächterschar umgeben. Leviné sei dem Uditore mehrmals unhöflich ins Wort gefallen, weil er angeblich wichtigere Dinge zu tun habe. Verächtlich hätte er dem Uditore kundgetan, dass die Exterritorialität der ausländischen Delegationen anerkannt werde, sofern sie nichts gegen die Räterepublik unternehmen würden. Uditore Schioppa wurde schließlich zum Beauftragten für Auswärtiges (Dietrich) verwiesen, von dem er Ähnliches hörte. Dietrich zögerte nicht Msgr. Schioppa ins Gesicht zu schleudern, dass man den Nuntius »wegwerfen« werde, falls er etwas gegen die Räterepublik unternehmen würde. Um Dietrich herum sei auch wieder nichts als Geschrei und Babel gewesen mit vielen Frauen, Soldaten und Arbeitern.

Die despektierlichen Bemerkungen im offiziellen Nuntiaturbericht über eine Revolutionszentrale, in der bolschewistisch-jüdische Gestalten übelster Sorte agieren und herumlungern würden, haben Pacelli viel Kritik eingebracht. Scharf geht Cornwell ins Gericht. Die Äußerungen hinterließen »den starken Eindruck einer stereotypen rassistischen Verachtung«.[22] Außerdem würde Pacelli die weit verbreite Meinung in Deutschland teilen, dass die Juden die Anstifter des bolschewistischen Aufruhrs seien und das Ziel hätten, die christliche Zivilisation zu zerstören.

Vorab sollte man bemerken, dass der Bericht nicht Pacellis Wahrnehmung wiedergibt, sondern diejenige von Uditore Schioppa. Pacelli hat die Andeutungen und Anspielungen Schioppas allerdings übernommen und mit seiner Unterschrift versehen. Weiterhin ist kritisch anzumerken, dass Cornwell eine zum Teil verschärfte und falsche Übersetzung zum Besten gibt, die seine Schlussfolgerungen unterstützen soll. So wird aus einer »Schar von Frauen« eine *Bande von Frauen*, aus »An der Spitze dieser weiblichen Gruppe« wird *Die Chefin dieses weiblichen Abschaums* und die Augen Levinés sind nicht »fahl«, sondern *von Drogenmissbrauch* gezeichnet.[23]

Sicherlich, die Situation im Palast war befremdend genug. Aber was erwarteten Monsignore Schioppa und Exzellenz Pacelli eigentlich für eine Behandlung bei der revolutionären Räteführung? Dass der Nuntiaturgesandte nicht mit Samthandschuhen angefasst werden würde, dürfte klar gewesen sein. Im Grunde ist es erstaunlich, wie ungeschoren der Uditore davonkam. Leicht hätten z. B. die Damen mit dem provokante Benehmen und dem zweideutigen Lächeln dem braven Kirchenmann anders mitspielen können. Eine unsittliche Annäherung bis auf wenige Zentimeter und eine noch unsittlichere Berührung am Ärmel oder an einer Falte des langen Kleides hätten den tugendhaften Monsignore wohl endgültig aus der Fassung gebracht. Die Szene im Palast verleitet zu ironischer Fantasie.

Monsignore Schioppa und Nuntius Pacelli waren zweifellos entsetzt. Aber rechtfertigt das die Bemerkungen über die jüdische Herkunft der Revolutionäre? Hat Pacelli den bolschewistischen Aufruhr in München den Juden anhängen wollen? Selbst bei kritischer Lektüre des Schreibens lässt sich die These nicht pauschal herleiten. Pacelli hätte eine ganze Reihe von breit analysierenden Berichten verfassen müssen, um Rom von einer bolschewistisch-jüdischen Verschwörung zu überzeugen. Doch das hat er nicht getan. In seinen Nuntiaturreporten lässt sich Pacelli weder über jüdische Umstürzler aus noch räsoniert er über eine zerstörerische Wirkung jüdischen Einflusses auf die Gesellschaft. Allerdings war solch fatale Denkungsart überall anzutreffen – gerade auch in theologischen und kirchlichen Kreisen. Pacelli kannte entsprechende Auffassungen und Thesen sehr genau. In die Kontroverse mischte er sich aber nicht ein. Selbst als christliche und sogar kirchliche Blätter in Deutschland gegen den »jüdischen Ungeist« anschrieben und ihre Leser anstachelten, beschränkte sich Pacelli auf das Beobachten. Nach der Machtergreifung Hitlers wird sich das ändern. Dann wird die Kirche herausgefordert sein, Stellung zu nehmen.

Pacelli hat nicht geahnt, dass im wirren Jahr 1919 in unmittelbarer Nähe in München Weltkriegsheimkehrer Adolf Hitler am Beginn einer unbändigen demagogischen Karriere stand. Die Obsession seiner Judenhetze und Judenverfolgung wird in ihm lodern bis zu seinem politischen Testament, das er im Bunker unter den Trümmern der Reichskanzlei diktierte.

Schon im September 1919 hat Hitler in einem kurzen Gutachten grundsätzlich geschrieben:

»Zunächst ist das Judentum unbedingt eine Rasse und nicht eine Religionsge-meinschaft. […] Bewegt sich schon das Gefühl des Juden im rein Materiellen, so noch mehr sein Denken und Streben. Der Tanz ums goldene Kalb wird zum erbarmungslosen Kampf um all jene Güter, die nach unserem inneren Gefühl nicht die höchsten und einzig erstrebenswerten auf dieser Erde sein sollen. […] Aus diesem Fühlen ergibt sich jenes Denken und Streben nach Geld und Macht, die dieses schützt, das den Juden skrupellos werden lässt in der Wahl der Mittel, erbarmungslos in ihrer Verwendung zu diesem Zweck. […] Sein Wirken wird in seinen Folgen zur Rassentuberkulose der Völker.«[24]

Das frühe Unwort von der »jüdischen Rassentuberkulose« klingt wie das Fanal eines endzeitlichen Antisemiten – nicht unähnlich jenem Antichris-ten, der in der Johannesapokalypse prophezeit wird. Dieser wird antreten, um ein Volk zu töten, das sich um den Juden Jesus von Nazaret schart. Der »Antijude« Hitler aber will das Volk Jesu selbst ausrotten. Bald soll Hitler einem Erwählungs- und Vorsehungspathos verfallen, durch das er sein dia-bolisches Werk als planetarische Erlösungstat geradezu religiös verbrämen wird. Was wird und was muss Pacelli dieser Verführung und deren Vernich-tungswerk entgegensetzen?

Noch plagten Nuntius Pacelli andere Sorgen. Die Revolutionäre in Mün-chen waren militärisch schwer bedrängt und Stoßtrupps machten die Stadt unsicherer denn je. Unter anderem fingen sie an, bei diplomatischen Ver-tretungen die Dienstfahrzeuge zu requirieren. Als Pacelli davon erfuhr, gab er seinem Fahrer Weisung, den eigenen Wagen fahruntauglich zu machen. Der große Dienstwagen war in diesen Zeiten ein wichtiges Fortbewegungs-mittel, das die Nuntiatur für eine eventuell notwendige überstürzte Flucht dringend gebraucht hätte. Es kam wie befürchtet. Die Nuntiatur geriet ins Ziel der Revolutionäre. Die Ereignisse werden meist falsch dargestellt und als reine Affäre um das Auto des Nuntius gesehen. Dem war nicht so:[25]

Am 29. April drangen zwei bewaffnete Revolutionäre in die Vatikanische Vertretung ein und verlangten ultimativ die Herausgabe des stattlichen Dienstwagens der Nuniatur. Pacelli war oben in seinem Arbeitszimmer und kam wegen des Tumultes in der Empfangshalle die Treppe herunter. Einer der Männer, Kommandant Seyler, hielt Pacelli einen handgeschriebenen Zettel unter die Nase. Der Wagen des Nuntius sei im Namen des Oberkom-mandos der Roten Armee beschlagnahmt. Dabei drohten die Männer unmissverständlich mit den Waffen. Pacelli gab Weisung, die Garage zu öffnen. Wegen der guten Sabotagearbeit des Chauffeurs versuchte man aber vergeblich, den Daimler zu starten. Mittlerweile protestierte Pacelli telefonisch und beschwerte sich über die Verletzung der diplomatischen Immunität der Nuntiatur. Doch der Nuntius wurde angeraunzt und bedroht. Schließlich ließ man die widerspenstige Karosse einfach abschleppen.

Nach wiederholtem Protest und einer Intervention der Stadtkommandantur wurde der Wagen am nächsten Tag zurückgebracht. Seyler und seine Leute akzeptierten diese Entscheidung nicht und attackierten am Vormittag des 30. April erneut die Nuntiatur. Der rote Kommandant hatte Verstärkung mitgebracht. Nach einer erneuten Kontroverse mit der vorgesetzten Dienststelle, die den diplomatischen Status der Nuntiatur respektieren wollte, platzte Seyler der Kragen. Jetzt wollte er das feindliche Spionagenest der Nuntiatur ausheben. Rasch rekrutierte er weitere Rotgardisten und bewaffnete sie mit einem großen Maschinengewehr und Handbomben. Die Revolutionäre stürmten die Nuntiatur, um Pacelli und andere Offizielle in der Vertretung zu verhaften und wegzuschaffen. Allerdings weigerte sich Pacelli standhaft, die Nuntiatur zu verlassen.

Schwester Pascalina rief per Telefon heimlich den gut bekannten italienischen Offizier und Attaché an der Gesandtschaft Italiens De Luca zu Hilfe. Capitano De Luca berichtete später, dass er in der Nuntiatur eine Gruppe von sieben bewaffneten Männern antraf, von denen einer den Nuntius unentwegt mit einer Waffe bedroht habe. Pacelli habe gesagt, dass er ohne Angst sei und sein Leben in Gottes Hand liege. Keine Macht der Welt würde ihn dazu bringen, die Nuntiatur zu verlassen. Dabei habe er sein goldenes Brustkreuz, das er einst von seiner Mutter bekommen hatte, fest in den Händen gehalten. Pacelli habe sich allerdings sehr um die ihm Anvertrauten im Hause gesorgt. De Luca schaffte es, dass der Anführer telefonisch Rücksprache mit dem Hauptquartier hielt. Von dort kam der Befehl, die Aktion abzubrechen. Widerwillig aber gehorsam gab Seyler auf und zog mit seinen Männern ab – nicht ohne die Drohung, er werde wiederkommen, um das zu tun, was die Feinde der Republik verdienten. Er kam nicht wieder. Die Rote Garde in München wurde in den nächsten Tagen militärisch besiegt.

Im Bericht nach Rom machte Pacelli kein Aufhebens um die Autoaffäre. Er wiegelte ab. Zur Geiselnahme machte er keinen schriftlichen Bericht, sondern meldete den Vorgang telefonisch. Jahre später wird sich Pacelli noch genau an die gefährlichen Momente in der Nuntiatur erinnern, als er den italienischen Botschafter zum Abschiedsbesuch empfangen hatte (Mai 1940). Es gab ein Wortgefecht, bei dem Pius XII. erregt sagte, dass er genauso wenig Angst habe, in ein KZ zu kommen, wie er seinerzeit in München Angst vor der auf ihn gerichteten Waffe eines Revolutionärs gehabt habe.[26]

Reichsnuntius – Umzug nach Berlin

Pacelli mag in München keine Angst verspürt haben, aber in Rom war man alarmiert. Die militärische Belagerung Münchens durch Reichstruppen verschärfte die Sorge – zumal es bei den Kämpfen zu einem Beschuss der Nuntiatur gekommen war (allerdings durch friendly fire). Staatssekretär Gasparri veranlasste seinen Nuntius erneut, München zu verlassen. Widerwillig residierte Pacelli den Sommer über in Rorschach. Anfang August 1919 kehrte er endgültig zu seinem Amtssitz zurück, um sich gleich in die hohe Diplomatie zu stürzen.

Noch im August trat die Weimarer Verfassung in Kraft und kurz darauf bat Reichspräsident Friedrich Ebert den Nuntius in München um Unterstützung der katholischen Kirche für das neue demokratische Deutschland. Mit der brandneuen Verfassung und dem good-will der Regierung gegenüber den Kirchen rückte die Erfüllung des lang gehegten vatikanischen Wunsches nach einer Nuntiatur in Berlin näher denn je. Obwohl es in den kommenden Monaten politisches Gezerre von allen Seiten gab, einigten sich Berlin und Rom im Frühjahr 1920 über den Austausch von Botschaftern. Berlin sandte Diego von Bergen zum Hl. Stuhl nach Rom, wo er bis 1943 das Deutsche Reich vertreten wird, und Papst Benedikt XV. bestimmte Pacelli zu seinem Mann in Berlin. Am 30. Juni 1920 erhielt Eugenio Pacelli von Präsident Ebert die Beglaubigung zum Apostolischen Reichsnuntius für Deutschland.

Die Situation war allerdings kurios. Pacelli blieb gleichzeitig Nuntius für Bayern in München, und er hatte sich ausbedungen, vorläufig in München wohnen bleiben zu dürfen. Ein bayerisches Konkordat sollte erst unter Dach und Fach kommen. Außerdem liebte Pacelli München und Bayern schon so sehr, dass er nur ungern ins preußische Berlin umziehen wollte. Eine endlose Fahrerei war die Folge. Als neuer Reichsnuntius musste Pacelli nicht nur persönlichen Kontakt zu allen Bischofssitzen halten, sondern auch die

Regierung in Berlin erwartete Präsenz. So hielt sich Pacelli übers Jahr immer wieder länger in Berlin auf. Seine Nuntiatur lag schön gelegen in der Rauchstraße (Tiergarten), wo heute noch mehrere Botschaften residieren.

Die Verhandlungen für das bayerische Konkordat zogen sich länger hin als erwartet. Erst im Februar 1924 war ein Textentwurf fertig, dem nur noch das *placet* aus Berlin fehlte. Pacelli fuhr dazu eigens in die Hauptstadt, damit ja nichts mehr schief gehen konnte. Ende März war es soweit. Das bayerische Konkordat wurde unterzeichnet.

Pacelli hatte keine Zeit sich auf den diplomatischen Lorbeeren auszuruhen. Er hatte immer mehrere Eisen im Feuer. Mit einem hantierte er schon seit seiner Akkreditierung zum Deutschlandnuntius: ein Konkordat für das Gesamtreich. Doch die politischen Vorbehalte waren zu groß und die Interessenlage zu verzwickt. Auch das feinsinnige Geschick Pacellis konnte daran nichts ändern. Die Verhandlungen erwiesen sich aber als nützlich für ein Länderkonkordat mit Preußen. Noch bevor seine Zeit als Nuntius in Deutschland zu Ende ging, brachte Pacelli eine Vereinbarung zwischen Preußen und dem Hl. Stuhl zustande (Juli 1929). Das Aushandeln des Vertrags war dornenreich gewesen und hatte viel Nervenkraft gekostet. Doch das Ergebnis ließ sich sehen; der Nuntius war glücklich.

Ab August 1925 hatte Pacelli endgültig seinen Amtssitz von München ins preußische Berlin verlegt. Nach der Ratifizierung des Bayernkonkordats durch den Landtag Anfang 1925 konnte der Umzug der Nuntiatur nicht länger hinausgeschoben werden. Pacelli ging schweren Herzens. Die rührenden und wehmütigen Worte bei seiner Abschiedsrede waren keine diplomatischen Höflichkeitsfloskeln: »Indem ich München Lebewohl sage, [...] grüße ich bewegten Herzens das ganze bayerische Volk, in dessen Mitte mir in den vergangenen Jahren eine zweite Heimat geworden ist. Eine zweite Heimat, deren grünende Fluren und stille Wälder, deren ragende Berge und blaue Seen, deren Bergkirchlein und Dome, deren Almen und Schlösser, ich noch einmal an meinen Augen vorüberziehen lasse, bevor ich den Wanderstab ergreife, um an anderer Stelle zu wirken, was meines Amtes ist. Und mit dem Lande grüße ich in dankbarem Abschiednehmen das bayerische Volk, dieses Volk, das jeder lieb gewinnen muss, der ihm nicht nur ins Auge, sondern auch in die Seele blicken durfte, dieses Volk mit einem Sinn so stark und so fest wie die Felsen seiner Berge, mit einem Gemüt so tief wie die blauen Wasser seiner Seen.«[27]

Jedenfalls ersparte sich der Nuntius die Fahrstrecke zwischen München und Berlin. Sie war zeitaufwändig und führte ständig zu Terminproblemen. Für den akribischen Zeitplaner Pacelli kein schlechter Trost. Auch waren in der Hauptstadt die politischen Wege kürzer, die Kontakte enger und das Ambiente nahe seiner Residenz in der Rauchstraße ließ nichts zu wünschen übrig. Der Römer Pacelli wurde in Berlin rasch heimisch und lernte es lieben. Hilfreich für ihn war auch das eingespielte Team in der Nuntiatur – allem voran Schwester Pascalina und sein Privatsekretär, der Jesuitenpater Robert Leiber. Der Kirchenhistoriker Pater Leiber kam 1924 zu Pacelli. Die Bischofskonferenz hatte ihn der Nuntiatur zugeleitet. Der versierte Pater Leiber sollte für Pacelli rasch unentbehrlich werden. So wie die deutschen Schwestern wird Pacelli auch ihn später mit nach Rom nehmen. Der medienscheue Leiber blieb über dreißig Jahre in seinem Dienst bis zum Tod des Pontifex im Oktober 1958.

ABSCHIED VON DEUTSCHLAND – KARDINAL-STAATSSEKRETÄR

Bevor Pacelli München verließ, musste er sich offiziell und zum ersten Mal mit Hitler und der nationalsozialistischen Bewegung beschäftigen. Anlass war der Hitler-Ludendorff-Putsch am 8./9. November 1923 in München. Wie schon 1918 und 1919 schickte Pacelli in kurzen Abständen Lageberichte nach Rom. Nach der Niederschlagung des Putschversuchs und der Verhaftung Hitlers war die Angelegenheit allerdings noch nicht erledigt.

Aus der Ecke der völkischen Presse gab es Angriffe auf den Erzbischof von München Kardinal Faulhaber und die katholische Kirche insgesamt. Faulhaber, der 1921 zum Kardinal erhoben worden war, hatte in seiner Allerseelenpredigt am 4. November die Judenverfolgung in Deutschland gegeißelt. Nach dem 9. November wurde auch das Gerücht gestreut, er hätte wesentlich zum Scheitern des Putschs beigetragen, weil er den schon zu Hitler übergelaufenen Generalkommissar Kahr in entscheidenden Stunden wieder gegen Hitler ausgespielt habe. Obwohl das Gerücht frei erfunden war, initiierte es zusammen mit der Predigtschelte Faulhabers einen Monate anhaltenden Feldzug in der rechten Presse gegen eine »verjudete« Kirche. In einem Bericht nannte Pacelli die Ausfälle eine »vulgäre und brutale Kampagne« gegen Katholiken und Juden.[28] In zahlreichen Zeitungsartikeln wurde immer wieder die angeblich parteiische Haltung des Papstes im Weltkrieg für Frankreich kolportiert. Auch General Ludendorff goss Öl ins Feuer, indem er während seines Prozesses im Frühjahr 1924 den Papst und die katholische Kirche als die schlimmsten Feinde Deutschland bezeichnete.

Die gefährlichste Häresie

Ludendorffs Tirade war ein gefundenes Fressen für die ultra-nationalistische Presse. Katholiken und Juden waren zusammen die Sündenböcke eines verlorenen Krieges und die Feinde eines national erwachenden Deutschlands. Pacelli war aufschreckt. Er sorgte sich nicht nur um den Verlust des Ansehens der römischen und der Ortskirche, sondern auch um die Verführungskraft der nationalistischen Betörung. Nicht wenige Katholiken würden »betrogen und auf Abwege geführt«, bemerkte er ärgerlich und betrübt zugleich.[29] Gleichzeitig fällte Nuntius Pacelli ein Urteil, wie es aus dem Mund eines Theologen und Kirchenmannes kaum schärfer formuliert werden kann. Es zeige sich einmal mehr, dass »der Nationalismus vielleicht die gefährlichste Häresie unserer Zeit ist«.[30] Trotz des behutsamen »vielleicht«, bleibt das Statement deutlich. Im selben Schreiben beklagt Pacelli auch die Resonanz, die der Ultra-Nationalismus bei Katholiken finde. Es sei überaus schmerzhaft, dass hetzerische Presseartikel bei nicht wenigen Katholiken Anklang fänden.

Das vatikanische Staatssekretariat scheint die Auffassung geteilt zu haben. Der bayerische Gesandte am Heiligen Stuhl, Ritter zu Groenesteyn, meldete schon Anfang des Jahres 1924 eine große Besorgnis Roms über die Bewegung des Nationalsozialismus nach München. Es drohten »nicht zu unterschätzende Gefahren« für die christliche Lehre und die katholische Kirche.[31] Der Nationalismus eine Häresie? Um ein solches Urteil zu fällen, müssen gravierende theologische Gründe vorliegen. Um welche es sich im Einzelnen handelt, wird der Vatikan zwölf Jahre später hochoffiziell in der Enzyklika »Mit brennender Sorge« ausbreiten. Doch schon in den zwanziger Jahren war klar, wo die allergischen Punkte lagen: vor allem in der Rassendoktrin und in einer eigentümlichen Auffassung des christlichen Glaubens (das sogenannte *positive Christentum*).

Nach seiner vorzeitigen Haftentlassung aus der Festung Landsberg im

Dezember 1924 stürzte sich Hitler wieder in die politische Szene. Er brachte ein Manuskript mit, das er im Gefängnis diktiert hatte. Es wird mit dem Titel *Mein Kampf* zu einem Buch gemacht und der Öffentlichkeit als Generalabrechung mit allen politischen Lügen und als Grundvision des Nationalsozialismus vorgestellt. Der Inhalt gleicht einem Wust zusammengewürfelter, stillos formulierter Gedanken und Wortschwalle, die vielfach abstrus fabuliert und schwach bis dumm begründet sind. An der Menschenverachtung Hitlers, besondern gegenüber Juden, lässt das Machwerk keinen Zweifel.

In den folgenden Jahren führte Hitler seine Partei drakonischer denn je, und mit der paramilitärischen SA lenkte er einen immer brutaler werdenden Saal- und Straßenterror. Gegenüber den Kirchen vollzog der NS-Führer allerdings eine Wende. Strikt untersagte er fortan Angriffe auf die christlichen Religionsgemeinschaften. Dem perfiden politischen Strategen war klar geworden, dass er gegen die Kirchen und gegen die christliche Tradition in Deutschland keinen Marsch nach ganz oben würde durchziehen können.

Bei der Judenfrage setzte Hitler sogar ausdrücklich auf die christliche Unterstützung. Schon in seiner berühmten Grundsatzrede im Münchner Bürgerbräukeller (April 1922), die als Sonderdruck vertrieben wurde, erklärte er das Christentum zum natürlichen Verbündeten des Antisemitismus. In seiner Rede bezog sich Hitler auf ein Wort des bayerischen Ministerpräsidenten Graf Lerchenfeld während einer Debatte. Lerchenfeld sagte, dass sein Gefühl als Mensch und Christ ihn davon abhalte, Antisemit zu sein. Hitler eiferte: »Ich sage: Mein christliches Gefühl weist mich hin auf meinen Herrn und Heiland als Kämpfer. Er weist mich hin auf einen Mann, der einsam, nur von wenigen Anhängern umgeben, diese Juden erkannte und zum Kampfe gegen sie aufrief, und der, wahrhaftiger Gott, nicht der Größte war als Dulder, sondern der Größte als Streiter! In grenzenloser Liebe lese ich als Christ und Mensch die Stelle durch, die uns verkündet, wie der Herr sich endlich aufraffte und zur Peitsche griff, um die Wucherer, das Nattern- und Otterngezücht hinauszutreiben aus dem Tempel.«[32]

Die Unerträglichkeit dieser Worte noch überbietend verstieg sich Hitler in »Mein Kampf« zu dem Selbstbekenntnis: »So glaube ich heute im Sinne des allmächtigen Schöpfers zu handeln: Indem ich mich des Juden erwehre, kämpfe ich für das Werk des Herrn.«[33] Allein die theologische Dreistigkeit

Adolf Hitlers wäre Grund genug gewesen, eine scharfe kirchliche Auseinandersetzung mit dem NS-Antisemitismus zu führen. Aber die deutsche Kirchenführung griff das Thema nicht auf.

Auch Nuntius Pacelli stieß keine theologische Debatte an. Allerdings hatte er eine denkbar schlechte Meinung von Hitler. Als Pacelli im Dezember 1929 seine Koffer packte, um nach Rom zurückzukehren, nahm er ein mulmiges Gefühl mit. Nicht nur die sich anbahnende Wirtschaftskrise, sondern der stetige Sympathiegewinn Hitlers und seiner NS-Bewegung machten ihm Sorgen. Schwester Pascalina, die bereits über zehn Jahre im Dienst Pacellis stand, berichtete, dass bei vielen Abschiedsveranstaltungen Persönlichkeiten aus allen Ständen und Klassen Hitler applaudierten und von ihm eine neue Größe Deutschlands erwarteten. Der Nuntius sei darüber betrübt gewesen. In den Jahren zuvor habe er wiederholt seine schweren Bedenken gegen Hitler vorgebracht. Auf ihre Frage, ob denn Hitler nicht auch sein Gutes habe, ähnlich wie Mussolini, habe Pacelli den Kopf geschüttelt und geantwortet:

>»Ich müsste mich sehr, sehr täuschen, wenn dies hier ein gutes Ende nehmen sollte. Dieser Mensch ist völlig von sich besessen, alles, was ihm nicht dient, verwirft er, was er sagt und schreibt, trägt den Stempel seiner Selbstsucht, dieser Mensch geht über Leichen, und tritt nieder, was ihm im Wege ist – ich kann nicht begreifen, dass selbst so viele von den Besten in Deutschland dies nicht sehen, oder wenigstens aus dem, was er schreibt, eine Lehre ziehen.«[34]

Diese klare Erinnerung an Pacellis moralische Verurteilung Hitlers hat Schwester Pascalina als Zeugin im Seligsprechungsprozess wiederholt und beeidet.[35]

Beförderung wider Willen

Trotz der schweren politischen Sorgen genoss Pacelli sein Amt in Deutschland und den Kontakt zu Deutschen. Auch außerhalb Bayerns lernte er Land und Leute lieben. Er schloss treue Bekanntschaften und auch zaghafte Freundschaften – so mit Kardinal Faulhaber und Graf von Preysing, der 1935 Bischof von Berlin werden sollte. Später als Papst wird er seine Jahre in Deutschland als die schönste Zeit in seinem Leben bezeichnen. Viele freudige Erinnerungen begleiten ihn bis ans Lebensende. In Mußeminuten erzählt er sie gerne und schwelgt in nostalgischem Vergnügen. Pacelli erheiterte sich gleichermaßen über den Berliner Jungen, den er einsam auf einem Spaziergang im Tiergarten getroffen hatte und der ihn fragte, ob er der liebe Gott sei, wie über den Bauernjungen in Rorschach, der die hohe Exzellenz des Reichsnuntius unablässig zum Kaplan degradierte und von ihm die Rechenaufgaben gelöst haben wollte.

Urlaubszeit war für Pacelli ein Fremdwort. Zwar hielt er sich regelmäßig im geistlichen Haus Stella Maris in Rorschach zur Erholung auf, aber die Wochen dort waren gleichwohl mit Arbeit angefüllt. Pacelli konnte partout nichts liegen lassen und nahm überall Akten mit – zum Verdruss seines Arztes und seiner engsten Umgebung. Gesundheitsprobleme quälten ihn häufig. Die zahlreichen Empfänge, zu denen er geladen wurde oder die er selbst gab, waren seinem nach wie vor empfindlichen Magen nicht gerade förderlich. Pacelli aß daher stets wenig und mit Bedacht. Auch sein Arbeitsstil, der ihn regelmäßig bis 1.30 oder 2.00 Uhr spät in der Nacht vor den Schreibtisch zwang, beeinträchtigte auf Dauer die Gesundheit. Der umtriebige Nuntius gönnte sich keine Mittagsruhe, er hielt allerdings den ärztlich verordneten täglichen Erholungsspaziergang ein. In Berlin konnte man die Uhr nach Pacelli stellen, wenn er im Tiergarten seine Runde drehte. Selbst Eiseskälte oder strömender Regen hielten ihn nicht von seinem Timing ab. Den Spaziergängen bei jedem Wetter blieb Pacelli auch im Papstamt treu. Als sich einmal sein Mitarbeiter Monsignore Tardini besorgt zeigte, weil es doch zu kalt sei, erinnerte ihn Pius daran, dass er sieben Winter in Berlin erlebt habe; seither könne ihn nichts mehr schrecken.[36]

Als sich im Herbst 1929 die Anzeichen verdichteten, dass Pacelli Deutschland Richtung Rom verlassen würde, war das kaum jemandem gleichgültig, der je mit dem Nuntius zu tun gehabt hatte. Seine Versetzung wurde allgemein sehr bedauert. Pacelli war beliebt, in der politisch-gesellschaftlichen Szene ebenso wie beim Klerus. Präsident Hindenburg war gern mit ihm zusammen und verstand sich gut mit ihm. Auch das diplomatische Corps in Berlin, das von Pacelli repräsentiert wurde, war stolz auf den vornehmen, scharfsinnigen und stets bestens informierten Doyen.

Auffallend war, wie strikt Pacelli zwischen sich als Privatperson und als Amtsinhaber unterschied. Viele Menschen lobten seine aufgeschlossene, warmherzige Ausstrahlung bei privaten Begegnungen, die selbst bei Zeitnot spürbar blieb. Bei öffentlichen Amtshandlungen aber strahlte der Nuntius eine vornehme Reserviertheit aus, die ihn unzugänglich, ja abgehoben erscheinen ließ. Wenn man später Papst Pius XII. eine gewisse Theatralik des Amtes nachsagen wird, dann nur deshalb, weil er die petrinische Autorität über alles setzte. Er forderte strengen Respekt vor Pacelli als Papst, doch wenn er privat plauschte oder zuweilen in Audienzen seine pontifikale Autorität zu vergessen schien, wirkte er ausgesprochen umgänglich-natürlich.

Die gepriesenen vollendeten Umgangsformen Pacellis passten nahtlos zu seiner aristokratisch-asketischen Erscheinung. Mit seinem überragenden Gedächtnis schien er sich beinah jeden Menschen merken zu können, dem er einmal begegnet war; Pacelli war schlagfertig, hörte intensiv zu, diskutierte scharf, fuhr aber seinen Gesprächspartnern nie über den Mund, und er war stets aufmerksam auch für kleinste Dinge. Zwar war er alles andere als ein jovialer Typ, die Leute fühlten sich aber trotzdem in seiner Gesellschaft wohl.

Man durfte Pacelli auch etwas schenken, z. B. ein elektrisches Pferd, auf das der passionierte, stets unter Zeitmangel leidende Reiter bequem in den eigenen vier Wänden steigen konnte. Pacelli wird das Ungetüm mit in den Vatikan nehmen. Nach Aussage von Schwester Pascalina hat er es ein paar Mal benutzt. Doch auch dafür gab der viel beschäftigte Nuntius, Staatssekretär und Papst kaum Zeit her. Heute steht das päpstliche Elektropferd wohl unbeachtet in einem vatikanischen Magazin. Auf ein echtes Pferd brauchte Nuntius Pacelli nicht zu verzichten. In Eberswalde hatte er die Möglichkeit zum Ausritt. Hin und wieder konnte er nicht widerstehen – der Reitanzug soll ihm trefflich gestanden haben.

Erst am 6. Dezember 1929 verbreiteten die deutschen Blätter offiziell, dass der Apostolische Nuntius Pacelli von seinem Posten abberufen würde. In Rom sollte er den Kardinalshut empfangen. Am 9. Dezember war der präsidiale Abschiedsempfang, und am Dienstag, den 10. Dezember verließ Nuntius Pacelli Deutschland. Pacelli arbeitete auch am letzten Tag in der Nuntiatur bis Dienstschluss. Für die Fahrt zum Zug hatte ihm die Regierung eine offene Kutsche gestellt und ein Begleitkomitee. Der Weg zum Anhalter Bahnhof glich einem Triumphzug. Katholische Verbände aus Berlin und von überallher standen mit brennenden Fackeln entlang den Straßen und jubelten ihrem Nuntius zu. Obwohl er es sich nicht anmerken ließ, muss Pacelli überwältigt gewesen sein. Ein letztes Foto zeigt den Nuntius an der offenen Zugtür umgeben von Honoratioren und Kirchenleuten. Pacelli war kontrolliert wie immer. Dennoch muss viel Wehmut in ihm gewesen sein. Ob er geahnt hat, dass er nie wieder zurückkehren wird?

Pacelli wusste, welche neue Aufgabe ihn in Rom erwartete. Sein alter väterlicher Mentor Kardinal Gasparri sollte sein Amt als Staatssekretär aufgeben, um Platz zu machen für den nach vatikanischer Manier mit 53 Jahren geradezu jugendlichen Pacelli. So wollte es Papst Pius XI.

Papst Benedikt XV. war schon Anfang 1922 gestorben. Ihm nachgefolgt war Kardinal Achille Ratti, der ehemalige päpstliche Bibliothekar, zeitweiliger Nuntius in Warschau und Erzbischof von Mailand. Ratti hatte eine Blitzkarriere vor seiner Wahl zum Pontifex. Erst 1919 war er zum Bischof geweiht worden und wie sein Vorgänger trug er noch nicht lange den Kardinalshut, als er ins Konklave ging. Ratti war ein guter Kompromiss zwischen den Eiferern um den alten Fuchs Merry del Val und den gemäßigt Politischen. Ratti nannte sich Pius. Es war ein Signal der Verehrung für Pius X. und seinen Anti-Modernismuskampf – allerdings ohne Neigung zu den Auswüchsen geheimdienstartiger Verfolgung.

Pacelli und Msgr. Ratti hatten sich früher schon persönlich kennengelernt. Seit 1914 waren sie gemeinsam im Vatikan tätig. Es ist nicht bekannt, ob sich Pacelli einen anderen Papst als Nachfolger Benedikts gewünscht hatte oder ob Kardinal Ratti sein Wunschkandidat war. Jedenfalls arbeitete Pacelli in den folgenden Jahren sehr gut mit Pius XI. zusammen. Und der alt gewordene Pius wird keinen Hehl daraus machen, dass er in Pacelli einen würdigen und fähigen Nachfolger sieht.

Schon während der ersten Jahre des Pontifikats Pius' XI. gingen Gerüchte um, Nuntius Pacelli werde bald Kardinal. Pacelli wies die Gerüchte weit von sich, fürchtete aber insgeheim, dass etwas Wahres daran sein könnte. Im Spätsommer 1929 kam die Gewissheit. Während eines Erholungsaufenthaltes in Rorschach erhielt Pacelli ein Telegramm mit der Ankündigung der Kardinalsernennung. »Ich verstehe es nicht, – ich habe den Heiligen Vater so sehr gebeten, mich damit zu verschonen.« Das war Pacellis betretener Kommentar.[37] Es war keine Demut, es war Herzensstimme.

Tatsächlich hatte Nuntius Pacelli im Vorfeld den Papst schon mehrfach gebeten, ja bedrängt, ihn doch in Deutschland zu lassen oder ihm wenigstens als Trost eine Seelsorgestelle zu geben. Aber Pius XI. blieb hart. Pacelli war nicht nur einer seiner besten Diplomaten, er war auch intimer Kenner des politischen Minenfeldes in Zentraleuropa. Gerade jetzt, Anfang der 30er Jahre, brauchte der Papst keinen Geeigneten, sondern den Besten an der Spitze des Staatssekretariats. Es war keine Frage, dass sich Pacelli dem Willen des Papstes fügte und dienstbereit das Amt übernahm. »>Gut, Hl. Vater, ich werde tun, was Ew. Heiligkeit verlangt, aber Sie werden es bereuen!«<,[38] betonte Pacelli am Ende freimütig gegenüber Pius XI.

Wichtig für den Papst war auch die Kontinuität im Staatssekretariat, die Pacelli garantierte. Kardinalstaatssekretär Gasparri und Pacelli waren gut aufeinander eingespielt. Am Ende der Amtszeit hatte Gasparri sein Meisterstück abgeliefert: das Konkordat mit Mussolinis Italien, die Lateranverträge vom 11. Februar 1929. Nach fast sechzig Jahren der staatsrechtlichen Isolation betrat der Vatikan wieder die internationale Bühne des Völkerrechts. Zwar war der neue Staat im Herzen Roms der kleinste der Welt – so bis heute –, aber er hatte enormes diplomatisches Ansehen und noch mehr amtliche Kontakte in aller Welt. Neben den vielen Feierlichkeiten wurde auch eine kleine, aber wichtige Symbolik nicht vergessen: Nach über sechs Jahrzehnten öffneten Schweizer Gardisten wieder die beiden gewaltigen Bronzetore, die den direkten Zugang ins Innere der vatikanischen Repräsentations- und Verwaltungsräume freigeben.

Am 16. Dezember wurde Eugenio Pacelli von Pius XI. zum Kardinal erhoben. Pacelli hatte wenig Zeit, seine neue Würde auf Empfängen und Besuchen bekannt zu machen. Der Wechsel an der Spitze des Staatssekretariats musste eingeleitet werden. Ende Januar 1930 gab Gasparri offiziell das Amt ab und am 7. Februar wurde Pacelli zum neuen Staatssekretär seiner Heiligkeit ernannt. Jetzt war er der zweite Mann im Vatikan. Aufgrund der gerade erlangten Souveränität des Heiligen Stuhls war er auch so etwas wie der Ministerpräsident des Papstes. Kraft Amtes saß er auch unmittelbar in wichtigen Kongregationen, z. B. in der Bischofskongregation und im Heiligen Offizium, der Glaubensbehörde.

Auch die Personalpolitik im Vatikan wird Pacelli zukünftig wesentlich mitgestalten. Schon als scheidender Nuntius in Deutschland hatte er das Vorschlagsrecht für seinen Nachfolger in Berlin. Pacellis Wahl fiel auf Erzbischof Cesare Orsenigo, zuvor Nuntius in den Niederlanden und zurzeit Gesandter in Ungarn. Orsenigo kannte Papst Pius XI. persönlich aus Mailand und sein Kontakt zu ihm war noch aktiv. Die Versetzung nach Berlin verlief denn auch reibungslos. Im April 1930 trat Orsenigo das wichtige Amt des Reichsnuntius in Deutschland an. Er wird dort bis 1945 päpstlicher Statthalter bleiben. Man kann nur spekulieren, warum Pacelli den unerfahrenen Orsenigo wählte. Dieser war kirchendiplomatisch nicht ausgebildet und hatte eine typische Protegélaufbahn hinter sich. In vielem war Orsenigo ein Gegenstück zu Pacelli. Vielleicht liegt darin das entscheidende Motiv. Pacelli hatte von Beginn an den Kasus »Deutschland« für sich reserviert. Alle Schriftstücke aus den bischöflichen Ordinariaten und anderer kirchlicher Briefverkehr gingen über seinen Schreibtisch. Pacelli las jede Akte und jeden Brief auf Deutsch und antwortete auf Deutsch – offiziell zuweilen auch in Latein. Die Neigung Pacellis, alles selbst zu bearbeiten und zu regeln, ließ die Chefsache »Deutschland« mehr und mehr ausufern. Nach einigen Jahren als Staatssekretär wird er einmal klagen: »Es ist wahr, Deutschland macht mir mehr Arbeit als die ganze Welt zusammen.«[39]

Ein starker, selbständig agierender Nuntius in Berlin passte Pacelli nicht ins Konzept. So sehr er fleißige und gute Zuarbeiter schätzte, so wenig behagten ihm Mitarbeiter, die eigenständig Aufgaben anpackten und lösten. Freimütig zitiert Kardinal Tardini in seinen Erinnerungen eine denkwürdige Bemerkung Pacellis: »›Ich will nicht Mitarbeiter, sondern Ausführende‹, sagte Pius XII. zu mir am 5. November 1944, als er ankündigte, dass er keinen Nachfolger für den verstorbenen Kardinalstaatssekretär Maglione ernennen würde. [...] Auch in dieser Hinsicht war Pius XII. der ›große Einsame‹. Allein bei der Arbeit, allein im Kampf.«[40] Dabei war Pacelli alles andere als der Typ eines autoritären, gar despotischen Chefs. Dafür war er viel zu sanft, zu höflich und zu reserviert. Er wollte eben am liebsten alles selbst machen. Bis zu seinem Tode wird Pius keinen Staatssekretär mehr ernennen. Er übte das Amt einfach in Personalunion aus.

Kampf gegen Zeit und Fehler – alle Fäden in der Hand

Alle Fäden liefen bei Pacelli zusammen. Sein Tagesablauf als Staatssekretär und auch als Papst sei »mörderisch« gewesen, so Tardini.[41] Jede Minute des Tages war fest verplant – von früh morgens bis spät in die Nacht 2 Uhr. Das Schlimmste, was Pacelli passieren konnte, war Leerlauf. Selbst bei den Erholungsspaziergängen sah man ihn stets mit Papieren in der Hand und bei den Mahlzeiten überflog er Zeitungen. Selbstredend aß er immer allein, für Unterhaltungen hatte er keine Zeit. Als Staatssekretär musste Pacelli zu seinem Kummer sehr häufig zwischen dem Vatikan und Castel Gandolfo hin- und herfahren. Pius XI. hatte die Angewohnheit, mehrere Monate im Jahr dort zu verbringen. In dieser Zeit lernte der Chauffeur Pacellis, mit »göttlichem Segen« Verkehrsregeln zu brechen. Für Pacelli dauerte der Transfer einfach viel zu lange, obwohl er dabei Papiere studieren konnte. Andauernd mahnte er seinen Chauffeur zur Eile. Dieser bekannte alsbald, dass die Fahrten ihn in der Vorstellung leben ließen, »ständig an Autorennen teilzunehmen«.[42] Einmal riet Pius XI. seinem hektischen Staatssekretär, doch während der Fahrt ein wenig zu schlafen. Pacelli litt an schlechtem Schlaf, und der Papst machte sich Sorgen. »Schlafen, Heiligkeit, am helllichten Tag?«, entgegnete Pacelli schockiert. Die Zeit sei ihm nie lange. Auf der Hinfahrt würde er noch einmal alles durchsehen, damit in der Audienz keine Zeit verloren gehe, und auf der Rückfahrt würde er die erhaltene Arbeit schon mal einteilen.[43]

Tardini lässt durchblicken, worin er den Grund für Pacellis Perfektionismus sah. Angesichts des mühevollen und überaus exakten Arbeitsstils, so gründlich und genau, dass die »Mitarbeiter« immer wieder kopfschüttelnd staunten, bezeugt Tardini: »Hier offenbarte sich noch einmal das Ideal Pius' XII.: bis in die Einzelheiten nach Vollkommenheit zu streben.«[44] Fehler durch Nachlässigkeit jeder Art oder wegen mangelnder Sachkenntnis waren ihm ein Gräuel. Fast konnte man glauben, Pacelli sah darin eine Sünde wider den Heiligen Geist, die nicht verziehen werde – bei ihm selbst jedenfalls.

Bei seinen Zuarbeitern in den Büros war er nachsichtig. Fehler in Ausarbeitungen, Zusammenfassungen, Notizen, Briefentwürfen etc., schien er mit stoischer Gelassenheit hinzunehmen. Er machte sich allerdings die Mühe, alles säuberlich zu markieren und zu korrigieren. Beim Studium entsprechender Vorlagen entging Pacelli nichts. Er entdeckte einen geringfügigen Druckfehler in der Satzfahne des Osservatore Romano ebenso wie unscheinbare Tippfehler in den zahlreichen Vorlagen. Sogar Briefentwürfe von Büroarbeitern deutscher Muttersprache korrigierte Pacelli eigenhändig. Im Päpstlichen Geheimarchiv konnte ich mich oft selbst davon überzeugen, wie Pacelli handschriftlich Begriffe durchstrich und andere setzte, wie er Schreibfehler korrigierte und ganze Satzkonstruktionen veränderte.

Lebhaft erinnerte sich Tardini an die Zeit in den dreißiger Jahren, als er und seine Kollegen jeden Morgen sogenannte »Kranke« im Büro vorfanden. Am Vorabend hätten sie Pacelli immer eine riesige Ledertasche mit bis zu hundert fertigen Briefen zur Unterschrift überbracht. Morgens sei die Mappe vollständig durchgearbeitet gewesen. Im Inneren der Mappe habe es zwei Abteilungen gegeben: »In die eine legte der Kardinal die unterschriebenen, in die andere die nicht unterschriebenen Briefe. Dieses zweite Fach wurde von uns scherzhaft die ›Krankenabteilung‹ genannt. Natürlich waren wir zufriedener, wenn die Anzahl der ›Kranken‹ in der Minderheit war.«[45] Pacelli wäre dabei nie ein Wort des Vorwurfs über die Lippen gekommen. Doch unerbittlich war er in seiner Forderung, auch kleinste Versehen penibel auszumerzen – egal wie aufwändig oder umständlich die Aktion war. Diesbezügliche Seufzer und flehende Augen der Betroffenen zum Himmel sind legendär geworden.

Wenn man einen heiteren, sogar lächelnden Gesichtsausdruck bei Pacelli erzeugen wollte, musste man ihm nur ein gutes Buch schenken. Dann wich sein sonst streng kontrolliertes Verhalten, und er zeigte offen seine freudige Gemütsregung. Im Arbeitszimmer lagen immer stapelweise Bücher herum, die Pacelli sich für ein gewisses Problem aus den Schränken geholt hatte oder die er sich hatte kommen lassen. Er wollte ständig Zugriff haben auf das geballte Wissen der Autoren, der Lexika, der Vokabularien. Nach Tardini war Pacelli glücklich, wenn er von Büchern, Zeitschriften und Dokumenten umgeben war, die er in Ruhe studieren konnte.[46] Zum Leidwesen seiner engsten Umgebung zögerte Pius oft den Sommerumzug vom heißen Rom nach dem laueren Castel Gandolfo hinaus. Ein wichtiger Grund seien die Bücher gewesen. Pius habe zu viel Zeit gebraucht, um sie alle einzelnen zu sichten. Er musste entscheiden: Werde ich dieses oder jenes brauchen? – könnte ich es eventuell entbehren? – was, wenn er es doch brauchen würde? – und überhaupt, vielleicht …? Hatte Pius endlich den Umzug geschafft, wollte er nicht wieder so schnell zurück. Denn er packte alle Bücher wieder selbst zusammen und musste wählen, was da bleiben sollte oder konnte und was nicht. Niemand durfte ihn dabei stören. Das kostete erneut viel Zeit.[47] Sicherlich wäre heute der Staatssekretär und Papst Pacelli einer der fleißigsten Internetuser im Vatikan.

Das Büchergeschenk des Deutschen Episkopats an den scheidenden Nuntius im Jahre 1930 war denn auch ein Volltreffer. Ursprünglich hatte man an ein wertvolles Brustkreuz gedacht, aber aufgrund eines Insidertipps entschied man sich für ein neues Arbeitszimmer mit voller Bücherausstattung. Am Ende war das Arbeitszimmer sogar eine ganze Wohnungseinrichtung, ausgestattet mit den besten theologischen und humanistischen Werken. Rührend schrieb Schwester Pascalina in ihrer Erinnerung, wie überwältigt Pacelli war von dem überraschenden kompletten Einrichtungsgeschenk. »Die größte Freude bereiteten ihm die vielen Bücher. Da er nun sah, dass man ihm zu den eigenen noch so viele wertvolle beschafft hatte, […] war er tief beglückt. Die Seligkeit, mit der er die Bücher, eines nach dem anderen, in die Hände nahm und durchsah, machte uns alle froh.«[48] Die edlen deutschen Schnitzmöbel behielt Pacelli bis zu seinem Tod in der Privatwohnung. Jetzt dürften sie zusammen mit dem Elektropferd in einem Magazin ihr Dasein fristen. Schade, denn Pacellis karitative Freigebigkeit – besonders als Papst – würde es ehren, wenn die Gegenstände den Weg in eine zweckgebundene Versteigerung fänden.

Zum Arrangement der vielen Fäden, die bei Staatssekretär Pacelli zusammenliefen, gehörte auch das unmittelbare Erbe wichtiger Entscheidungen. Knapp zwei Jahre vor dem Amtsantritt Pacellis war im Vatikan ein Dekret verabschiedet worden, dessen Signalwirkung in den kommenden Jahren immer brisanter werden sollte. Pacelli hatte wohl schon die unerträglichen, antisemitischen Tiraden Hitlers in seinem Werk *Mein Kampf* studiert, als im Vatikan eine besondere Eingabe (Anfang 1928) die Gemüter erregte. Nach dem Wunsch der Antragssteller sollte ein antisemitischer Stachel aus der Karfreitagsliturgie der Kirche entfernt werden. Es ging um die althergebrachte Bitte für die »treulosen« (perfidis) Juden und um die Unterlassung der Aufforderung zur Kniebeuge während der Gebetsliturgie (das Beugen der Knie wurde traditionell im Blick auf den Kniefall bei der Verhöhnung Christi in der Passion unterlassen). Beides, so die Antragssteller, würde die Juden übel stigmatisieren und diskriminieren. Das Adjektiv *perfidus* habe sich im Sprachgebrauch sehr stark negativ verändert, weg vom ursprünglichen »ungläubig« hin zu einer allgemeinen moralischen Diskreditierung. Durch die Karfreitagsliturgie würde der Antisemitismus gefördert werden.[49]

Die Antragssteller der Eingabe handelten für die Priestervereinigung »Freunde Israels« (*Amici Israel*). Diese war erst 1926 gegründet worden, hatte aber schon eine beachtliche Schar von Anhängern und Sympathisanten und stieß auf breites Interesse. Die Hausschrift *Pax super Israel* wurde weltweit abonniert, auch von zahlreichen Bischöfen und einigen Kardinälen (wie z. B. Faulhaber). Die Bitte der Amici Israel lag der Ritenkongregation zur Entscheidung vor. Sie beauftragte den Benediktinerabt Schuster mit einem Gutachten. Schuster musste nicht lange überlegen; er formulierte ein knappes, positives Votum. Doch das Verfahren stoppte abrupt, und ein

Eklat bahnte sich an. Das Heilige Offizium hatte den Vorgang erhalten und eigene Gutachten eingeholt. Das Ergebnis war vernichtend. Wie könne man es wagen! Die Elemente der althergebrachten heiligen Liturgie der Kirche seien zu wertvoll, um sie mir nichts dir nichts einer privaten Interessengruppe zu opfern. Außerdem sei die theologische Ausgangsposition der besagten Amici skandalös. Ein Gutachter hatte sich nämlich mit der Programmschrift der Vereinigung beschäftigt und war nach seiner Meinung auf Unerhörtes gestoßen. Im Kern forderte die Amici-Vereinigung jenen Standpunkt, der seit dem 2. Vatikanischen Konzil selbstverständlich ist: Der Bund Gottes mit seinem Volk sei nie gekündigt worden, und die Juden seien nicht »verstoßen«. Solche Positionen waren theologischer Sprengstoff und wurden als Ohrfeige für das Lehramt der Kirche empfunden.

Auf der entscheidenden Sitzung des Heiligen Offiziums platzte dem drakonischen Chef der Behörde, Kardinal Merry del Val, denn auch der Kragen. In einem wüsten Rundumschlag wetterte er gegen die gottesmörderischen, verräterischen Juden, deren Verfluchung bis zur Gegenwart offensichtlich sei, und fragte, ob man plötzlich nicht mehr von der jüdischen Allianz mit den Freimaurern, vom jüdischen Wucher gegen Christen, ja auch nicht von Ritualmorden jüdischer Sekten sprechen dürfe. Zudem würde sich das Judentum nach dem Weltkrieg mehr denn je erheben, um das »Reich Israel gegen Christus und seine Kirche neu aufzurichten«.[50] Das war ein lauter Anpfiff des Zionismus und dessen Bestreben, in Palästina eine jüdische Heimstätte zu gründen. Merry del Val repräsentierte in diesem Punkt die Antistimmung in der Kurie. Quer dazu lag Pacellis heimliche Sympathie für die zionistische Bewegung.

Die unchristlichen Hiebe Merry del Vals dröhnten in den Ohren der Konferenzteilnehmer. Ohne Zweifel hat sich der eifernde Kardinal schwer in Inhalt und Form vergriffen. Doch niemand widersprach ihm. Auf der Sitzung wurde nicht nur beschlossen, den Antrag der Amici Israel abzuweisen, sondern es wurde gleich die Auflösung dieser naiven und theologisch verdrehten Gemeinschaft gefordert. Gleichzeitig sollten die beiden Antragssteller Abt Gariador und Pater van Asseldonk sowie der positive Gutachter Abt Schuster vor das Heilige Offizium zitiert werden, um sich für ihre Dreistigkeit zu verantworten.

Das schroffe Votum des Offiziums wurde schon tags darauf von Merry del Val dem Papst vorgelegt (8. März 1928). Bei Pius XI. gingen Warnlampen an. Er ließ sich die Programmschrift der Amici geben und studierte sie selbst. Nach der Lektüre kam auch er zum Schluss, dass die theologischen Thesen zum Judentum unhaltbar seien und aus Glaubensgründen gegen die Amici Israel vorgegangen werden müsse. Aber, so Papst Pius, es müsse im Dekret deutlich werden, dass die Kirche stets jegliche Form von Antisemitismus verurteilt habe und in die Nächstenliebe immer auch das Volk Israel eingeschlossen gewesen sei. Um dieses Ansinnen umzusetzen, wurde beim Offizium hart gerungen. Eiferer und Gemäßigte stritten um Kompromissformulierungen. Schließlich drückte Pius XI. der entsprechenden Passage persönlich seine Handschrift auf. Der veröffentlichte Text lautet: »Denn die katholische Kirche hat für das jüdische Volk, das bis Jesus Christus der Hüter der göttlichen Verheißungen gewesen ist, trotz seiner späteren Verblendung, ja gerade wegen dieser Verblendung, immer gebetet. Bewegt durch Liebe hat der Apostolische Stuhl dieses Volk gegen ungerechte Verfolgungen beschützt, und wie er allen Hass und alle Feindschaft unter den Völkern verwirft, so verurteilt er ganz besonders den Hass gegen das einst von Gott auserwählte Volk, nämlich jenen Hass, den man heute allgemein mit ›Antisemitismus‹ zu bezeichnen pflegt.«[51]

Das gesamte Dekret wurde am 25. März 1928 veröffentlicht. Abgesehen von der nicht ohne Geschichtsverdrehung möglichen Behauptung, die Kirche habe die Juden (immer?) gegen ungerechte Verfolgungen beschützt, klingt der letzte Satz wie ein prophetisches Fanal zum eigenen Handeln. Der beklagte Antisemitismus wird bald Ausmaße annehmen, die Pius XI. und Pacelli in Zugzwang bringen werden. Nur allgemein eine Haltung zu brandmarken, wird nicht ausreichen, um eine ausufernde Judenhetze und Judenjagd wirksam und glaubwürdig zu bekämpfen.

Wie rasch und unkompliziert die »perfiden Juden« aus dem Karfreitagsgebet getilgt werden konnten, hat Papst Johannes XXIII. demonstriert. Schon vor dem ersten Osterfest seines Pontifikats bestimmte Johannes einfach kraft seines Amtes, dass *perfidus* aus der Liturgie zu streichen sei (1959). Ein paar Jahre zuvor hatte Pacelli die Kniebeuge nach der Gebetsbitte für die Juden eingeführt (1955).

ERSTE KONFLIKTE UND AMTLICHER ANTISEMITISMUS

Kardinalstaatssekretär Pacelli war gerade ein halbes Jahr im Amt, als ihn die erste Hiobsbotschaft aus Deutschland erreichte. Bei den vorgezogenen Reichstagswahlen am 14. September 1930 hatte die NSDAP einen explosionsartigen Zuwachs auf 18,3 % erreicht (von vormals 2,6 %). Rund 6,4 Millionen Wähler votierten für Hitlers Partei, weit mehr als für die katholische Zentrumspartei, die den Reichskanzler stellte (Brüning). Mit 107 Abgeordneten war die NSDAP jetzt die zweitstärkste Fraktion (nach der SPD) im Reichstag. Es bestand zwar keine Gefahr einer Regierungsbeteiligung der krakeelenden Braunhemden, dennoch sahen sich die deutschen Bischöfe herausgefordert. Wie sollte mit Parteimitgliedern der Bewegung umgegangen werden, wenn sie Sakramente empfangen wollten oder wenn sie auch nur uniformiert in die Kirche kämen? Und was sollte geschehen, wenn ein Katholik in die Partei eintreten wollte?

Als Nuntius hatte Pacelli der NS-Bewegung Häresie bescheinigt. Das war den Bischöfen im Lande bekannt. Es war auch offensichtlich, welche Gründe dafür ausschlaggebend waren: Die Rassenlehre und die Forderung eines »positiven Christentums« im Sinne der NS-Logik. Doch bevor die Bischöfe auf hoher Ebene gemeinsame Richtlinien herausgeben konnten, waren sie von der Basis überrumpelt worden. Das war abzusehen gewesen. Der Entscheidungsdruck in den Gemeinden hält nicht still, bis Streitereien auf Konferenzen beigelegt sind.

Katholiken in die Partei? – Hitlers Coup

Auf entsprechende Anfragen erhielt ein gewisser Pfarrer Weber aus Kirschhausen als Erster eine offizielle Instruktion von seinem bischöflichen Ordinariat (Mainz). In einer Predigt schärfte der Pfarrer die Vorgaben seiner Gemeinde ein. Das wurde geradewegs dem NS-Gaubüro in Hessen hinterbracht. Die Pressestelle des Büros verfasste sofort einen dringlichen Brief an das Ordinariat mit der Bitte um Klärung (27. 9. 1930).[52] Im Einzelnen beschwerte sich die Gauleitung über folgende Behauptungen des Pfarrers: Katholiken sei es verboten, Mitglied der Hitlerpartei zu sein; wer dennoch Mitglied werde, dürfe nicht mehr zu den Sakramente zugelassen werden, und Mitglieder der Partei dürften in Gruppen nicht an Beerdigungen oder anderen kirchlichen Veranstaltungen teilnehmen. In aller Form verlangte die Gauleitung Auskunft, ob der Bischof das tatsächlich angeordnet habe. Die Antwort des Generalvikars Meyer kam prompt. Ja, man habe dem Pfarrer die entsprechenden Anweisungen gegeben, denn das Programm der NSDAP enthalte Sätze, »die sich mit katholischen Lehren und Grundsätzen nicht vereinigen lassen«. In einem längeren Brief legte Generalvikar Meyer der NS-Gauleitung die Gründe dar.[53] Angriffspunkt für das Ordinariat war der § 24 des Parteiprogramms: »Wir fordern die Freiheit aller religiösen Bekenntnisse im Staat, soweit sie nicht dessen Bestand gefährden oder gegen das Sittlichkeits- und Moralgefühl der germanischen Rasse verstoßen.«

Das geforderte »germanische Sittlichkeits- und Moralgefühl« widerspreche eindeutig der christlichen Ethik. Der Nationalsozialismus anerkenne nicht das universale Liebesgebot Christi, das für alle Zeiten gegenüber allen Rassen gelte. Stattdessen werde die Überschätzung der germanischen Rasse und die Geringschätzung alles Fremdrassigen gepredigt. Meyer bezieht sich hier ausdrücklich auf den berüchtigten § 4 des NS-Programms: »Staatsbürger kann nur sein, wer Volksgenosse ist. Volksgenosse kann nur sein, wer deutschen Blutes ist, ohne Rücksichtnahme auf Konfession. Kein Jude kann daher Volksgenosse sein.« Die Rassengeringschätzung würde bei vielen zu vollendetem Hass führen; das sei unchristlich und unkatholisch, so Meyer dezidiert. Schließlich wettert der Generalvikar gegen die Forderung eines positiven Christentums im Unterpunkt des § 24. Es sei klar, was die Führer der NSDAP damit wollten, nämlich: »einen deutschen Gott, ein deutsches Christentum und eine deutsche Kirche«. Wohl habe Hitler in seinem Buch »Mein Kampf« anerkennende Worte zum Christentum und zur Kirche gefunden, so Meyer weiter, aber das täusche. Die reale Politik des Nationalsozialismus stehe mit dem katholischen Christentum in Widerspruch. Die immer wiederkehrende Parole bei NS-Versammlungen: »*Unser Kampf gilt Juda und Rom*« sage doch alles.

Obwohl Generalvikar Meyer noch zurückhaltend argumentiert, sind die Folgerungen eindeutig und hart: Kein Katholik darf Parteimitglied werden; kein Katholik darf die Sakramente empfangen, wenn er Parteianhänger ist, und Parteimitglieder dürfen nicht an kirchlichen Beerdigungen oder sonstigen Veranstaltungen teilnehmen.

Die hessische Gauleitung machte die administrative Weisung des Mainzer Ordinariats publik. Ein Sturm der Entrüstung, aber auch von Zustimmung brach los. Nuntius Orsenigo kabelte sofort einen Bericht an Pacelli nach Rom.[54] Orsenigo war besorgt. Er berichtet über begeisterte Zustimmung wie über Kopfschütteln bis schwere Kritik an dem bischöflichen Schreiben. Dabei lässt Orsenigo durchblicken, dass er auch wenig erfreut ist über die harsche Klarstellung aus Mainz. Im Staatssekretariat wird eine Aktennotiz beigefügt, die anregt, dem Mainzer Bischof Hugo nahe zu legen, in Zukunft bei weiteren Äußerungen dieser Art den Heiligen Stuhl zu befragen.[55] Pacelli mischte sich nicht ein. In seinem Antwortschreiben nach Berlin drückte er die Hoffnung aus, dass das Kirchenverdikt die NSDAP in Zugzwang bringe, eine offizielle Erklärung über ihr Kirchenverhältnis abzugeben. Doch diesen Gefallen tat ihm Hitler nicht. Die NS-Führungsriege hüllte sich in Schweigen.

Im Frühjahr 1931 waren die politischen Fronten geklärt. Die NSDAP blieb vom Regierungsgeschäft ausgeschlossen. Jetzt rang sich die bayerische Bischofskonferenz zu einer pastoralen Weisung an den Klerus durch (Februar 1931).[56] Inhaltlich und in der Form fällt sie etwas gemäßigter aus als die Mainzer Instruktion. Bei der Frage, ob ein Nationalsozialist die Sakramente empfangen dürfe, unterscheidet die Weisung zwischen Mitläufern und jenen, die alle Ziele des Programms mittragen. Bloße Mitläufer, die allein aus vaterländischen oder volkswirtschaftlichen Gründen nationalsozialistisch gewählt hätten, könnten zu den Sakramenten zugelassen werden, so die Bischöfe. Der Beichtvater müsse das in eigener Verantwortung entscheiden. Allerdings bleibe es verboten, dass Nationalsozialisten in Kolonnen, in Uniform und mit Fahnen, an Gottesdiensten teilnehmen, »weil eine solche Kirchenparade das Volk auf den Gedanken bringen müsste, die Kirche habe sich mit dem Nationalsozialismus abgefunden«. Ihren Geistlichen verboten die Bischöfe streng jedwede Mitarbeit an der NS-Bewegung. Der Nationalsozialismus enthalte in seinem kulturpolitischen Programm Irrlehren, die dem theologisch geschulten Kleriker nicht verborgen bleiben können. In ruhigem und sachlichem Ton sollten sie das Volk darüber aufklären. Allerdings erwecken die bayerischen Bischöfe den Eindruck, dass die beanstandeten Punkte im NS-Programm revidierbar seien. Nur »*solange und soweit*« entsprechende kulturpolitische Auffassungen kundgegeben würden, müssten die Bischöfe als Wächter der Glaubens- und Sittenlehre vor dem Nationalsozialismus warnen. In März 1931 schlossen sich weitere Kirchenprovinzen mit ähnlichen Verlautbarungen an. Und im August des

Jahres beschloss die gesamtdeutsche Fuldaer Bischofskonferenz sogenannte »Winke« an die Seelsorger für den Umgang mit glaubensfeindlichen Vereinigungen. Der Nationalsozialismus wurde ausdrücklich benannt, denn er stehe in »schroffstem Gegensatz« zu Wahrheiten des Christentums und der Kirche.[57] Diese Weisung blieb allerdings eine Verschlusssache nur für den Dienstgebrauch. Man befürchtete Unruhe im Gewissensurteil im Heer der Hitleranhänger.

Im Frühjahr 1931 war auch Hitler alarmiert. Die katholische Kirche schien sich auf den Nationalsozialismus einzuschießen. Hitler entschloss sich, gleich im Vatikan um Waffenstillstand nachzusuchen. Er beauftragte Hermann Göring bei Kardinalstaatssekretär Pacelli um Audienz nachzusuchen. Am 30. April 1931 verfasste Göring in Rom ein handschriftliches Gesuch, in dem er erklärte:»Als Fraktionsvorstand sowie einer der verantwortlichen Führer der N. S. D. A. P. und ganz besonderer Vertrauter des Chefs dieser Partei – Adolf Hitlers – liegt es mir am Herzen, mich Eurer Eminenz gegenüber über die Probleme unserer Bewegung aussprechen zu können.«[58] Beim erfahrenen Diplomaten und Deutschlandkenner Pacelli hoffte er auf ein offenes Ohr. Pacelli war in einer Zwickmühle. Wie sollte er den hochrangigen Vertreter der NSDAP in Privataudienz anhören, ohne die deutschen Bischöfe zu düpieren, deren Interessen er vertreten musste und deren Intention er teilte? Eine Verweigerung war auch nicht opportun; das wäre ein diplomatischer Affront gewesen. Pacelli legte das Problem dem Papst vor. Er sollte entscheiden. Pius XI. bestimmte, dass Göring von Unterstaatssekretär Pizzardo empfangen werde, allerdings ohne sich in Diskussionen verwickeln zu lassen. Pacelli war erleichtert.

Am 3. Mai 1931 wurde Göring zu Pizzardo vorgelassen. Die Aktennotiz über das Gespräch an Pacelli verschlägt einem den Atem.[59] Görings verlogene Dreistigkeit ist tollkühn. Zu Beginn des Gesprächs macht Göring klar, dass er im Auftrag Hitlers Beschwerde beim Papst gegen die deutschen Bischöfe einlegen müsse. Deren Lehrerklärungen seien unbegründet und nur politisch motiviert, um die Zentrumspartei zu stützen. Nach einigen Lamentos bekannte Göring feierlich: Die Partei wolle keine anti-katholische Nationalkirche errichten; die Partei wolle nichts gegen die Dogmen der Kirche unternehmen; die Partei anerkenne die Autorität des Papstes in religiösen und moralischen Angelegenheiten; die Partei anerkenne die Autorität Gottes und die Partei verteidige die Rasse in rechten Grenzen, schließlich sei die Rasse gottgewollt. Man werde die Kirche nicht angreifen, so Göring, man werde sich nur gegen die Haltung von Amtsträgern verteidigen.

Wären die vatikanischen Gemäuer nicht bereits seit Jahrhunderten in hohem Ausmaß an scheinheiliges Getue, an Heuchelei, Lug und Trug gewöhnt gewesen, hätten sie ob der Unverfrorenheit Görings wanken müssen. Nach dem Gespräch war Göring guter Dinge, ja »siegesbewusst«, wie der bayerische Gesandte Ritter zu Groenesteyn vermeldete.[60] Doch die Kurie war nicht so einfältig, dem Gesandten Hitlers dankbar die Hand zu reichen. Vermutlich war Pacelli nur über die Falschheit des Parteigranden aus Berlin erstaunt. Aus dem Staatssekretariat gab es weder an Nuntius Orsenigo noch an Bischöfe Signale für ein Tauwetter gegenüber dem Nationalsozialismus. Pacelli ließ sich weiterhin sorgfältig berichten und beobachtete. Ein Jahr nach der ersten gemeinsamen Warnung der Fuldaer Bischofskonferenz gegenüber dem Nationalsozialismus bekräftigten die Bischöfe ihren Standpunkt (17. August 1932).[61] Kurz zuvor hatte die NSDAP in der erneuten Reichtagswahl Ende Juli 37,4 % (fast 14 Mio. Wähler) erreicht und war zur stärksten politischen Kraft avanciert.

In dem gemeinsamen Votum schärfen die Bischöfe ein, dass das Programm der NS-Partei Irrlehren enthalte und sämtliche Ordinariate es für unerlaubt erklärt hätten, dieser Partei anzugehören. Es sei auch nicht entschuldbar, sich der Partei allein aus wirtschaftlichen Überlegungen oder politisch-weltlichen Zielen anzuschließen. Denn eine Unterstützung der Partei schließe die Förderung ihrer Gesamtziele ein, mag man es wollen oder nicht. Und wenn die Partei die heiß erstrebte Alleinherrschaft erlangt habe, würden sich für die »kirchlichen Interessen der Katholiken die dunkelsten Aussichten eröffnen«. Allerdings rudern die Bischöfe gleich darauf zurück: Einzelfälle seien dennoch seelsorgerlich zu prüfen. Es könne entschuldbar sein, der Partei anzugehören, wenn man deren kulturpolitischen Ziele nicht fördern wolle und sich der Agitation enthalte. Das treffe vor allen dann zu, wenn jemand »wegen schuldlos irrender Auffassung, wegen Einflusses einer Art Massenpsychose, wegen terroristischen Zwanges, wegen sonst eintretender verhängnisvoller Folgen« der NSDAP zugehöre. Das »Hüh und Hott« in der Gesamterklärung schreit die Zerrissenheit des Episkopats geradezu heraus. Bei den möglichen entschuldbaren Gründen, die angeführt werden, reibt man sich die Augen. Lebte man noch in der Weimarer Republik? Welches Bild machten sich eigentlich die Bischöfe von Katholiken, die sich schon früh der NS-Bewegung angeschlossen hatten? Sollten sie unter dem Bann einer Massenpsychose stehen oder einer Terrorerpressung erlegen sein oder schlicht unter einer hartnäckigen Verirrung leiden trotz der mahnenden Belehrungen der Bischöfe und des Ortsklerus?

Die wichtigsten Gründe der Sympathien von Katholiken und vieler anderer nannten die Bischöfe selbst, nämlich: die wirtschaftlichen Versprechungen und die politischen Ziele der NSDAP. Unter die Politik des Nationalsozialismus fiel vor allem dessen Kampfeseifer für ein »Auferstehen« Deutschlands. Das deutsche Volk lag angeblich deshalb danieder, weil es durch den Versailler »Schandvertrag« zutiefst gedemütigt wurde und wirtschaftlich ruiniert werden sollte, weil zuvor die jüdisch-bolschewistischen »Novemberverbrecher« von 1918 einen Dolch in den Rücken des unbesiegten deutschen Heeres gestoßen hätten und weil dieselben jüdischen Verschwörer weiterhin ihr Unwesen trieben. Vom Versprechen der »nationalen Erhebung« unter der Führung einer autoritären Regierung waren auch zahlreiche Bischöfe begeistert. Im Episkopat gab es unterschwellig viel Sympathie für Katholiken, die sich aus diesem Grund dem Nationalsozialismus zugeneigt hatten. Doch die Oberhirten riefen sich selbst zur Räson. Eine Erhebung Deutschlands gegen die Kirche war nicht hinnehmbar. Bald sollte es den Bischöfen wie eine günstige Fügung entgegenkommen, dass sie die religionsfeindlichen Positionen der NSDAP nur als einen *kulturpolitischen* Teil im Parteiprogramm apostrophiert hatten. Denn in den Kulturfragen sahen die Bischöfe keine Essentials, sondern sekundäre Einstellungen, die korrigierbar und in eine andere Richtung lenkbar waren. Diese massive Fehleinschätzung und Selbsttäuschung wird sich bitter rächen.

Vorerst nahmen die Bischöfe es wohl nicht leicht, als Präsident Hindenburg am 30. Januar 1933 Adolf Hitler zum Reichskanzler ernannte. Sicherlich hofften viele auf eine Regierungsepisode oder auf eine politische Zwangszähmung des renitenten NS-Führers. Was wird Pacelli im Vatikan gedacht haben, als er die Nachricht über Hitlers Ernennung erhielt?

Hitler setzte sogleich seine Absprache für Neuwahlen durch. Am 5. März 1933 sollten alles entscheidende Reichstagswahlen sein. Auch von der Kirche wurde die Wahl als richtungweisend angesehen. Der Sieg der NSDAP mit 43,9 %, die zusammen mit der koalierenden rechten Deutschen Volkspartei (knapp 8 %) die absolute Mehrheit im Reichstag errang, setzte die

Bischöfe unter Zugzwang. Die neue Regierung war nun endgültig die legitime Obrigkeit, der man Gehorsam schuldete. Zudem wurden die Ordinariate mit Anfragen von einfachen Katholiken und Pfarrern überschwemmt. Was gelte jetzt? Bleibe die Kirche bei ihrer Verurteilung des Nationalsozialismus? Umlaufende Gerüchte verbreiteten, dass eine Revision geplant sei. Doch in den Tagen nach dem 5. März hüllten sich die Bischöfe in Schweigen. Zwei Tage vor der feierlichen Eröffnung des neuen Reichstags am 21. März sah sich Kardinal Bertram als Vorsitzender der Bischofskonferenz zu einer vertraulichen Rundfrage an seine Kollegen genötigt.[62] Im Rundschreiben regte Bertram eine Neuregelung an, denn bei einem Wegfall der kulturpolitischen Bedenken wären auch die kirchlichen Vorbehalte hinfällig. Bertram rechnete mit einer Bewegung in diesem Punkt.

Die Raffinesse Hitlers überrollte die Meinungsbildung im Episkopat. In seine Regierungserklärung[63] in der Kroll-Oper zum Ermächtigungsgesetz am 23. März 1933 streute Hitler auch Bemerkungen über das Verhältnis zu den Kirchen und zum Christentum ein. Die Regierung sehe in den »beiden christlichen Konfessionen wichtigste Faktoren der Erhaltung unseres Volkstums«, und im Christentum seien die »unerschütterlichen Fundamente des sittlichen und moralischen Lebens« des deutschen Volkes grundgelegt. Daher wolle die Reichsregierung auch die freundschaftlichen Beziehungen zum Heiligen Stuhl weiter pflegen und ausbauen.

Die katholische Zentrumspartei – vor allem ihr Vorsitzender, Prälat Kaas, – spielte im Vorfeld und bei der tumultartigen Verabschiedung des Ermächtigungsgesetzes eine unrühmliche, ja schmähliche Rolle. Ich verweise beispielhaft nur auf den immer noch höchst lesenswerten und einflussreichen Aufsatz von Ernst-Wolfgang Böckenförde aus dem Jahre 1961 über den deutschen Katholizismus 1933.[64]

Nach Hitlers Blendrede hatte es Kardinal Bertram brandeilig. Schon am Tage darauf teilte er seinen Bischofskollegen mit, dass durch die Erklärungen des Führers alle eingegangenen Vorschläge zum Problem des Nationalsozialismus hinfällig seien. Er erlaube sich, gleich einen Entwurf über eine revidierte Verlautbarung vorzuschlagen. Die Bischöfe schwenkten auf die Linie Bertrams ein und veröffentlichten am 28. März 1933 Hals über Kopf eine neue Instruktion. Darin heißt es, dass zwar die Verurteilung bestimmter religiös-sittlicher Irrtümer bestehen bleibe, aber die allgemeinen Verbote und Warnungen aufgehoben werden können. Die Reichsregierung habe nämlich öffentlich und feierlich die Unverletzlichkeit der katholischen Glaubenslehre und der Kirche bekundet.

Auch Nuntius Orsenigo beeilte sich, Staatssekretär Pacelli von den Neuigkeiten aus der Kroll-Oper zu berichten. Am 24. März telegrafierte er befriedigt nach Rom, dass der Kanzler Zusicherungen gegenüber Kirchen und Christentum abgegeben und sich für die Treue zu geschlossenen Verträgen sowie für die Entwicklung freundschaftlicher Beziehungen zum Heiligen Stuhl ausgesprochen habe.[65] Orsenigo erwähnte auch ein Gespräch mit Marschall Göring am Vorabend. Göring habe die Verurteilung des Nationalsozialismus durch die Bischöfe angesprochen und die Lösung des Problems gefordert. Das sei der dringende Wunsch der Regierung. Man wünsche die Hilfe der Nuntiatur; es könnte sich vorteilhaft für den Heiligen Stuhl auswirken.

Nach der kurzen Erklärung der Bischofskonferenz Ende März 1933 werden in den folgenden Wochen von den Ordinariaten veränderte Weisungen an den Klerus herausgeben. Ende Mai trafen sich die Bischöfe Deutschlands zu einer Vollversammlung in Fulda, um die neue Situation zu bedenken und ein längeres Hirtenwort zu erarbeiten. Sie schrieben auch eine Grußadresse an Papst Pius XI.[66] Eingedenk der Mahnung des Apostels Paulus, der Obrigkeit untertan zu sein, versicherten die Bischöfe dem Pontifex: »Der gegenwärtigen Regierung sind wir ›guten Gewissens und in ungeheuchelter Treue‹ ergeben.«

Dass diese Treue von Anfang an Risse hatte, zeigt ein dringliches Votum von Bischof Graf Preysing aus Eichstätt. Er bat, in dem Hirtenwort kein Bekenntnis zum neuen Staat und zur neuen Ordnung abzugeben. Und zu den Irrtümern des Nationalsozialismus sollten grundsätzliche dogmatische wie ethische Ausführungen eingefügt werden. »Wir sind es dem katholischen Volk schuldig, ihm die Augen zu öffnen über die Gefahren für Glaube und Sitte, die sich aus der n.s. Weltanschauung ergeben«, rügte Preysing vorauseilend die Leisetreterei vieler seiner Kollegen.[67] Preysing zählte zu den wenigen engeren Freunden Pacellis. Die beiden kannten sich seit Pacellis Münchener Zeit. Pacelli hatte den gewandten Graf Preysing gefördert und dafür gesorgt, dass er zuerst in Eichstätt und ab 1935 in Berlin Bischof wurde. Preysing wird einer der profiliertesten Gegner des Nationalsozialismus unter den Bischöfen werden – zum Verdruss kompromissbereiter Kollegen, allen voran Kardinal Bertram. Zwischen den beiden wird es noch zu einem handfesten Krach kommen.

In der gemeinsamen Verlautbarung[68] konnte sich der junge Mitbruder Preysing nicht durchsetzen. Es blieb bei der Begrüßung der neuen Verhältnisse, bei der Zusage, das nationale Erwachen zu unterstützen, beim Applaus für den siegreichen Kampf gegen den atheistischen Bolschewismus und beim Wohlwollen gegenüber der neuen autoritären Führung, die von den Katholiken gerne akzeptiert werde, da der Wert und der Sinn von Autorität in der katholischen Kirche eine ganz besondere Geltung habe. Die Bischöfe bedankten sich auch im Namen aller Katholiken herzlich für das Bekenntnis der Führung zum Christentum und mahnten christliche Prinzipien beim Aufbau Deutschlands an. Diese Forderungen sollten aber nicht als »ein versteckter Vorbehalt dem neuen Staat gegenüber« gedeutet werden, stellten die Bischöfe klar. Die Katholiken würden weder beiseite stehen noch feindselig gesinnt sein, sondern treu und pflichtbewusst alle ihre Kräfte einbringen.

Nach der Veröffentlichung des Hirtenwortes kam es zu einer Austrittswelle aus der Zentrumspartei. Zahlreiche Katholiken begannen, sich mit den Bischöfen neu zu orientieren, und schauten hoffnungsvoll in die Zukunft. Doch der Konflikt neigte sich nicht dem Ende zu, sondern war gerade erst entzündet. Die Brandfackel des Antisemitismus hatte schon Feuer entfacht.

Während die deutschen Bischöfe nach der Regierungserklärung Hitlers die selbst prophezeiten *dunkelsten Zeiten* für die Kirche so schnell schwinden sahen, wie sie heraufgekommen zu sein schienen, braute sich ein Gewittersturm über den Juden zusammen. Erste Blitz- und Donnerschläge waren schon seit Wochen zu vernehmen. Überall in Deutschland wurden Übergriffe auf Juden und jüdische Geschäfte gemeldet. Nach dem Wahlsieg am 5. März verstärkte sich die Gewaltwelle. Rollkommandos der SA griffen Juden auf der Straße an, verwüsteten jüdische Geschäfte, attackierten Arzt- und Anwaltspraxen oder besetzten jüdische Geschäftsräume und schikanierten die Kunden. Neben den Kommunisten, denen man den Reichstagsbrand am 28. Februar in die Schuhe schob, gerieten auch die Juden ins öffentliche Kreuzfeuer.

Judenboykott – der Hilferuf Edith Steins

In seiner Regierungserklärung zum Ermächtigungsgesetz konnte es sich Hitler trotz gezügelter Zunge nicht verkneifen, eine deutliche Kampfansage auszusprechen. Im Rahmen einer *moralischen Restauration* und *politischen Entgiftung* solle zukünftig das gesamte Erziehungswesen, das Theater, der Film, Literatur, Presse und Rundfunk in den Dienst einer durchgreifenden moralischen Sanierung des Volkskörpers gestellt werden. Insbesondere die Kunst müsse den neuen Geist und die neue Zeit widerspiegeln. »Blut und Rasse werden wieder zur Quelle der künstlerischen Intuition« – so Kanzler Hitler kategorisch.[69] Nach dieser Ankündigung dauerte es nur noch Wochen, bis Scheiterhaufen brennender Bücher überall in Deutschland zum Signalfeuer kulturellen Niedergangs werden sollten. Auf den Scheiterhaufen sollte der »jüdische Ungeist« verbrannt werden und das Feuer symbolhaft die Reinigung von Blut und Rasse im deutschen Volkskörper ankündigen.

Obwohl Hitler die Angriffe und Übergriffe der SA auf Juden und jüdische Geschäfte in den ersten Wochen seiner Kanzlerschaft nicht ins Kalkül passten, standen sie in der Logik eines jetzt regierungsamtlichen Antisemitismus. Aufmerksame Beobachter außerhalb Deutschlands verfolgten die Ereignisse sorgenvoll. Bald schlugen jüdische Organisationen Alarm – insbesondere in den USA und Großbritannien. Sie verlangten offizielle Proteste und beschlossen in eigenen Reihen Warenboykotte. Für die NS-Presse waren die verbalen Attacken und die Forderungen nach Sanktionen ein gefundenes Fressen. Die jüdische Gräuelhetze im Ausland würde die Hellsicht des Reichkanzlers bestätigen, der schon in *Mein Kampf* alle Angriffe auf Deutschland vom Juden gesteuert wusste und im Juden den großen Hetzer zur Zerstörung Deutschlands ausmachte.

Die Idee eines Judenboykotts war schnell geboren und publik gemacht. Schon am ersten Tag der Regierungsgewalt mit allen Ermächtigungen beriet das Kabinett Hitler die jüdische »Auslandshetze« und deren Abwehr. Kurz darauf beschloss Hitler mit NS-Führern auf dem Obersalzberg einen organisierten und landesweiten Boykott aller jüdischen Geschäfte und Dienstleistungen durchzuführen. Die Zeit drängte, und man setzte den 1. April als Boykottbeginn fest. Schlag 10 Uhr am Samstagmorgen des ersten Apriltages bezogen SA-, SS- und auch HJ-Wachen Posten vor jüdischen Geschäften überall in Deutschland. Symbolisch und verbal warnten sie vor Einkäufen beim Juden. Entsprechende Plakate und Schmierereien an Eingängen und Fensterscheiben waren die Regel. Zuweilen kam es zu Pöbeleien gegenüber Kaufwilligen, zu Zutrittsverboten und Handgreiflichkeiten. Gegenüber jüdischen Geschäftsinhabern sind auch schwere Angriffe auf Leib und Leben vorgekommen.[70]

Bei der Bevölkerung herrschte insgesamt eine neugierige bis gespannte Atmosphäre. Trotz der zahlreichen Aufrufe aller Parteizentralen und vieler Versammlungen konnte keine antisemitisch-emotionale Aufheizung im Volk erreicht werden. Der große spektakuläre Effekt der Aktion blieb aus. Auch war der Samstag als Beginn des Boykotts schlecht gewählt. Am Sabbat waren ohnehin viele jüdische Geschäfte geschlossen oder aufgrund des angekündigten Boykotts vorsorglich nicht geöffnet worden. Obendrein hatten viele Parteigenossen schon im Vorfeld vor unwägbaren Konsequenzen gewarnt: vor Schadensersatzklagen, Steuerausfällen und internationalem Prestigeverlust. Namentlich Propagandaminister Goebbels hatte nach einer enthusiastischen Befürwortung schnell kalte Füße bekommen. Auch Hitler ließ sich vom möglichen größeren Schaden beeindrucken und setzte die Fortführung des Boykotts vorerst aus. Am Montag, den 3. April 1933, wurde die Aktion nicht erneut aufgenommen. Propagandistisch wurde die Aussetzung damit begründet, dass es gelungen sei, dem internationalen Judentum erfolgreich die Zähne zu zeigen. Offiziell wurde der Boykott nie beendet. Wirtschaftlich war er bedeutungslos, aber er hatte eine verheerende Signalwirkung.

Unmittelbar nach dem Boykott flatterten vielen einfachen jüdischen Angestellten oder Arbeitern Kündigungsschreiben ins Haus. Eine Entlassungswelle überzog Deutschland. Getrieben vom neuen »patriotischen« Geist oder nur genötigt aus wirtschaftlichen Gründen, etwa aus Rücksichtnahme auf potentielle Auftraggeber und Kunden, entließen Firmen aller Art jüdische Mitarbeiter. Wer sich den Rauswurf nicht gefallen ließ und vors Arbeitsgericht zog, bekam meist Recht – noch. Ob allerdings der Rechtstitel dann zu einer Wiedereinstellung führte, war eine andere Frage.

Hitler hatte es eilig auch im öffentlichen Dienst eine Judensäuberung durchzuführen. Bereits am 7. April wurde das »Gesetz zur Wiederherstellung des Berufsbeamtentums« zusammen mit dem »Gesetz über die Zulassung zur Rechtsanwaltschaft« erlassen. Wer keine arische Abstammung nachweisen konnte, war aus dem Staatsdienst zu entlassen bzw. dem sollte die Zulassung als Anwalt entzogen werden (Arierparagraph). Mit diesen Gesetzen wollte Hitler auf einen Streich den gesamten Staatsdienst und die freie Justiz judenrein machen. Aufgrund des Einspruches von Präsident Hindenburg mussten Frontkämpfer des ersten Weltkrieges und solche, die im Krieg Väter oder Söhne verloren hatten, ausgenommen werden. Obwohl das »Berufsbeamtentums-Gesetz« durch immer neue Verordnungen verschärft wurde, fielen zum Verdruss der NS-Riege zahlreiche Betroffene unter die Ausnahmeregelung. So kam es, dass bis zur Einführung eines neuen drakonischen Gesetzes 1935 noch eine beträchtliche Anzahl jüdischstämmiger Beamter und Angestellter im Dienst bleiben konnte (im Herbst 1938 schließlich wurde den letzten jüdischen Anwälten die Lizenz entzogen). Dennoch war z. B. an Universitäten ein gravierender Verlust hervorragender Wissenschaftler zu beklagen. Selbst vor Nobelpreisträgern machte der Arierparagraph nicht Halt. Der prominenteste Jude, Albert Einstein, hatte schon drei Monate zuvor seine Konsequenzen gezogen.

Trotz der Klippen und Nischen, die Hitler und seine Genossen nicht vorausgesehen hatten, war der Judenkampf entschlossen eröffnet worden. Nicht nur von jüdischen Organisationen im Ausland, auch im Vatikan wurde die Entwicklung in Deutschland genau verfolgt. Auf dem Schreibtisch Pacellis sammelten sich immer mehr besorgte Briefe und Eingaben, die zu einer Stellungnahme aufforderten.

Am 4. April 1933 erhielt Nuntius Orsenigo dringliche Amtspost aus dem Vatikan. Pacelli teilte ihm einen Auftrag von Papst Pius XI. mit. Hohe jüdische Würdenträger hätten sich bittend an den Papst gewandt, damit er gegen die »Gefahr antisemitischer Exzesse in Deutschland« interveniere. Der Heilige Vater beauftrage den Nuntius, Möglichkeiten von Hilfen abzuklären und durchzuführen. Denn, so Pacelli weiter, dem Heiligen Stuhl sei es Tradition »seine universale Friedens- und Liebesmission allen Menschen gegenüber auszuüben, welchen sozialen Umständen oder welcher Religion sie auch immer angehören«.[71] Der Historiker Brechenmacher hält diese Begründung für bemerkenswert. Pacelli habe hier ein neues politisches Motiv ins Feld geführt, das die üblichen diplomatischen Leitlinien sprengte. Vom Menschenbild der Kirche und von ihrer Verpflichtung auf ein universales Liebesgebot ausgehend, habe Pacelli eine diplomatische Intervention jenseits der eigenen Gläubigen gutgeheißen. In der Instruktion an den Nuntius sei das althergebrachte Ziel bloßer Interessenvertretung und kirchlicher Selbsterhaltung weit überstiegen worden.[72]

Für einen Historiker, der profan-diplomatisch analysieren muss, mag das denkwürdig sein, doch aus theologischer Sicht ist Pacellis Überlegung selbstverständlich. Als Priester war Pacelli dem universalen Liebesgebot Jesu zu jeder Zeit und an jedem Ort verpflichtet. Im diplomatischen Geschäft allerdings waren Rücksichten zu nehmen; in die allgemeinen Belange anderer Länder konnte sich die Kirche nicht einfach »einmischen« – so schmerzlich das im Einzelfall war. Hier liegt ein Dilemma offen, dass in den Jahrhunderten facettenreicher Kirchendiplomatie selten befriedigend gelöst wurde. Brechenmacher hat sicherlich Recht, wenn er betont, dass die üblichen diplomatischen Leitlinien des Vatikan auf den Schutz der jeweiligen Ortskirche ausgerichtet waren. Es musste schon viel zusammenkommen, bis man es in Rom für geboten hielt, in einem anderen Land jenseits eigener Kirchenbelange zu intervenieren. Das betraf nicht die Einzelfallhilfe, die unterhalb der Schwelle offizieller Diplomatie immer ausgeübt wurde. Delikat wurde erst der öffentliche Einsatz für ganze Gruppen von Menschen, die in irgendeiner Weise bedrängt waren und Hilfe brauchten.

Der auflodernde Antisemitismus in Deutschland Frühjahr 1933 war auch für den Vatikan brisant. Nach der eigenen Verurteilung jeglichen Antisemitismus vor sieben Jahren und angesichts der internationalen Empörung mit der vielstimmigen Aufforderung zu einem Kirchenprotest, konnte der Heilige Stuhl nicht bei der Tagesordnung bleiben. Doch was war möglich? Was konnte der Heilige Stuhl tun? Die erste Adresse war der päpstliche Gesandte. Er musste die örtlichen Gegebenheiten genauer analysieren und Vorschläge machen, bevor der Vatikan selbst tätig wurde. Nuntius Orsenigo in Berlin war allerdings für seine behutsame Art und allseitige Vorsicht bekannt. Empfindlichkeiten bei den Bischöfen ebenso wie bei der Regierung waren für ihn schwere Hürden. Bezeichnend für Orsenigo war seine Antwort auf Pacellis briefliche Weisung. Am 8. April meldete der Nuntius nach Rom: »Der antisemitische Kampf hat seit gestern sozusagen regierungsamtlichen Charakter angenommen. Eine Intervention des Vertreters des Heiligen Stuhls wäre nun gleichzeitig ein Protest gegen ein deutsches Gesetz«.[73] Eine förmliche Protestnote gegen antisemitische Aktionen käme daher einer Einmischung in innere Angelegenheiten gleich. Aber der Bischof von Berlin werde der Regierung die Besorgnis der Kirche aufgrund des universalen Liebesgebots vortragen, so Orsenigo beschwichtigend.

Mittlerweile trafen weitere Briefe von Bittstellern für ein Kirchenwort auf

Pacellis Schreibtisch ein. Mit Datum vom 12. April 1933 war Post vom Erzabt Walzer aus der Benediktinerabtei Beuron eingegangen. Walzer reichte einen verschlossenen Umschlag mit einem Brief an den Heiligen Vater weiter. Das Schreiben stammte von Edith Stein, die Abt Walzer persönlich kannte. Walzer empfahl die Bittstellerin als vertrauenswürdige katholische Wissenschaftlerin in Deutschland. Es war wahrscheinlich das erste Mal, dass Pacelli auf den Namen *Edith Stein* stieß, als er den Brief öffnete. Es ist nichts darüber bekannt, ob er in seiner Zeit in München und Berlin von der ehemaligen begabten Husserl-Assistentin und jüdischen Konvertitin je gehört hatte. Fortan aber verfolgte Pacelli den Weg von Frau Stein. Noch im selben Jahr geht sie als Postulantin ins Kölner Karmel-Kloster, wo sie nach der Probezeit im April 1934 als Schwester Benedicta a Cruce eingekleidet wird. Weder Pacelli noch Papst Pius XI. haben geahnt, dass sie einen der berühmtesten und hellsichtigsten Briefe des Jahrhunderts in Händen hielten – einen Brief von einer bald weltweit verehrten Heiligen und zur Schutzpatronin Europas erhobenen Märtyrerin.

Pflichtmäßig, wie Pacelli sich im Antwortschreiben an Abt Walzer ausdrückte, habe er den Brief seiner Heiligkeit vorgelegt. Der Abt möge das der Bittstellerin in geeigneter Weise mitteilen. Pacelli bemerkte nichts weiter zur Reaktion des Papstes oder seiner selbst. Edith Stein war enttäuscht. »Ich weiß, dass mein Brief dem Heiligen Vater versiegelt übergeben worden ist; ich habe auch einige Zeit danach seinen Segen für mich und meine Angehörigen erhalten. Etwas anderes ist nicht erfolgt. Ich habe aber später oft gedacht, ob ihm dieser Brief nicht noch manchmal in den Sinn kommen mochte. Es hat sich nämlich in den folgenden Jahren Schritt für Schritt erfüllt, was ich damals für die Zukunft der Katholiken in Deutschland voraussagte.« Das schrieb Edith Stein 1938 rückblickend in einer autobiografischen Schrift.[74] Den Segen des Papstes hatte entweder Abt Walzer freundlicherweise hinzugedichtet oder in Schwester Benedictas Erinnerung war der Segen irgendwie selbstverständlich. Im Brief Pacellis jedenfalls ist von einem Apostolischen Segen nicht die Rede.

Ursprünglich wollte Edith Stein sogar persönlich nach Rom fahren, um in einer Audienz den Papst zu einer Enzyklika gegen die Judenverfolgung zu bitten. Aber diese Vorhaben hatte sie sich schnell aus dem Kopf geschlagen. Denn – man möge mir den Sarkasmus nachsehen – auch eine Vorzeige-Heilige und Patronin Europas in spe bekommt nicht einfach einen Termin im

Vatikan. Ironie der Geschichte: Am Geburtstag von Edith Stein, dem 12. Oktober 2007, als diese Zeilen geschrieben werden, weihte Papst Benedikt XVI. die restaurierten riesigen Bronzetore am Portal zum Apostolischen Palast neu ein. In seiner Ansprache äußerte der Papst den herzlichen Wunsch, »dass sich alle, die durch das Bronzetor eintreten, von diesem Augenblick an von den offenen Armen des Papstes willkommen geheißen fühlen. Das Haus des Papstes steht allen offen.«[75] Ob es Edith Stein getröstet hätte, dass sie bald in der heiligen Liturgie und zur Zierde des Petersdoms mit einer über fünf Meter hohen Statue aus weißem Carrara-Marmor und unter päpstlichen wie internationalen Ehren in den Vatikan einkehren wird? Der zweiseitige Brief Edith Steins lautet:[76]

Heiliger Vater!

Als ein Kind des jüdischen Volkes, das durch Gottes Gnade seit elf Jahren ein Kind der katholischen Kirche ist, wage ich es, vor dem Vater der Christenheit auszusprechen, was Millionen von Deutschen bedrückt.

Seit Wochen sehen wir in Deutschland Taten geschehen, die jeder Gerechtigkeit und Menschlichkeit – von Nächstenliebe gar nicht zu reden – Hohn sprechen. Jahre hindurch haben die nationalsozialistischen Führer den Judenhass gepredigt. Nachdem sie jetzt die Regierungsgewalt in ihre Hände gebracht und ihre Anhängerschaft – darunter nachweislich verbrecherische Elemente – bewaffnet hatten, ist diese Saat des Hasses aufgegangen. Dass Ausschreitungen vorgekommen sind, wurde noch vor kurzem von der Regierung zugegeben. In welchem Umfang, davon können wir uns kein Bild machen, weil die öffentliche Meinung geknebelt ist. Aber nach dem zu urteilen, was mir durch persönliche Beziehungen bekannt geworden ist, handelt es sich keineswegs um vereinzelte Ausnahmefälle. Unter dem Druck der Auslandsstimmen ist die Regierung zu »milderen« Methoden übergegangen. Sie hat die Parole ausgegeben, es solle »keinem Juden ein Haar gekrümmt werden«. Aber sie treibt durch ihre Boykotterklärung – dadurch, dass sie den Menschen wirtschaftliche Existenz, bürgerliche Ehre und ihr Vaterland nimmt – viele zur Verzweiflung: es sind mir in der letzten Woche durch private Nachrichten 5 Fälle von Selbstmord infolge dieser Anfeindungen bekannt geworden. Ich bin überzeugt, dass es sich um eine allgemeine Erscheinung handelt, die noch viele Opfer fordern wird. Man mag bedauern, dass die Unglücklichen nicht mehr inneren Halt haben, um ihr

Schicksal zu tragen. Aber die Verantwortung fällt doch zum großen Teil auf die, die sie so weit brachten. Und sie fällt auch auf die, die dazu schweigen.

Alles, was geschehen ist und noch täglich geschieht, geht von einer Regierung aus, die sich »christlich« nennt. Seit Wochen warten und hoffen nicht nur die Juden, sondern Tausende treuer Katholiken in Deutschland – und ich denke, in der ganzen Welt – darauf, dass die Kirche Christi ihre Stimme erhebe, um diesem Missbrauch des Namens Christi Einhalt zu tun. Ist nicht diese Vergötzung der Rasse und der Staatsgewalt, die täglich durch Rundfunk den Massen eingehämmert wird, eine offene Häresie? Ist nicht der Vernichtungskampf gegen das jüdische Blut eine Schmähung der allerheiligsten Menschheit unseres Erlösers, der allerseligsten Jungfrau und der Apostel? Steht nicht dies alles im äußersten Gegensatz zum Verhalten unseres Herrn und Heilands, der noch am Kreuz für seine Verfolger betete? Und ist es nicht ein schwarzer Flecken in der Chronik dieses Heiligen Jahres, das ein Jahr des Friedens und der Versöhnung werden sollte?

Wir alle, die wir treue Kinder der Kirche sind und die Verhältnisse in Deutschland mit offenen Augen betrachten, fürchten das Schlimmste für das Ansehen der Kirche, wenn das Schweigen noch länger anhält. Wir sind der Überzeugung, dass dieses Schweigen nicht imstande sein wird, auf die Dauer den Frieden mit der gegenwärtigen deutschen Regierung zu erkaufen. Der Kampf gegen den Katholizismus wird vorläufig noch in der Stille und in weniger brutalen Formen geführt wie gegen das Judentum, aber nicht weniger systematisch. Es wird nicht mehr lange dauern, dann wird in Deutschland kein Katholik mehr ein Amt haben, wenn er sich nicht dem neuen Kurs bedingungslos verschreibt.

Zu Füßen Eurer Heiligkeit, um den Apostolischen Segen bittend [handschriftlich unterschrieben]:

Dr. Editha Stein
Dozentin am Deutschen Institut
für wissenschaftliche Pädagogik
Münster i. W.
Collegium Marianum

Wie Pacelli konnte Papst Pius XI. den säuberlich mit Schreibmaschine geschriebenen Brief auf Deutsch lesen. Sehr konzentriert, eindringlich und politisch wie theologisch argumentierend legte Edith Stein die Finger auf genau jene wunden Stellen, die für die Kirche bedrohlich waren, tödlich bedrohlich. Edith Stein spart nicht mit scharfen Worten. Schon in diesem Frühjahr 1933 spricht sie von einem »Vernichtungskampf gegen das jüdische Blut« und nennt das ungeschminkt eine Schmähung Jesu Christi, der Jungfrau Maria und aller Apostel. Die Verantwortung für die jüdischen Opfer falle auch auf jene, die dazu schwiegen. Und wenn das Schweigen noch länger anhalte, sei das Schlimmste für das Ansehen der Kirche zu befürchten. Außerdem könne Schweigen niemals den Frieden mit der NS-Regierung erkaufen – auch gegenüber der Kirche nicht.

Der Brief Edith Steins wurde unter der Nr. 1092/33 sorgfältig protokolliert und im päpstlichen Geheimarchiv abgelegt. Dort blieb er bis zum 15. Februar 2003 verborgen. Im Zuge der Arbeiten einer Archivöffnung für Akten von 1922 bis 1939 über die Beziehungen zu Deutschland wurde der Brief aufgefunden und der Öffentlichkeit bekannt gemacht. Sicherlich war der in jeder Hinsicht prophetische Text Edith Steins von ihrer tiefen Spiritualität einer Kreuzesmystik maßgeblich beeinflusst, aber auch ohne diesen Hintergrund konnte man die Entwicklung unter der NS-Herrschaft zumindest ähnlich sehen. Über das Hin und Her der deutschen Bischöfe in der Frage einer Stellungnahme zur Machtergreifung Hitlers sind schon Bemerkungen gefallen. Noch zögerlicher, ja ziemlich unsensibel und verdrängend reagierten die Oberhirten auf die aufflammende Judenverfolgung um sie herum.

Beschwichtigen

Beispielhaft ist das Verhalten des Münchner Kardinals Faulhaber. In den Tagen des Judenboykotts bekam auch der prominente Metropolit Briefe, in denen Zeitgenossen das Schweigen der Kirche beklagten. Einer war Pfarrer Alois Wurm, der sich empört fragte, warum kein einziges katholisches Blatt den Mut gehabt hätte, die schlichte Katechismuslehre zu verkünden, dass man keinen Menschen hassen und verfolgen dürfe, am wenigsten aufgrund der Rasse. Die Bischöfe müssten Klartext reden. Und der Berliner Studentenseelsorger Stratmann O.P. schrieb beschwörend: »Aber niemand protestiert wirksam gegen diese unbeschreibliche deutsche und christliche Schmach.

Selbst Priester fühlen ihre antisemitischen Instinkte durch dieses sündhafte Treiben befriedigt. […] Am Opportunismus geht das Christentum zugrunde.« Faulhaber war betroffen, aber er übte aus mehreren Gründen Zurückhaltung. Pfarrer Wurm gibt er zu bedenken, dass ohne Zweifel das Vorgehen gegen die Juden ausgesprochen unchristlich sei, jedoch gebe es für die kirchlichen Oberbehörden wichtigere Gegenwartsfragen, wie Schule, Weiterbildung, Vereine, Sterilisierung. Außerdem könnten die Juden sich selbst helfen, und man dürfe der Regierung keinen Grund geben, die »Judenhetze in eine Jesuitenhetze« umzubiegen. Am Ende des Briefes äußert Faulhaber sein Befremden. Wie komme es, dass bei der Hetze gegen Katholiken oder den Bischof kein Mensch danach fragen würde, was man dagegen tun könne? Das sei halt das Geheimnis der christlichen Passion, sinniert der fromme Münchner Bischof.[77] – Soll man über die unbesonnene, ja törichte Analyse und die theologische Larmoyanz Kardinal Faulhabers entsetzt sein oder nur den Kopf schütteln?

Wegen der vielen privaten Anfragen sah sich Faulhaber auch genötigt an Staatssekretär Pacelli klärende Worte zu schreiben (10. April 1933). Uns Bischöfen, so der Kardinal, werde heuer die Frage vorgelegt, warum die Kirche nicht für die Juden eintrete. Doch das sei zurzeit nicht möglich, »weil der Kampf gegen die Juden zugleich ein Kampf gegen die Katholiken werden würde und weil die Juden sich selber helfen können, wie der schnelle Abbruch des Boykotts zeigt«. Besonders ungerecht und schmerzlich findet es Faulhaber, dass auch getaufte Juden, die gute Katholiken geworden seien, als Ärzte oder Rechtsanwälte ihre Stelle verlieren würden. Entsprechend dieser Linie vermerkte Faulhaber auf eine Schnellumfrage von Kardinal Bertram an die Metropoliten, ob der Episkopat gegen den regierungsamtlichen Judenboykott protestieren solle, telegrafisch: »Aussichtslos. Würde verschlimmern. Übrigens schon Rückgang.«[78] Auch Bertram machte in dem Schreiben seine ablehnende Haltung deutlich. Aber er wolle ein repräsentatives Meinungsbild einholen, da er offiziell von Oskar Wassermann, dem Direktor der Deutschen Bank in Berlin und zugleich Präsidenten von »Konfessionen für den Frieden«, um eine Intervention des Episkopats ersucht worden war. Domkapitular Lichtenberg hatte Wassermann an Bertram empfohlen. Der hohe Berliner Prälat Lichtenberg sollte noch eine wichtige Rolle an der Seite von Bischof Preysing im NS-Kampf einnehmen, bevor er 1941 verhaftet wird und 1943 an den Strapazen der Inhaftierung auf dem Weg in das Konzentrationslager Dachau stirbt.

Als bald nach Hitlers Machtergreifung das biblische Alte Testament in den Fokus der nationalsozialistischen Entjudungskampagne geriet, sah sich der Münchener Kardinal und ehemalige Professor für alttestamentliche Exegese doch gezwungen, öffentlich Stellung zu nehmen. Er nahm dazu in der Vorweihnachtszeit 1933 die Gelegenheit. In vier berühmt gewordenen Adventspredigten[79] verteidigte Faulhaber das Alte Testament als gültige Heilige Schrift, die eine unabdingbare Vorbereitung zum Neuen Testament und für den Erlöser Jesu Christi darstelle. Faulhaber ließ keinen Zweifel daran, dass in den Schriften des Alten Testaments hohe religiöse und sittliche Werte festgeschrieben seien, die Christen und alle Menschen verpflichten würden.

Die Predigten machten Furore, vor allem nach ihrer Veröffentlichung in einem Büchlein. Zugefügt wurde auch die Sylvesterpredigt, in der Faulhaber neuheidnische Elemente im Nationalsozialismus als Aufguss altgermanischer Kulturlosigkeit geißelte. Auch Pacelli bekam Abzüge. Jetzt eilte Faulhaber der Ruf voraus, ein Judenfreund zu sein. Seine Bemerkung in der ersten Predigt, die Juden hätten von Gott den Scheidebrief erhalten und müssten seitdem als ewiger Ahasver ruhelos über die Erde wandern, schadete dem Freundschaftsruf nicht. In der NS-Riege knirschte man mit den Zähnen und veranstaltete eine Kampagne gegen den Kirchenfürsten, der die verkommene Judenbibel verteidige und in schändlicher jüdischer Manier die germanische Rasse bespucke. Faulhaber wehrte sich. Ihm sei es nicht um eine Verteidigung des Judentum und der Juden gegangen, sondern um die Heiligkeit der Bibel. Selbst wenn dem so sein sollte, stand im Sommer in einem geheimen SD-Bericht, de facto sei die Ehrenerklärung des Kardinals für das Alte Testament auch eine Art Verteidigung der jüdischen Rasse. Denn die Juden hätten sich seither nicht verändert. Der Kardinal hätte die unbeabsichtigte Wirkung seiner Predigten voraussehen müssen.[80]

Ein findiger Zeitgenosse nutzte die Gunst der Stunde und erfand noch im Sommer 1934 eine Predigt Faulhabers gegen Rassenhass und Judenverfolgung. Die angebliche Predigt wurde von *Der Sozialdemokrat* (Prag) und darauf von der *Basler Nationalzeitung* veröffentlicht. Ein Sturm der Entrüstung brach los – bei Faulhaber ebenso wie in der Nazipresse. Von A bis Z sei die Predigt gefälscht, auch nicht ein Wörtchen stamme aus seinem Mund, erregte sich der Kardinal. Überallhin schickte er Gegendarstellungen und distanzierte sich von der boshaft erlogenen Judenpredigt. Auch Pacelli in Rom bekam unverzüglich Post. Faulhabers aufgeregter Einspruch und seine

Anlagen mit Zeitungsartikeln und Korrespondenzen sind im päpstlichen Geheimarchiv dokumentiert.[81] Dort habe ich den Vorgang entdeckt. Die unterstellte Predigt ist von eher harmlosem Zuschnitt: In aller Welt würden die Juden verfolgt, aber die Verfolgungsmethoden in Deutschland seien eine Schmach und Schande. Was die Treue zum Glauben angehe, sollten sich alle an den Juden ein Beispiel nehmen. Man solle sie ehren und schätzen, denn sie hätten der Welt das herrlichste und kostbarste Geschenk gemacht – die Bibel. Man müsse sich klar machen und jedem weitererzählen, dass der Rassenhass ein wildes und giftiges Gewächs im Leben sei. – Solche Passagen wurden in der Presse nachgedruckt – etwa groß aufgemacht in der populären Zeitung *BLITZ Kampfblatt für deutschen Glauben und deutsche Art*, die Faulhaber zur Ansicht in den Vatikan schickte. In BLITZ und anderen Blättern wurde dem Münchner Kardinal übelste Verleumdung Deutschlands vorgeworfen. Wie könne er es wagen! Der Vorwurf einer Judenverfolgung sei erstunken und erlogen; und Faulhabers Anbiederung an die Juden sei widerwärtig. Alles sei nur ein gefundenes Fressen für das internationale Judentum. – Faulhaber hatte nicht die Courage, die Flucht nach vorn anzutreten und die unterstellte Predigt als zumindest »gut« erfunden darzustellen.

Das Verhalten des Münchener Metropoliten war symptomatisch für den Zustand des deutschen Episkopats zu Beginn der NS-Herrschaft und ihrer Judenverfolgung. Der nationalsozialistisch geführte Aufbruch Deutschlands wurde grundsätzlich begrüßt, die theologische Häresie einstweilen nicht als virulent betrachtet und die Judenverfolgung achselzuckend oder verschämt hingenommen. Allein Rechtsverletzungen und Willkürverhaftungen im kirchlichen Raum forderten Proteste und Eingaben heraus. In den kommenden Jahren wird das eine Hauptbeschäftigung der Bischöfe werden.

Staatssekretär Pacelli war in Rom über jede Entwicklung in Deutschland und bei den Bischöfen bestens informiert. Nuntius Orsenigo schrieb fleißig Rapporte und aus den Diözesen kamen laufend Nachrichten. Pacelli war nicht zu beneiden. Er überschaute wie kein anderer die politische und kirchliche Gesamtsituation in Deutschland und kannte jeden Bischof im Reich. Die Uneinigkeit und die Streitereien unter den Oberhirten blieben ihm ebenso wenig verborgen wie das Rumoren an der Basis in den Bistümern. Aber

Pacelli war nicht der Herr im Vatikan. Die Linie gab der Papst vor. Pacelli musste sie in wirksame Diplomatie übersetzen.

Dass Pacelli froh war, wenn ihm Entscheidungen abgenommen wurden, zeigte eine Episode im Herbst 1933. Über die Agentur United Press International wurde die Meldung lanciert, der Papst habe den Antisemitismus in Deutschland verurteilt. Der *Jewish Chronicle* publizierte die Meldung am 1. September in einen Artikel mit der Überschrift: »Papst verurteilt Anti-Semitismus«. Pius XI. hätte sein Missfallen über die anhaltenden antisemitischen Verfolgungen in Deutschland bekundet. Er hätte an die jüdische Herkunft von Jesus, Maria, der Apostel, der Propheten und zahlreicher Heiligen erinnert sowie an den hebräischen Ursprung der Bibel. Die arischen Rassen dürften sich nicht gegenüber den Semiten überlegen fühlen. Der Herausgeber J. M. Rich fragte nach dem Druck vorsichtshalber im Vatikan an, ob die Meldung bestätigt werden könne.[82] Pacelli, der sich zu diesem Zeitpunkt in Rorschach aufhielt, war verlegen. Offiziell hatte der Papst die Äußerungen nicht gemacht. Wahrscheinlich hatte er sie auch nicht bei einer Audienz fallen lassen, allenfalls in einem internen Kreis. Womöglich war die Meldung schlicht erfunden. Auf jeden Fall lag eine Indiskretion eines vatikanischen Mitarbeiters oder eines guten Kenners von Pius XI. vor. Aber Pacelli wusste, dass der Papst genauso dachte, wie es verbreitet wurde. In einem solchen Fall schweigt gewiefte Diplomatie. So hielt sich Pacelli bedeckt und gab weder eine Bestätigung noch ein Dementi heraus. Seinem engen Mitarbeiter, Unterstaatssekretär Pizzardo, schrieb er aber: »Mir hat die Indiskretion der United Press über die Juden nicht schlecht gefallen; es ist nämlich gut, die Welt wissen zu lassen, dass sich der Heilige Stuhl der Frage angenommen hat.«[83]

Der Dank Pacellis an den anonymen Informanten spricht Bände. Die Welt hatte eine Nachricht, die sie haben sollte. Aber er musste dafür nicht die Entscheidung treffen.

Der aufbrausende Charakter von Pius XI., der gern mal mit der Faust auf seinen Schreibtisch schlug, entsprach dem Pacellis ganz und gar nicht. Er näherte sich Problemen lieber bedächtig, er wog sorgsam ab und kalkulierte Lösungen in jede Richtung. Pacelli wird es schwerfallen, im kommenden Kampf klare Positionen zu finden.

4. JUDENVERFOLGUNG UND KIRCHENKAMPF

HITLERS JUDENWAHN UND ANTIJUDAISMUS

Zeitgleich mit dem ersten Gewittersturm über den Juden in Deutschland kündigte sich auch ein Wettersturz für die Kirchen an. Trotz der beschwichtigenden Worte Hitlers zur Rolle des Christentums im neuen Reich schwante den Bischöfen Unheil. Eine Sonderkonferenz Ende April 1933 in Berlin mit Abgesandten aus den Kirchenprovinzen sollte die Lage einschätzen und bei der Regierung sondieren. Auf Wunsch der Konferenz kontaktierten Bischof Berning (Osnabrück) und Generalvikar Steinmann den Reichskanzler, um persönlich mit ihm zu sprechen. Die beiden bekamen kurzfristig einen Termin am Nachmittag des 26. April.

Im Protokoll der Besprechung geben Bischof Berning und Prälat Steinmann längere Redepassagen des Kanzlers wörtlich wieder. Die Auslassungen Hitlers muten surreal an. Rundweg leugnete er, gegen Christentum und Kirche zu sein, gegen Glaube und christliche Moral, gegen konfessionelle Schulen und Religionsunterricht, gegen kirchliche Jugendvereine und andere katholische Vereinsorganisationen. Vielmehr sei all das für den Staat lebensnotwendig und solle gefördert werden. Görings scheinheilige Bemerkungen im Vatikan vor zwei Jahren waren schon unverfroren genug, doch Hitler setzte kaltschnäuzig noch eins drauf. Zur Judenpolitik bemerkte Hitler: »Man hat mich wegen der Behandlung der Judenfrage angegriffen. Die katholische Kirche hat 1500 Jahre lang die Juden als die Schädlinge angesehen, sie ins Ghetto gewiesen usw., da hat man erkannt, was die Juden sind. […]. Ich gehe zurück auf die Zeit, was man 1500 Jahr lang getan hat. Ich stelle nicht die Rasse über die Religion, sondern ich sehe die Schädlinge in den Vertretern dieser Rasse für Staat und Kirche, und vielleicht erweise ich dem Christentum den größten Dienst.«[1]

Es war ein geschickter Schachzug Hitlers, die Geschichte zu bemühen und den erfolgreichen Kampf der Kirche zur Eindämmung der Juden zu loben. Tatsächlich herrschte seit Kirchenväterzeiten ein harscher Antijudaismus auf allen kirchlichen Ebenen. Bis an die Grenze des 20. Jahrhunderts war man sich einig, dass die Juden in irgendeiner Form gesellschaftlich isoliert werden bzw. bleiben müssen.[2] Die breite jüdische Emanzipationsbewegung und veränderte politische Verhältnisse machten dieses Bestreben allerdings zunehmend unrealistisch. Nur langsam setzte innerkirchlich ein Prozess des Umdenkens ein. Die folgenschwere theologische Verurteilung der Juden schließlich wurde erst durch das Zweite Vatikanische Konzil überwunden – unter heftigen Debatten vor und hinter den Kulissen.

Hitler war ernsthaft überzeugt, dem Christentum einen großen Dienst zu erweisen, wenn er konsequent gegen jüdische Schädlinge vorgehe. Erscheint es aus heutiger Sicht auch völlig abwegig, traf dieses Ansinnen im April 1933 jedoch bei vielen Bischöfen auf Resonanz. Die antijudaistische Tradition war in ihrem Denken und Fühlen tief verankert und gegenüber einer »vernünftigen Judenpolitik« ohne Hass und Gewalt gab es ihrerseits kaum Einwände.

Ein obsessives Buch

Die Mehrheit der deutschen Bischöfe verkannte deutlich das Ausmaß von Hitlers Judenpolitik und begriff kaum die unbändige Kraft seines Judenwahns. Dabei hätte schon eine Teillektüre des NS-Grundlagenwerks *Mein Kampf* aus der Feder Adolf Hitlers ausgereicht, um eine Ahnung zu gewinnen. Im Gegensatz zu vielen Oberhirten in Deutschland hatte Pacelli noch zu seiner Zeit in Berlin das biografische und ideologische Blendwerk sorgfältig studiert, im Original. Dem philosophisch wie theologisch und politisch wie humanistisch versierten Nuntius wird es bei der Lektüre oft den ohnehin sensiblen Magen umgedreht haben.

Hitler hämmert seinen Lesern ein, dass das Judentum keine Religionsgemeinschaft sei, sondern eine Rasse. Und auf diese Rasse projiziert er so gut wie jede üble Eigenschaft und jede Schurkerei, die er finden konnte. Schon wenige Beispiele aus dem Sprachgebrauch und der »Logik« Hitlers legen eine gespenstische Obsession offen: Die Juden seien ein Parasitenvolk, das sich zum eigenen Überleben notwendig in die Körper anderer Völker einniste und »blutsaugerische Tyrannei« betreibe.[3] Zuweilen würden miss-brauchte Wirtsvölker die jüdischen Parasiten einfach hinauswerfen. Dann sei der Jude gezwungen, zu wandern und neuen Nährboden zu suchen:

> »Er ist und bleibt ein ewiger Parasit, ein Schmarotzer, der wie ein schäd-licher Bazillus sich immer wieder ausbreitet, sowie nur ein günstiger Nähr-boden dazu einlädt. Wie Wirkung seines Daseins aber gleicht ebenfalls der von Schmarotzern: wo er auftritt, stirbt das Wirtsvolk nach kürzerer oder längerer Zeit ab.«

Damit ein infiziertes Volk möglichst lange nichts von seinem Befall merke, würde der Jude sein Wirken listig tarnen und zum Meister der Lüge werden. Ihr bloßes Dasein treibe den Juden zur Lüge, »wie es in den Nordländern zur warmen Kleidung zwingt«, sinniert Hitler.[4] Unter heimtückischer Mas-kierung würde sich das Judentum den jeweiligen Mentalitäten eines Volkes anpassen, um es unmerklich mit getarnten Waffen zerstören zu können.

> »Erst wenn es auf solchem Wege einen bestimmten überwuchernden Einfluss wirtschaftlicher und politischer Machtfülle errungen hat, streift es die Fesseln dieser übernommenen Waffen ab und kehrt nun [...] die wirklichen inneren Absichten seines Wollens und seines Kampfes hervor. Es zerstört nun immer rascher, bis es so einen Staat nach dem anderen in ein Trümmerfeld verwan-delt, auf dem dann die Souveränität des ewigen Judenreiches aufgerichtet werden soll.«[5]

Die notorische Lüge des Juden untermauert Hitler auch mit der pamphleti-schen Schrift der sogenannten *Protokolle der Weisen von Zion*. Dieses fanati-sche Blendwerk über eine angebliche jüdische Weltverschwörung war kurz nach dem Ersten Weltkrieg in Westeuropa publik geworden. Zuerst war die Schrift vollständig 1905 in Russland veröffentlicht worden. Vorläuferfrag-mente kamen aus Frankreich, Deutschland und Österreich. Dort waren sie immer wieder neu bearbeitet worden. Wahrscheinlich wurden die Frag-mente vom zaristischen Geheimdienst redigiert und zu einem endgültigen Text zusammengefasst. In den Protokollen wird von vierundzwanzig Sit-zungen berichtet, in denen eine Art Geheimbruderschaft von Juden einen umfassenden Plan zur Infiltrierung von Gesellschaften, zur Ausschaltung von Gegnern, zur Machtausweitung und schließlich zur Übernahme der Weltherrschaft durch das Judentum und einen jüdischen Weltkönig vor-stellt. Obwohl diese Protokolle schnell als dumme Fälschung entlarvt waren, hat die NS-Presse sie angepriesen und für authentisch erklärt. Hitler betrachtete es als besten Beweis für die Echtheit der Protokolle, dass die jüdische »Frankfurter Zeitung« sie für falsch halte.[6]

Außerdem sah Hitler die Ereignisse der letzten hundert Jahre in dem Buch genau beschrieben. Die verschleierte Unterwanderung der Juden in allen Bereichen der Kultur und Wirtschaft habe schon stattgefunden. Und selbstverständlich sei der wahnwitzige Marxismus eine jüdische Lehre.[7] Auch hinter der Sozialdemokratie stehe das Judentum, die durch den Nebel sozialer Phrasen die Fratze des Marxismus verheimliche.

Im Laufe seines großen Abschnitts über das Judentum redet sich Hitler mehr denn je in Rage: Der Parlamentarismus sei jüdisches Ziel in jeder Gesellschaft, denn er schalte die Persönlichkeit aus »und setzt an ihre Stelle die Majorität der Dummheit, Unfähigkeit und nicht zum letzten aber der Feigheit«.[8] Ein solches Volk, das von einer unfähigen, dummen politischen Führung nicht geschützt werden könne, sei den Juden auf Gedeih und Verderb ausgeliefert. Dann würden sich die Juden über die Mädchen und Frauen hermachen und Blutschande begehen:

»Der schwarzhaarige Judenjunge lauert stundenlang, satanische Freude in seinem Gesicht, auf das ahnungslose Mädchen, das er mit seinem Blute schändet und damit seinem, des Mädchen, Volke raubt. Mit allen Mitteln versucht er die rassischen Grundlagen des zu unterjochenden Volkes zu verderben. So wie er selber planmäßig Frauen und Mädchen verdirbt, so schreckt er auch nicht davor zurück, selbst im größeren Umfange die Blutschranken für andere einzureißen. Juden waren und sind es, die den Neger an den Rhein bringen, immer mit dem gleichen Hintergedanken und klaren Ziele, durch die dadurch zwangsläufig eintretende Bastardierung die ihnen verhasste weiße Rasse zu zerstören, von ihrer kulturellen und politischen Höhe zu stürzen und selber zu ihren Herren aufzusteigen.«

Weiter putscht Hitler seine Leser auf:

»Völker, die dem Angriff [des Juden] von innen zu heftigen Widerstand entgegensetzen, umspinnt er dank seiner internationalen Einflüsse mit einem Netz von Feinden, hetzt sie in Kriege und pflanzt endlich, wenn nötig, noch auf die Schlachtfelder die Flagge der Revolution.

Wirtschaftlich erschüttert er die Staaten so lange, bis die unrentabel gewordenen sozialen Betriebe entstaatlicht und seiner Finanzkontrolle unterstellt werden.

Politisch verweigert er dem Staate die Mittel zu seiner Selbsterhaltung, zerstört die Grundlagen seiner nationalen Selbstbehauptung und Verteidigung, vernichtet den Glauben an die Führung, schmäht die Geschichte und Vergangenheit und zieht alles Große in die Gosse.

Kulturell verseucht er Kunst, Literatur, Theater, vernarrt das natürliche Empfinden, stürzt alle Begriffe von Schönheit und Erhabenheit, von Edel und Gut und zerrt dafür die Menschen in den Bannkreis seiner eigenen niederen Wesensart.

Die Religion wird lächerlich gemacht, Sitte und Moral als überlebt hingestellt, so lange, bis die letzten Stützen eines Volkstums im Kampfe um das Dasein auf dieser Welt gefallen sind.«[9]

Dieser Rundumschlag lässt einen schwindeln. Hitler ist überzeugt, dass das Judentum in Deutschland schon in einem finalen Kampf steht und aus dem Ausland kräftig Unterstützung erfährt. »So ist der Jude heute der große Hetzer zur restlosen Zerstörung Deutschland. Wo immer wir in der Welt Angriffe gegen Deutschland sehen, sind Juden ihre Fabrikanten«, resümiert Hitler gegen Ende seines Buches.[10]

Gibt es etwas, was Hitler den Juden nicht anlastet? Alle Heimtücke und jeden Frevel, alle Niedertracht und jede Gewissenlosigkeit, ja die gesamte boshafte Teufelei zwischen Himmel und Erde scheint er dem Judentum aufzubürden. Was wundert es, wenn Hitler sich schon zu Beginn seines Buches zu dem schon zitierten furchtbaren Wort versteigt: »So glaube ich heute im Sinne des allmächtigen Schöpfers zu handeln: Indem ich mich des Juden erwehre, kämpfe ich für das Werk des Herrn.«[11]

Als wollte Hitler alle Zweifel an seiner lebensverachtenden Einstellungen beseitigen, unterbreitete er auf einer der letzten Seiten seines Werks ein ebenso entsetzliches wie unheimliches »Hätte-man-doch!« Es wäre nicht zum verlorenen Krieg und zu den vergeblichen Opfern an der Front gekommen, wenn man mutig und rechtzeitig die Notbremse gezogen hätte. Zu Beginn des Krieges sei nämlich der kämpferische Charakter der Arbeiter und Soldaten noch nicht vom marxistischen Irrwahn der Juden zerfressen gewesen.

»Hätte man zu Kriegsbeginn zwölf- oder fünfzehntausend dieser hebräischen Volksverderber so unter Giftgas gehalten, wie Hunderttausende unserer allerbesten Arbeiter aus allen Schichten und Berufen es im Felde erdulden mussten, dann wäre das Millionenopfer nicht vergeblich gewesen. Im Gegenteil: Zwölftausend Schurken zur rechten Zeit beseitigt, hätten vielleicht einer

Million ordentlicher, für die Zukunft wertvoller Deutscher das Leben gerettet. Doch gehörte es eben auch zur bürgerlichen ›Staatskunst‹, ohne mit der
Wimper zu zucken, Millionen auf dem Schlachtfeld dem blutigen Ende auszuliefern, aber zehn- oder zwölftausend Volksverräter, Schieber, Wucherer
und Betrüger als kostbares nationales Heiligtum anzusehen und damit deren
Unantastbarkeit offen zu proklamieren. Man weiß ja nicht, was in dieser bürgerlichen Welt größer ist, die Trottelhaftigkeit, die Schwäche und die Feigheit
oder die durch und durch verlumpte Gesinnung.«[12]

Dieses »Hätte-man-doch!« wird Hitler wie das Fanal eines unersättlichen
Todesdämons bis in die letzten Stunden seines Untergangs verfolgen. Im
Testament wird er dem internationalen Judentum die Schuld am Krieg aller
Kriege zuschieben, und der Feldherr bedauert unausgesprochen, dass er es
nicht geschafft hat, seine Mission der Vorsehung, sein *Werk des Herrn* recht-
zeitig und vollends umzusetzen.

Schon während der kurzen Auszüge aus *Mein Kampf* fragt man sich, ob
Adolf Hitler wirklich bei Verstand war. Nicht erst aus der Rückschau von
heute oder von 1945 sind seine Verdikte über den Juden so unerträglich wie
verstörend, so plump wie verschlagen, angetrieben von geradezu beklem-
mender Wollust. In den zahllosen Neuauflagen von *Mein Kampf* wurde
inhaltlich nie etwas verändert. Hitler stand zu seinen verheerenden Analy-
sen über die Juden. Sie waren keine groteske Explosion eines gescheiterten
Putschisten im Gefängnis, sondern waren eine berechnete und tragende
Säule in seinem Weltbild.

Christliche Mitschuld – Schmähbriefe aus Christenhand

Kein Geringerer als Joseph Ratzinger bemerkte als Präfekt der Glaubenskongregation: Der »Umstand, dass die Judenvernichtung durch Hitler auch
einen bewusst antijüdischen Charakter hatte, ist wichtig und darf nicht ver-
schwiegen werden. Aber es ändert nichts daran, dass getaufte Menschen dafür verantwortlich waren. […] Der christliche Antisemitismus hatte bis zu
einem gewissen Grad den Boden dafür bereitet, das kann man nicht leug-
nen. Es gab christlichen Antisemitismus in Frankreich, in Österreich, in
Preußen, in allen Ländern, und auf diesem Wurzelgrund konnte man anset-
zen.«[13] Was Ratzinger hier freimütig eingesteht, war bis ins 20. Jahrhundert
ein fortgesetzter Skandal der Christenheit. In den Juden sah man ein durch

und durch verstocktes Volk, weil es sich hartnäckig weigerte, Christus als Messias und Herrn anzuerkennen. Es war ein Volk, dessen Väter Jesus unter falscher Anklage gefangen genommen, geschmäht und ausgeliefert hatten. Es war ein Volk, das gemeinsam die Kreuzigung Jesu gefordert und sich mit allen Nachkommen unter der Anrufung des Blutes Jesu selbst verflucht hatte. Der Bund Gottes mit seinem alten Volk war fortan gekündigt und dem neuen wahren Volk Gottes gegeben: allen Getauften auf den Namen Jesu Christi.

Das kollektive Urteil über die Juden, allesamt Gottesmörder zu sein und einem verworfenen, verfluchten Volk anzugehören, war spätestens im vierten Jahrhundert Gemeingut in der Theologie der alten Kirche. Viele Prediger wurden nicht müde, Schlussfolgerungen zu ziehen, die die Juden per se schwer verunglimpften. Dass der Jude ein Lügner und Betrüger sei, zählte noch zu den harmloseren Etiketten. Schwerwiegender waren Auffassungen, die einen ewigen Sklavendienst der Juden gegenüber der Christenheit proklamierten – wie Augustinus es glaubte folgern zu müssen – oder die den Juden zur immerwährender Heimatlosigkeit und rastloser Völkerwanderschaft verurteilt sahen, wie eine verbreitete Legende es behauptete.[14] Der Weg zu einer öffentlichen Stigmatisierung und gesellschaftlichen Absonderung der Juden war logisch und wurde mit wechselnder Intensität verfolgt. Gewaltakte oder gar Pogrome gegen jüdische Mitbürger sind zwar kirchlich nie gebilligt worden, aber sie waren oft Ausdruck der aufgeheizten Anti-Juden-Stimmung und des Judenabscheus. Gebilligt und forciert dagegen wurden Verdächtigungen gegen Juden, gemeine Delikte zu begehen, etwa Hostienschändungen und furchtbare Verbrechen, wie Ritualmorde an christlichen Kindern. Entsprechende Untersuchungen, Gutachten und Prozesse zählen zu den dunkelsten Punkten in der ohnehin düsteren Beziehungsgeschichte der ungleichen Glaubensgeschwister.

Erst im 19. Jahrhundert wurden die letzten jüdischen Ghettos aufgehoben. Den Schlusspunkt setzte Rom, wo 1870 die Mauern des Ghettos und die Sondergesetze für die Juden endgültig fielen.[15]

Der Antijudaismus wurde in der Kirche nie bestritten. Dagegen wies man den Vorwurf, antisemitisch zu sein, stets vehement zurück. Der Antisemitismus sei rassisch motiviert und daher unchristlich; er widerspreche der Einheit aller Menschen vor Gott. Tatsächlich lief aber das Ergebnis für die Juden auf das Gleiche hinaus. Ob sie als verstockte und verworfene Gottesmörder

124

verleumdet, gesellschaftlich ausgegrenzt und verfolgt wurden oder ob rassische Motive ausschlaggebend waren, war am Ende einerlei. In der Forschung wird denn auch die Unterscheidung zwischen Antijudaismus und dem Antisemitismus – der begrifflich erst Ende des 19. Jahrhundert gebräuchlich wurde – mehrheitlich nicht als wesentlich akzeptiert. Dennoch wird bis in neuere lehramtliche Dokumente hinein eine Beziehung der Kirche zum Antisemitismus geleugnet.[16] Und eine Mitverantwortung an den antisemitischen Exzessen im Dritten Reich bis zum Holocaust wird oft mit hohem Begründungsaufwand gegen Null heruntergerechnet. Joseph Ratzingers Eingeständnis, dass sich der Antisemitismus zumindest vom Boden der kirchlichen Judenfeindschaft reichlich nähren konnte, ist im Raum der Kirche noch nicht selbstverständlich.

Starke Antipathien gegenüber Juden, zuweilen auch tiefsitzender Judenhass, war unter der katholischen Bevölkerung in den 30er Jahren noch verbreitet. Traurige Beispiele geben private Briefe, die selbst zum Vatikan geschickt wurden. Im päpstlichen Geheimarchiv lagern sie als stumme Zeugen einer bizarren Geisteshaltung, die jenes Christentum verhöhnt, auf das sich die Absender berufen. Pacelli hat auch diese Briefe sorgsam gelesen und archivieren lassen. So schrieb etwa ein Herr K. aus Wien, der laut Briefkopf einer »Hilfsstelle für deutsche Opfer jüdischer Betrüger« vorstand, einen feurigen Brief über die jüdische Verderbnis: Die Zeit der Verblödung des deutschen Volkes mit Hilfe der Judenpresse und der Gotteshasser sei endgültig vorbei; darüber solle sich der Vatikan im Klaren sein. Wieso seien die Jahrhunderte lang geltenden antijüdischen Gesetze der Kirche aus dem neuen Codex verschwunden? Wieso setze sich der Vatikan für getaufte Juden ein? Es sei doch offenkundig, dass sich in 99 von 100 Fällen Juden um des Profits willen taufen ließen. Dies und auch die breite Unterstützung der »Amici Israel« in Kirchenkreisen wären Beweise genug dafür, dass der Vatikan bis in die letzten Spitzen hinauf mit jüdischem Blut, jüdischem Geist und jüdischen Gaunern durchseucht und überwuchert sei. Aufbrausend fährt K. fort:

> »O ihr armen gottverlassenen, vernunftlosen katholischen Kleriker! Beschimpft den deutschen Christenmenschen als ›braune Pest‹ und seid selber Liebediener der Büttel und Schlächter und Verächter der ganzen christlichen Menschheit und Kultur. Wir katholischen deutschen Menschen werden unsere Glaubenskostbarkeiten und unsere Glaubenssegnungen unverfälscht

behalten. Von der Verderbnis unseres Glaubens und unserer Art werden wir uns trennen, gründlich trennen, auch von den um Geld Getauften und ihren Täufern.«

Die Passage, in der sich Herr K. als ehemaliger eifriger Mitarbeiter der »Katholischen Aktion« bezeichnete, unterstrich Pacelli eigens und markierte sie am Rand.[17]

In einem anderen Brief beschwerte sich ein Kaufmann aus dem Ruhrgebiet, dass Priester und ganze Klöster in jüdischen Warenhäusern ungeniert einkaufen würden. Sei es denn vergessen, wie judäo-freimaurerische Regierungen vor noch nicht allzu langer Zeit Priester verfolgt hätten?[18] Oder da schreibt ein Schriftsteller aus Köln an den Papst eine glühende Lobeshymne auf den Retter Adolf Hitler und beklagt sich über die Opposition der katholischen Priester. Sähen sie denn nicht, dass die höllischen Mächte des verführenden Judentums, des Bolschewismus, Liberalismus und Freimaurertums nirgends restloser besiegt seien als in Deutschland?[19] Auch aus dem Ausland kamen ähnliche Schreiben. So meinte ein deutscher Auswanderer, Dr. St. aus Chicago, den Papst darauf hinweisen zu sollen, dass er nicht für die Juden eintreten dürfe, denn diese seien die Synagoge des Satans. Und nach den Worten Christi trete der für den Satan ein, der für die Juden eintrete. Die größten Feinde des Christentums seien die Juden. Pacelli fasste den Brief handschriftlich im Eingangsprotokoll mit der lakonischen Bemerkung zusammen: »Gibt dem höchsten Pontifex den Rat, nicht die Juden zu verteidigen, denn sie seien die größten Feinde der ganzen Christenheit.«[20]

Es ist tröstlich, dass es auch andere Stimmen gab. Sie hielten sich aber sehr in Grenzen. Die meisten stammten von Juden selbst, im Zusammenhang mit Bitten um konkrete Hilfe, oder sie kamen aus dem Ausland (hauptsächlich aus den USA).

KIRCHLICHES LEBEN IM NS-STAAT?

In den 30er Jahren glaubten die deutschen Bischöfe und der Vatikan andere Sorgen zu haben, als sich um eine antisemitisch infizierte Stimmung in katholischen Kreisen zu kümmern. Die Existenz der Kirche in Deutschland stand auf dem Spiel. Der Plan Hitlers, das Christentum zu »arisieren« und eine Deutsche Nationalkirche zu etablieren, wurde als fundamentale Bedrohung empfunden. Vorübergehend waren den Bischöfen Steine vom Herzen gefallen, als der Kanzler in seiner Regierungserklärung anerkennende Worte zur Rolle der Konfessionen gefunden hatte. Und als Hitler im April 1933 auch noch ein Konkordat mit dem Heiligen Stuhl anbot, stellte sich bei einigen Bischöfen sogar leichte Euphorie ein; etwa bei Kardinal Faulhaber. Es gab zwar auch schwere Bedenken und sogar offene Ablehnung der Offerte – namentlich seitens des Pacellifreundes Bischof Konrad Preysing –, aber die Zustimmung überwog.

Was bringt ein Konkordat?

Rund um die Problematik des Reichskonkordats zwischen dem Vatikan und Hitler ist schon viel Tinte vergossen worden. Es ist nicht notwendig, sie an dieser Stelle zu vermehren. Ich verweise auf profunde Beiträge[21] und beschränke mich auf wenige Anmerkungen.

Als oberster Diplomat der Kirche meinte Staatssekretär Pacelli das Angebot der deutschen Regierung annehmen zu müssen. Allerdings war er weder begeistert noch dankbar. Die Erfolgsaussichten auf ein gut geregeltes Verhältnis zwischen Staat und Kirche schätzte er gleich null ein. Wenigstens symbolisch sollte die Kirche einen Staatsvertrag mit Unterschrift auf ihrer Seite haben. So konnte man auf Paragrafen pochen, konnten Bischöfe sich bei untergeordneten Stellen beschweren und der Vatikan konnte diplomatische Noten überreichen. Die Deutschen würden doch wohl nicht alle Artikel des Konkordats auf einmal brechen, bemerkte Pacelli spöttisch-bitter im August 1933 gegenüber dem britischen Gesandten Kirkpatrick.[22]

Am 2. Juni 1945, nach zwölf Jahren Desaster für die Kirche, wird Pacelli als Papst Pius noch einmal das Konkordat rechtfertigen. In seiner ersten Nachkriegsansprache vor den Kardinälen sagte er:»Immerhin muss man zugeben, dass das Konkordat in den folgenden Jahren verschiedene Vorteile brachte oder wenigstens größeres Unheil verhütete. Trotz aller Verletzungen, denen es ausgesetzt war, ließ das Konkordat den Katholiken doch eine rechtliche Verteidigungsgrundlage, eine Stellung, in die sie sich verschanzen konnten, um von da aus, solange es ihnen möglich war, sich der ständig steigenden Flut der religiösen Verfolgung zu erwehren.«[23]

Pacelli glaubte, den Versuch wagen zu müssen. Zwar hatte er nicht die Entscheidung darüber – Pius XI. wollte das Konkordat –, aber Pacelli hätte

Bedenken anmelden können. Vielleicht hätte er es sogar vermocht, dem Papst das heikle Projekt auszureden. Doch Pacelli schenkte seinen Befürchtungen kein Gehör. Durfte er die diplomatische Chance einfach verstreichen lassen? Durfte er die Chance zur Verhütung größeren Unheils im Strom allgemeinen Unheils einfach preisgeben? Dass man die Lage auch anders einschätzen konnte, zeigte zum Beispiel die Meinung von Kardinal Schulte aus Köln. Für ihn war die neue NS-Führung eine Revolutionsregierung und mit Revolutionsregierungen schließe man keine Abkommen, Punktum! Zweifellos sah Pacelli die Situation komplexer. Er strengte sich an, weit vorauszublicken und feine Verästelungen von Vor- und Nachteilen auszumachen. Es war viel, sehr viel, was Pacelli letztlich auf die beiden Seiten der Waage gelegt hatte. Der Ausschlag pro Konkordat fiel deutlich aus. Doch Pacelli wusste, dass eine Umwertung der einen oder anderen Abwägung das Ergebnis verändern würde. Einen Anlass dazu sah er nicht – noch nicht.

Die Verhandlungen über den Basistext gingen rasend schnell. Schon am 20. Juli 1933 wurde das Werk feierlich paraphiert und am 10. September ratifiziert. Im Osservatore Romano beeilte man sich festzustellen, dass mit dem Vertrag keine Anerkennung des Nationalsozialismus oder seiner Ziele verbunden sei. Doch Hitler nutzte die Gunst der Stunde und ließ das Konkordat als ersten internationalen Erfolg und Würdigung NS-Deutschlands preisen. Indes standen viele Abmachungen nur auf dem Papier. Tatsächlich hatte Hitler nie die Absicht, einen rechtsverbindlichen Status zur katholischen oder den evangelischen Kirchen einzuhalten. Ihm spukte die Nationalkirche mit einem NS-adaptierten Christentum im Kopf herum. Bis es so weit war bzw. bis er die Kirchen dazu zwingen konnte, verfolgte er eine Strategie von Zuckerbrot und Peitsche. Offiziell garantierte der Staat die freie Religionsausübung und das autonome Leben der Kirche. In der Praxis jedoch mussten sich die Bischöfe, Priester und Gläubigen mit einem ausgetüftelten Hindernisparcours herumschlagen. Er reichte von den Ministerien in Berlin über Landesbehörden, Gauleiter, Kreisleiter bis zu Bürgermeistern und örtlicher Gestapo.

Die Schwierigkeiten im kirchlichen Leben begannen schon im April 1933. Seither erhielt Pacelli unablässig Klageberichte aller Art aus den deutschen Bistümern auf seinen Schreibtisch. Schon zu Beginn zeigte die Staatsgewalt Zähne und nahm selbst Priester wegen unbotmäßiger Äußerungen in Schutzhaft. Nach der Ausschaltung der politischen Opposition sollte es auch dem sogenannten »politischen Katholizismus« an den Kragen gehen. Eigentlich betraf der Begriff nur das Wirken der katholischen Zentrumspartei. Doch für die totale NS-Ideologie war schon jedes öffentliche Wort eines Pfarrers verdächtig, ganz zu schweigen von bischöflichen Hirtenschreiben. Oft genügten unbedachte Wendungen oder Andeutungen in Predigten, die unversehens als Regimekritik gedeutet wurden. Die Skala der Sanktionen war ebenso lang wie unberechenbar: Verwarnungen, Einschüchterungen, Verhöre, Kanzelverbote, Pfarreiausweisungen oder Schutzhaft im Gefängnis und KZ. Pacelli wollte darüber laufend informiert werden.

Zuweilen wandten sich einzelne Pfarrer in ihrer Not auch direkt an den Vatikan. So schrieb ein gewisser Pfarrer Droll am 9. Juli 1934,[24] dass er ein Aufenthaltverbot für den Kreis Celle bekommen habe, in der seine Pfarrei liege. Sein Delikt habe darin bestanden, in einer Predigt an das allgemeine Liebesgebot Jesu erinnert zu haben, und zwar im Zusammenhang der Behandlung von Juden. Wörtlich hatte Droll auch gesagt: »*Wer seinen Bruder hasst, der ist ein Menschenmörder*« (nach 1 Joh 3,15). Der Pfarrer wurde deswegen von Gemeindemitgliedern bei der Gestapo angezeigt. Jetzt bat der verfemte Geistliche den päpstlichen Staatssekretär um Hilfe. Pacelli nahm sich der Sache an und richtete eine offizielle Anfrage an das zuständige Ordinariat in Paderborn. Man solle ihm nähere Auskunft zu dem Vorgang geben. Die Auskunft kam, aber helfen konnte man in Paderborn auch nicht. In der Regel brachten kirchliche Interventionen in solchen Fällen keinen Erfolg. Allenfalls ging es für einen in Schutzhaft genommenen Geistlichen glimpflich aus, wenn das Ordinariat versprach, den Betreffenden »ruhig« zu stellen. Das weitere Schicksal des Pfarrers Droll kann man den Akten im Vatikan nicht entnehmen. Wahrscheinlich musste er sich mit seiner Vertreibung abfinden.

Bald liefen bei Pacelli deprimierende Berichte aus allen Teilen Deutschlands ein. Darunter waren auch Meldungen von der Gegenseite, etwa geheime Interna aus dem Sicherheitsdienst und der Gestapo. In jenen Reihen gab es vereinzelt auch Informanten zugunsten der Kirche. So erhielt beispielsweise Bischof Graf von Galen (Münster) schon früh einen geheimen Gestapobericht (1934) über die kirchliche Situation zugespielt. Galen schickte die achtzehn eng getippten Seiten sofort nach Rom. Dort konnte Pacelli Wort für Wort nachlesen, wie die Sicht der Geheimpolizei aussah. Das Misstrauen im Bericht gegenüber kirchlichen Aktivitäten ist eklatant;

überall wird »politischer Katholizismus« gewittert. Während der Lektüre hat man den Eindruck, als wäre die katholische Kirche eine höchst fintenreiche Verschwörungsorganisation zur Zerstörung des Staates.

Auch bei den sich endlos hinziehenden Nachverhandlungen über Ausführungsbestimmungen zum Konkordat blies Pacelli kalter Wind ins Gesicht. Der Dreh- und Angelpunkt war der sogenannte »Vereinsartikel« Nr. 31. Mit diesem Artikel hatte sich das Reich verpflichtet, die Einrichtungen und die Tätigkeiten aller katholischen Organisationen und Verbände zu schützen, die religiösen, kulturellen oder karitativen Zwecken dienten. Dasselbe galt mit gewissen Einschränkungen auch für jene Verbände, die noch andere Aufgaben wahrnahmen, insbesondere sozialer oder berufsständischer Art. Pacelli wertete den Vereinsartikel im Konkordat als amtliche Garantie für das vielfältige »Leben« der Kirche in Deutschland. Außerdem wurde der Religionsunterricht in allen Schulstufen als ordentliches Lehrfach anerkannt (Art. 21). Pacelli hoffte, dass diese Vereinbarungen in der Praxis ein wirkmächtiges geistiges Bollwerk gegen die NS-Doktrin bilden würden. Weit gefehlt! Die Tinte der Unterschriften war noch nicht trocken, als kirchlichen Verbänden und Vereinen erste Steine in den Weg gelegt wurden und Religionslehrer anfingen, um heiße Eisen einen weiten Bogen zu machen.

Der diktatorische NS-Staat war nie gewillt, die Hoheit über die Köpfe seiner Untertanen auch nur zu teilen. Im sensiblen Bereich der Jugendarbeit zeigte sich das am deutlichsten. Schon im Juni 1933 wurde Baldur von Schirach zum Reichsjugendführer ernannt mit der Aufgabe, die bislang relativ kleine Hitlerjugend auf alle Kinder und Jugendliche in Deutschland auszudehnen. Die neue Volks-Hitlerjugend sollte flächendeckend die nationalsozialistische Erziehung außerhalb der Schule gewährleisten. Die kirchlichen Jugendverbände waren dabei mehr als ein Dorn im Auge; sie waren eine weltanschauliche Konkurrenz. Es wundert nicht, dass zu den ersten Klagen der deutschen Oberhirten in Rom die forcierte NS-Schulung der Hitlerjugend gehörte. Die Bischöfe prangerten das rücksichtslose und krakenartige Verhalten der Organisationen an. Der Druck auf die Jungen, der Hitlerjugend beizutreten, nehme permanent zu. Dann seien die Kinder einer üblen Indoktrination ausgeliefert, die systematisch christliche Moral und Lehre untergrabe. Auch lege man oft Veranstaltungen auf Gottesdienstzeiten oder störe Gottesdienste gleich selbst durch Aufmärsche und Appelle vor den Kirchen. Gleichzeitig würde örtlich immer wieder die Arbeit kirchlicher Jugendverbände stark behindert oder sogar verboten. Der Hl. Stuhl müsse gegen solche Konkordatsverletzungen protestieren.

Als schließlich im Januar 1934 der NS-Chefideologe und Reichsleiter Alfred Rosenberg unmittelbar von Hitler die Verantwortung für die gesamte weltanschauliche Schulung und Erziehung der Partei übertragen wurde, waren die Bischöfe entsetzt. Sie meldeten die unheilvolle Beförderung postwendend Staatssekretär Pacelli. Jetzt sei es von Berlin amtlich: Die deutsche Jugend soll neuheidnisch erzogen und umerzogen werden.

Im Kreuzfeuer der Kritik stand Rosenbergs ideologisches Standardwerk *Der Mythus des 20. Jahrhunderts* von 1930.[25] Dieses groteske Buch über die »nordische Rassenseele« und ihre Quasi-Göttlichkeit, über Religion und Blut, jüdische Erzfeinde und einen arischen Christus überbot in vielen Punkten sogar Hitlers *Mein Kampf* an Verschrobenheit und fanatischer Federführung. Da der »Mythus« zur Grundlage der NS-Jugendschulung avancierte, waren die deutschen Bischöfe und Pacelli alarmiert. »Hier herrscht im Vatikan große Erregung«, schrieb Ministerialdirektor Buttmann an seine Frau im Februar 1934.[26] Buttmann war der Bevollmächtigte Hitlers für die Ausführungsbestimmungen zum Konkordat und der unmittelbare Verhandlungspartner im Staatssekretariat. Pacelli wird Buttmann mehrfach die aggressive und alles verdrängende NS-Erziehung der gesamten Jugend vorhalten und als Vertragsbruch bezeichnen. Einen Monat nach Rosenbergs Bestellung zum obersten Parteierzieher setzte das Heilige Offizium den *Mythus des 20. Jahrhunderts* auf den Index der verbotenen Bücher. Das Buch sei bildungs-, christen- und menschenfeindlich. Der Bannstrahl kam überraschend schnell und eindeutig. Gegenüber Hitlers *Mein Kampf* wagte man diesen Schritt nicht. Die Verurteilung des Grundlagenwerks eines Staatsführers galt als inopportun.

Am 7. Februar 1934 hatte Kardinal Schulte aus Köln Gelegenheit zu einem persönlichen Gespräch mit Hitler.[27] Er nutzte die Chance und beklagte sich heftig über Rosenbergs Pamphlet, welches voller Schmähungen gegen die Kirche und den Papst sei. Schulte berichtete, dass Hitler das *Mythus-Buch* überhaupt nicht schätze. Von den »heidnischen Dingen, wie Wotanskult u. a.« wolle er nichts wissen, sagte Hitler dem Kardinal. Doch Schulte wies auf die veränderte Lage hin, denn Rosenberg sei jetzt der offizielle Instruktor der NSDAP. Fortan würde der Reichskanzler mit Rosenberg identifiziert werden. Ja, bestätigte Hitler, er würde sich mit Herrn Rosenberg identifizieren, aber das gelte nicht für Rosenberg als Verfasser des Buches *Mythus*. Kardinal

Schulte hielt das eine unmögliche Unterscheidung, die man der Welt nicht vermitteln könne. An dieser Stelle habe der Reichskanzler den Spieß umgedreht und die Bischöfe für die hohe Bedeutung und Verbreitung des Buches verantwortlich gemacht. Schulte fragte erstaunt nach:

»›Wie, die Bischöfe sollen schuld sein?‹ Hitler antwortete: ›Ja, die Bischöfe; oder hat nicht der Kardinal von München Predigten darüber gehalten und auch die deutsche Jugend ihre Ideale vom alten Germanentum zu zerstören gesucht?‹ Nachdem ich noch gesagt hatte, dass es die Dinge umdrehen heißt, wenn man uns Bischöfen Rosenbergs ›Mythus‹ zur Last lege, brach der Reichskanzler dieses Thema ab.«

So kurz dieses moraltheologische Scharmützel ausfiel, so aufschlussreich ist die Streitfrage: Wer ist eigentlich verantwortlich, wenn sich eine Situation verschlimmert, wenn sich Konsequenzen ergeben, die keiner wollte? Kardinal Schulte hielt Hitlers Argument für abwegig. Man könne doch nicht denjenigen die Schuld zuschieben, die gegen eine gottlose, ungerechte Sache vorgingen – Folgen hin, Folgen her. Der Verursacher des Bösen sei verantwortlich; alles andere hieße die Dinge auf den Kopf stellen. Kardinal Schulte gibt sich sicher. Dennoch verfolgten er und seine Bischofskollegen, einschließlich Pacelli und die vatikanische Kurie, bei anderen Sachlagen die gegensätzliche Strategie der »Beruhigung«. Das heißt, man vermied es, in schwelende Glut hineinzublasen oder schon brennendes Feuer weiter zu entfachen. Beispiele dafür hatte es bis 1934 schon genügend gegeben. In den nächsten Jahren wird sich der Handlungskonflikt noch verschärfen. Die Problematik einer möglichen oder unmöglichen, einer erlaubten oder unerlaubten Güterabwägung in dieser oder jener Situation wird sowohl die Bischöfe als auch Pacelli Tag und Nacht verfolgen. In den weiteren Ausführungen werden wir immer wieder darauf stoßen. Bei der zentralen Frage einer päpstlichen Intervention gegen die Judenvernichtung müssen wir eigens nach einer ethischen Klärung des schwierigen moraltheologischen Problems suchen.

Eskalation

Eine deutliche Verschärfung der NS-Gangart mit der Kirche setzte im Sommer 1935 ein. Berlin zog für die Bischöfe und den Klerus im Lande die Daumenschrauben an. Auslöser war auch ein Runderlass[28] des Preußischen

Ministerpräsident Hermann Göring über den »politischen Katholizismus«. In diesem Erlass wetterte Göring gegen das unerträglich gewordene illoyale Verhalten breiter kirchlicher Kreise. Viele Geistliche in den Pfarreien, Religionslehrer in den Schulen und Ordenleute in Kindergärten, Kranken- und Heilanstalten würden frech gegen den Staat opponieren und stänkern. Es sei so weit gekommen, lamentiert Göring, »dass gläubige Katholiken als einzigen Eindruck aus dem Besuch des Gottesdienstes mitnehmen, dass die katholische Kirche alle möglichen Einrichtungen des nationalsozialistischen Staates ablehnt, weil in den Predigten fortgesetzt auf politische Fragen und Tagesereignisse in polemischer Weise angespielt wird«. Dazu habe die Kirche nicht das geringste Recht. Der NS-Staat garantiere die Freiheit der Religionsausübung und schütze die Kirche gegen den Atheismus. Es gäbe daher keinen Grund mehr, in irgendeiner Form politisch tätig zu werden. Bischöfe und Klerus müssten loyal sein und von einem Geistlichen im Staatsdienst (Religionslehrer) müsse man verlangen, »dass er sich mit seiner ganzen Persönlichkeit rückhaltlos hinter den nationalsozialistischen Staat stellt und für diesen und seine Einrichtungen [...] wirbt«. Die Hetze werde man nicht mehr länger hinnehmen. Ab sofort fände die ganze Härte der Gesetze Anwendung.

Die Drohung Görings war ebenso ernst wie seine Treueforderung dummdreist hergeholt war. Wie konnte die NS-Führung allen Ernstes von der Kirche weltanschauliche Loyalität erwarten?

Im Vatikan und bei den deutschen Bischöfen war man schockiert über diesen Knebelerlass. In voller Konsequenz verlangte er eine Kirche, die außerhalb ihrer Mitgliedergrenzen und jenseits rein religiöser Belange nichts sehen, nichts hören und nichts sagen sollte.

Sofort antwortete Staatssekretär Pacelli mit einer langen offiziellen Note an den Berliner Vatikanbotschafter van Bergen.[29] Pacelli weist die Vorwürfe und vor allem die Anmaßung scharf zurück. Auch über die Aussage Görings, der Staat wolle friedliche Verhältnisse mit der Kirche und schütze sie vor dem Atheismus, ist Pacelli empört. Die Realität in Deutschland sehe anders aus. Staatliche, parteiamtliche und organisationsamtliche Stellen würden die Rechte der Kirche unentwegt offen bekämpfen, wenigstens aber behindern, wo es nur gehe. Und was den Schutz vor Unglauben angehe, sei die entsprechende Behauptung im Erlass geradezu tollkühn. In nie gekanntem Ausmaße bringe die NS-Partei kirchen- und christentumsfeindliche

Literatur und Presse unter die Volksmassen, und in amtlichen Schulungen aller Art greife man ungeniert das Christentum an. Wieso dürfe die Kirche sich dagegen nicht wehren? Auf der einen Seite habe man Rosenberg zum hohen Staats- und Parteifunktionär gemacht, damit er die nationalsozialistische Weltanschauung als offizielle Doktrin verbreiten könne, auf der anderen Seite aber verbiete man jeden Protest dagegen. »Es bedarf keiner Worte, um die Unerträglichkeit eines solchen Doppelspiels des Näheren darzulegen und die Erbitterung zu schildern, die aus solchen Machenschaften für die christusgläubige Bevölkerung Deutschlands erwächst.« Selten schreibt Pacelli derart aufgebracht.

Im zentralen Teil der Protestnote weist Pacellis deutlich darauf hin, dass die Kirche sehr wohl einen umfassenden »politischen« Auftrag habe. Das sei erst jüngst in der Sozialenzyklika Quadragesimo anno (1931) eingeschärft worden. Die christliche Ethik richte sich nicht nur an das Gewissen des Einzelnen, sondern greife auch in alle Gebiete des öffentlichen Lebens. Die Kirche müsse in diesem Punkt wachsam sein und jede Verletzung sittlicher Fundamentalgesetze in der Staatspolitik, der Rechtsordnung, dem Wirtschafts- und Gesellschaftsleben anprangern. Das sei ihr göttlicher Auftrag. Im Übrigen könne kein Staatswesen ohne oder gegen solche ewigen Normen aufgebaut werden und lebensfähigen Bestand haben.

Was Pacelli hier laut aussprach, musste in den Ohren Hitlers und aller NS-Granden wie Staatsverrat der Kirche klingen. In den zweieinhalb Jahren nationalsozialistischer Revolution auf allen Ebenen der Gesellschaft hatte man die katholische Kirche kaum einbinden können. Jetzt sollte dem »politischen Katholizismus« durch strafrechtliche Drohungen systematisch der Kampf angesagt werden. Tatsächlich wurde der Druck in den nächsten zwölf Monaten erhöht. Gestapo und SD gingen vermehrt gegen den sogenannten Kanzelmissbrauch vor und die einst weit verzweigte Jugendarbeit der Kirche wurde noch mehr eingeschränkt und gleichgeschaltet.

Grundsätzlich war aber für Pacelli die Vermeidung schlimmerer Verhältnisse ein gutes Argument. Im aufgeheizten Klima der Kirchenverfolgung befürwortete er alle Wege diplomatischer Deeskalation und Zurückhaltung, soweit es die Situation und das kirchliche Selbstverständnis erlaubten. Doch die Grenzziehung war nicht leicht vorzunehmen. In vielen Schreiben an die deutschen Bischöfe lobte Pacelli Entgegenkommen hier und Widerstand dort.

Wie sensibel Pacelli die Problematik empfand, umschrieb er offenherzig in einem Brief an Kardinal Schulte aus Köln.[30] Es war ein Glückwunschschreiben zum silbernen Bischofsjubiläum Schultes am 19. März 1935. In dem Brief meditierte Pacelli unter anderem Aufgaben und Herausforderungen, vor denen ein (deutscher) Bischof gegenwärtig stehe. Näher schrieb er an Schulte, dass sich in der Welt große Umbrüche vollzögen, wo »Altes und Neues, Heiliges und Unheiliges aufeinander« pralle »und in gewaltigen geistigen Frontbildungen zu Entscheidungen« dränge. Solche Übergänge seien an sich schon schmerzhaft genug, aber die Verhältnisse in Deutschland würden jeden Bischof »als Bischof« herausfordern. Denn wenn

»in luziferischem Stolz falsche Propheten aufstehen mit dem Vorgeben, Träger eines neuen Glaubens und eines neuen Evangeliums zu sein, das nicht das Evangelium Christi ist;

wenn ihre Hände ehrfurchtslos und gewalttätig nach dem tasten, was der heilige und offenbarende Gott und in der Religion Jesu Christi als übernatürlichen und endgültigen Glaubens- und Lebensschatz zu Lehen gegeben hat; […]

wenn man den lügnerischen Versuch unternimmt, zwischen der Treue zur Kirche Christi und der Treue zu dem irdischen Vaterlande einen Gegensatz herauszukünsteln, der nicht besteht und nicht bestehen kann, solange jede irdische Gewalt sich ihrer eigenen Unterworfenheit unter das Königszepter des Gottessohnes bewusst bleibt – dann hat die Stunde geschlagen, wo der Bischof, der ein Hirt und kein Mietling ist, kraft seines Amtes, kraft des Eidschwurs […] seine Stimme erheben und furchtlos und unerbittlich das Apostelwort vor dem Hohen Rat wiederholen muss: ›Urteilt selbst, ob es gerecht ist, euch mehr zu gehorchen als Gott‹ (Apg. 4,19).

Solchen, denen es schwer fallen sollte, sich mit dieser Äußerung katholischen Hirtenamtes abzufinden, kann die Antwort gegeben werden, die Ambrosius einem zürnenden Großen seiner Zeit entgegenhielt: ›Du bist bisher noch nie auf einen Bischof gestoßen!‹«

Es ist allerhand, was Pacelli einem deutschen Kardinal 1935 ins Stammbuch schrieb. Unerschrocken wie Kirchenvater Ambrosius sollte der Bischof sein im Kampf gegen den luziferischen Nationalsozialismus. Er sollte sich nicht wie ein Mietling ängstigen und stattdessen wie die Apostel mutig die Wahrheit verkünden im Gehorsam gegen Gott und im Widerstand gegen die Obrigkeit.

Doch Pacelli mahnte an anderen Stellen gleichermaßen zur Mäßigung und beschwor hohe Verständigungsbereitschaft – so geschehen in einem längeren Schreiben zur Plenarsitzung der Fuldaer Bischofskonferenz im August 1935.[31] Pacelli referierte vor allem über das Konkordat und Konkordatsverletzungen. Neben apostolischem Freimut, für die Wahrheit Zeugnis abzulegen, müssten auch Opfer gebracht werden. *Um größere Übel zu vermeiden,* sei es zuweilen notwendig, auf Rechte der Kirche zu verzichten und eine entsprechende Praxis hinzunehmen, so Pacelli ausdrücklich. Doch mit dem vorübergehenden Opfer solle der Wille zum Kampf für das Recht verbunden bleiben.

Einen Status quo, mit dem man irgendwie leben konnte, lehnte Pacelli ab. Dabei waren Differenzen über falsch und richtig unvermeidlich. Zu diesem Punkt schrieb Pacelli schon ein dreiviertel Jahr nach Hitlers Machtergreifung an Bischof Gröber tröstende Worte.[32] In einem Brief hatte Gröber zuvor gegenüber Pacelli die Uneinigkeit im Bischofskollegium bedauert. In der entscheidenden Frage, »welche Methode die richtige ist, die der Distanz und des vorsichtigen Abwartens oder die der Annäherung und der positiven Mitarbeit«, gäbe es keine einhellige Strategie. Bischof Gröber favorisierte die zweite Möglichkeit. Aber er gestand ein, dass der Fall heikel sei und dass man erst in ferner Zukunft die Richtigkeit des Vorgehens beurteilen könne. Pacelli bestätigte in seiner Antwort die Schwierigkeit der Methodenwahl. Die NS-Auseinandersetzung stelle Neuland dar. Es könne »nicht ausbleiben, dass bezüglich der jeweils anzuwendenden Methoden gelegentlich auch Meinungsverschiedenheiten bei solchen Persönlichkeiten auftreten, deren Treue zur Kirche und Ergebenheit gegen des Heiligen Stuhls oberste Autorität außer allem denkbaren Zweifel ist.«

Pacelli drückt sich vorsichtig und gewunden aus. Im Kern sagt er: Der ethische Streit um »richtig« und »falsch« ist unvermeidlich – jedenfalls im Konflikt mit dem Nationalsozialismus als Regierungsmacht. Das gelte selbst bei gleicher Grundeinstellung und bester Gesinnung.

Was Pacelli hier einräumt, wiegt schwer in der kirchenamtlichen Moraltheologie und Kanonistik: nämlich Unsicherheit im Gewissensurteil. Seit Thomas von Aquin haben Moraltheologen jede Anstrengung unternommen und unzählige Fallstudien betrieben, um genau das zu verhindern. Einschlägige Handbücher sind voll von kasuistischen Beschreibungen über abzuwägende Güter sittlicher und nichtsittlicher Art, über Handlungsziele und Motive, über Umstände und deren Relevanz oder Nicht-Relevanz. Doch in der Regel umgreift die Argumentation nur den alltäglichen und eher privaten Lebensbereich des Menschen. Schlagartig komplizierter wird die Lage, sobald eine staatliche Macht als moralischer Faktor hinzutritt, insbesondere wenn der Staat diktatorische Gewalt androht und ausübt. Treten in einer solchen Situation Konflikte auf, wird der Weg zu einer klaren Urteilsbildung im Gewissen schnell unübersichtlich.

Pacelli erlebte diese innere Problematik als sehr schmerzhaft. Nicht von ungefähr thematisierte er die Schwierigkeiten immer wieder in seinen Briefen nach Deutschland. Bis zum Kriegjahr 1939 werden sich die Umstände sogar noch zuspitzen. Und ab Beginn des Weltkrieges wird die anlaufende Vernichtungsorgie Pacelli als Papst extrem fordern und herausfordern.

»MIT BRENNENDER SORGE« UND BRENNENDE SYNAGOGEN

Ab dem späten Nachmittag des 20. März 1937 herrschte große Aufregung im Berliner Hauptquartier der Gestapo und des Sicherheitsdienstes (SD), in der Prinz-Albrecht-Straße bzw. im angrenzenden Prinz-Albrecht-Palais. Der mächtig gewordene Gestapo- und SD-Chef Reinhard Heydrich war wie vor den Kopf geschlagen. Der Vatikan hatte es gewagt, eine Erklärung gegen das nationalsozialistische Deutschland zu schreiben! Aus der SD-Dienststelle in München war eine entsprechend Eilmeldung eingegangen. Ein Mitarbeiter einer Druckerei hatte Beamte informiert, dass am nächsten Tag, am Palmsonntag, ein päpstliches Rundschreiben gegen den Nationalsozialismus überall im Lande verlesen werden sollte. Fieberhaft versuchte die Gestapo, an ein Exemplar des Rundschreibens zu kommen. In einer Meldung um 17.50 Uhr aus München an Heydrich hieß es, dass man es »trotz aller erdenklicher Mühe«[33] noch nicht geschafft habe, des Textes habhaft zu werden. Kurze Zeit später war es so weit. Doch für eine genaue Prüfung reichte die Zeit nicht mehr. Man konnte nur hoffen, dass die Erklärung mäßig im Ton bliebe und keine Unruhe im Volk provozieren würde.

Dem Vatikan war es gelungen, das Schreiben heimlich nach Deutschland zu schmuggeln und an alle bischöflichen Ordinariate verteilen zu lassen. Gleichzeitig waren in den letzten Tagen abertausende Exemplare zusätzlich gedruckt worden – für jede Pfarrei und Kanzel in Deutschland mehrere Kopien. Die Verteilung der Exemplare war durch heimliche Kuriere erfolgt, die unter Ausnutzung aller möglichen Verstecke die gefährliche Fracht in die Gemeinden brachten.

Nichts darüber war durchgesickert. Kein Spitzel in Rom, kein Spitzel in Deutschland, keine angeworbenen Kirchenleute, keine Drucker, keine Kuriere, nichts und niemand hatte Berlin oder irgendein Gestapobüro gewarnt. Der Coup war ebenso überraschend wie durchschlagend. Am Vorabend des Tages X war es zu spät für ein wirksames Eingreifen. Heydrich blieb nur noch Schadensbegrenzung übrig. Noch in der Nacht wies er alle Dienststellen der Geheimpolizei und des SD an, am Morgen flächendeckend die Gottesdienste zu überwachen und jedes Exemplar der Papsterklärung außerhalb der Kirchenmauern sofort zu konfiszieren.

Spät in der Nacht griff Heydrich zum Telefon und warnte persönlich Propagandaminister Goebbels. Er teilte ihm die Hiobsbotschaft mit: In ein paar Stunden werde in allen katholischen Kirchen des Reichs ein päpstliches Rundschreiben gegen den Nationalsozialismus verlesen. Goebbels schreckte auf und alle Alarmglocken begannen zu läuten. Wilderte doch der Papst mitten im fremden Revier des Propagandaministeriums. Wie scharf würde die NS-Rüge ausfallen, und welche Wirkungen würde sie beim Kirchenvolk haben? Goebbels Sorge wandelte sich schnell in ohnmächtigen Zorn. In dieser Sache konnte er keine Alleingänge machen – es war Sache des Führers, eine angemessene Antwort auf die dreiste vatikanische Propaganda zu finden. Goebbels wird in den nächsten Wochen jede scharfe Äußerung Hitlers mit Applaus aufnehmen und unterstützen.

Am Sonntagmorgen, den 21. März 1937, stiegen Tausende von Pfarrern und alle Bischöfe im Reich auf die Kanzeln und verlasen vor einem Millionenpublikum ungehindert eine harsche päpstliche Nazischelte. Die Verlautbarung war keine Erklärung und kein Brief, es war ein amtliches Lehrschreiben im Range einer Enzyklika, also eines »um den Erdkreis gehenden« Hirtenwortes des Papstes. Die Enzyklika trug zwar den Namen Pius' XI., doch der eigentliche Kopf hinter dem Lehrschreiben war Eugenio Pacelli. Er hatte den endgültigen Text verfasst und ihm Schärfe verliehen.

»*Mit brennender Sorge*«, so heißt das knapp 8000 Wörter zählende Schreiben an die deutschen Bischöfe und an die Bischöfe der ganzen Welt.[34] Entgegen der ehrwürdigen Tradition war der Text in Deutsch geschrieben. In zwei

Teilen belehrt, mahnt und ermutigt der Papst die Gläubigen in einem Lande, »dem St. Bonifatius einst die Licht- und Frohbotschaft von Christus und dem Reich Gottes gebracht hat«, den Irrlehren einer neuen Botschaft, eines neuen Christus und eines neuen Reiches zu widerstehen. Mit der Nazipolitik gegenüber der Kirche geht der Papst hart ins Gericht. »Unendlich viel Herbes und Schlimmes« hätten Bischöfe bei ihrem jüngsten Besuch im Vatikan berichtet. Die Wahrheit stehe auf dem Spiel, die Kirche sei bedroht und die Gläubigen würden in arge Gewissensnot gestürzt. In seiner großen apostolischen Verantwortung könne und dürfe der Papst nicht mehr schweigen. Noch im Sommer 1933 habe er guten Willens der neuen Reichsregierung die Friedenshand ausgestreckt – »trotz manch schwerer Bedenken«. Pius XI. erinnert hier an das Konkordat. Doch dieser Friedensbaum trage keine Früchte. Stattdessen habe die Reichsregierung »die Vertragsumdeutung, die Vertragsumgehung, die Vertragsaushöhlung, schließlich die mehr oder minder öffentliche Vertragsverletzung zum ungeschriebenen Gesetz des Handelns gemacht«.

Das sind unerhörte Töne. So viel Vertragsuntreue auf einmal anzukreiden, grenzt an einen diplomatischen Eklat. Kriege wurden schon für weniger geführt. Bekanntlich hat der Vatikan keine Divisionen, gegen die Hitler hätte antreten können. Aber Rom hat die Kirchengemeinden und ihre Millionen von Gläubigen. Tatsächlich beschuldigt Papst Pius XI. die Nazis, schon längst mit einem Krieg begonnen zu haben, ja von vornherein nichts anderes gewollt zu haben. Unverhohlen wirft der Papst Berlin »Machenschaften« vor, »die von Anfang an kein anderes Ziel kannten als den Vernichtungskampf« gegen die Kirche und das Christentum überhaupt. Vernichtungskampf! Einen schrofferen Vorwurf und ein schärferes Urteil über die Nazi-Regierung konnte der Vatikan kaum aussprechen.

Hitler war außer sich und tobte, Göring sprach von einer Ohrfeige für die deutsche Regierung vor der ganzen Welt, Heydrich und Himmler waren wie paralysiert über den Geheimcoup des Vatikan und Goebbels konnte die Unverfrorenheit einfach nicht fassen.

Geheimtreffen – Kardinal Faulhaber beim Führer
Schon im Sommer 1936 hatte sich eine päpstliche Standpauke abgezeichnet. Nach drei Jahren Gezerre um Ausführungsbestimmungen des Konkordats, nach Zwangsschließungen kirchlicher Schulen, Behinderungen des Reli-

gionsunterrichts und des Theologiestudiums, nach der Aufhebung kirchlicher Vereine, Störungen und Bespitzelungen von Gottesdiensten, Predigtverboten, Schutzhaft und KZ für Priester, neuheidnischer Indoktrinierung besonders der Jugend, rassenhygienischen Zwangssterilisationen, nach Sittlichkeits- und Devisenprozessen und Protesten über Protesten, Eingaben über Eingaben lagen die Nerven blank – bei den Bischöfen und in Rom. Die meisten Bischöfe wussten keinen Rat mehr. Der Papst wurde um Hilfe gebeten. Er sollte mit einem Hirtenschreiben die deutsche Kirche ermutigen. Eine lange Denkschrift der Bischofskonferenz an den Führer im Vorjahr war einfach ignoriert worden. Auch Staatssekretär Pacelli wollte sich nicht mehr nur mit diplomatischen Noten begnügen und nicht nur die desolaten Briefe deutscher Bischöfe sammeln müssen. Rom musste jetzt Flagge zeigen. Eine offizielle lehramtliche Karambolage zwischen dem neuen Weltanschauungsmonopol der Nazis und dem alten kirchlichen Verkündigungsauftrag schien unausweichlich.

Als bei Pacelli schon der Countdown für ein Papstwort gegen die NS-Regierung lief, nahm Hitler mit Kardinal Faulhaber Kontakt auf und bot ihm ein vertrauliches Gespräch an. Angesichts des entflammten Bürgerkrieges in Spanien und einer französischen Volksfront-Regierung suchte Hitler Tauwetter in der Eiszeit mit der Kirche. Der Bolschewismus war ja der große gemeinsame Gegner.

Kardinal Faulhaber hatte nicht gezögert und die Gelegenheit beim Schopf gepackt. Das Geheimtreffen fand am 4. November 1936 auf dem Obersalzberg statt. Faulhaber war allein, Hitler hatte nur seinen Parteistellvertreter Heß bei sich – Heß wird sich aber aus dem Gespräch heraushalten. Schon wenige Stunden nach dem Treffen schrieb Faulhaber ein ausführliches, streng vertrauliches Gesprächsprotokoll und schickte es per Eilkurier nach Rom.[35] Das Gespräch dauerte drei Stunden mit langen Phasen von Monologen Hitlers und Faulhabers.

Zu Beginn beschwor Hitler die neue Gefahr des Bolschewismus und drohte, dass es auch mit dem Christentum aus sein, wenn der Nationalsozialismus über den Todfeind nicht Herr werde. Die katholischen Zentrumsgeistlichen hätten das nicht begriffen und mit ihrer Es-ist-nicht-so-schlimm-Haltung das Volk verwirrt. Faulhaber zitiert indirekt Hitlers Worte: »Wie die Untermenschen, von Juden aufgehetzt, als Bestien in Spanien hausen, darüber habe er genaue Berichte […] Er werde die geschichtliche Stunde nicht verpassen.«

Der Kardinal schließt ein wörtliches Zitat Hitlers an: »Siegen wir ohne die Kirche, dann wird auch die Kirche keinen Anteil an unserem Sieg haben.« Dieser Satz fehlt in der Edition des Protokolls in den Faulhaber-Akten. Er steht aber im Original, das Pacelli und der Papst auf den Schreibtisch bekamen. Pacelli hat diesen Satz mit einem Stift als bemerkenswert markiert.

Faulhaber stimmte Hitlers Urteil über den Bolschewismus uneingeschränkt zu. Ausführlich legte er dem Kanzler einen Verdammungsfeldzug dar, den die Kirche seit langem gegen den gottlosen Kommunismus führe. Der Herr Reichskanzler könne sicher sein, dass sich alle deutschen Bischöfe und amtlichen Stellen der Kirche der schweren Bedrohung gewiss seien. Man sei bereit, mit allen kirchlichen Mitteln gegen den Bolschewismus anzukämpfen.

Die Kirche müsse jetzt ihren Kampf gegen den Nationalsozialismus aufgeben, fuhr Hitler fort. Insbesondere die fortgesetzte Opposition gegen die Rassengesetzgebung über die Zwangsterilisation »erblich Belasteter« war ihm ein Dorn im Auge. Die Kirche müsse sich in dieser Frage wandeln, denn die Rassengesetze würden auf absoluten wissenschaftlichen Forschungen beruhen, forderte und belehrte Hitler. In der Geschichte habe sich doch die Kirche ständig gewandelt, z. B. bei der »Frage, ob die Welt in 6 Tagen oder 6 Millionen Jahren erschaffen wurde, [oder] die Sonne sich um die Erde drehe, …« Wenn die Kirche sich weiterhin stur verhalte, werde man auch ohne sie fertig werden, drohte Hitler.

Er sei erschüttert, so Kardinal Faulhaber erwidernd, dass der Reichskanzler von einer unversöhnlichen Haltung und einem Kampf der Kirche gegen den Nationalsozialismus rede. Die ursprünglichen Bedenken seien längst zurückgenommen. In einer formellen Erklärung habe man sich zur Mitarbeit im Neuen Reich bereit erklärt, und der Klerus werde immer wieder ermahnt, Seitensprünge ins Politische zu unterlassen. Geradezu feierlich bekennt Faulhaber an Hitler: »Sie sind als das Oberhaupt des Deutschen Reiches für uns gottgesetzte Autorität, rechtmäßige Obrigkeit, der wir im Gewissen Ehrfurcht und Gehorsam schulden.« Die Bischöfe würden die großen Ziele der Politik des Kanzlers achten. Allerdings müsse die Kirche auf dem Recht bestehen, gegen Verletzungen des Sittengesetzes oder des Dogmas zu protestieren.

Faulhaber nannte drei gewichtige Punkte, die den Frieden zwischen Kirche und Regierung stören würden: 1. Die Unterstützung der abtrünnigen

»Deutschen Glaubensbewegung«; 2. der Kampf gegen die konfessionellen Schulen und 3. die Zerstörung des kirchlichen Vereinswesens. Auf die Judenfrage kam der Kardinal nicht zu sprechen – auch nicht auf die Problematik der getauften Juden, die ja als vollgültige Kirchenmitglieder galten.

Hitler nahm wenig Notiz von diesen Einwänden und insistierte stattdessen erregt auf den Rassengesetzen. Beispielhaft erinnerte er an den Fall eines langjährigen Giftmörders und sagte:»Wir wollen das deutsche Volk vor solchen erblich belasteten Verbrechern schützen, wie sie jetzt in Spanien hausen. ›Ich erblicke darin den Willen Gottes.‹« Es ist beklemmend, was der Kardinal entgegnete. Faulhaber zauderte nicht, vor Hitler von einer gerechten Notwehr gegen»Schädlinge [einer] Volksgemeinschaft« zu sprechen. Darin sei er mit dem Reichkanzler einig. »Wir gehen aber auseinander in der Frage, wie sich der Staat gegen das Verderbnis der Rasse wehren kann«, merkte der Kardinal in gleicher Diktion an. Bevor man sterilisiere, müssten andere Maßnahmen ernstlich erwogen werden, zum Beispiel die Internierung. Hitler winkte ab. Die Zahl sei zu hoch. Es bleibe bei der zwangsweisen Rassenhygiene.

Faulhaber beruhigte den gereizten Kanzler. Auch unter der Monarchie habe es Gesetze gegeben, gegen die die Kirche Einsprüche erhoben habe. Das sei normal und nicht dramatisch. Auch wenn die Kirche ihre sittlichen und dogmatischen Standpunkte nicht verlassen könne, müsse doch ein modus vivendi möglich sein – ohne Kampf zwischen Staat und Kirche. Nach diesen Worten glaubte der Kardinal den Reichskanzler besänftigt zu haben. Hitler wird konzilianter und fängt an über den Gottesglauben zu räsonieren. Faulhaber zitiert wörtlich: »Ohne Gottesglaube können die Menschen nicht sein. Der Soldat, der 3 oder 4 Tage im Trommelfeuer liegt, braucht einen religiösen Halt. Gottlosigkeit ist Leerheit.« Er wolle keine neue Religion und auch keinen Mythos. Das Christentum sei die traditionelle und bestimmende Kraft des deutschen Volkes. Der Kardinal ist begeistert. Ausdrücklich lobt er die»herrlichen Gottesbekenntnisse, die der Führer bei verschiedenen Gelegenheiten und gerade in den feierlichen Reden abgelegt habe«. Das hätte in der Welt einen tiefen Eindruck gemacht, und das würde man bei anderen Staatsmännern vergeblich suchen.

Am Ende des Gesprächs fordert Hitler Kardinal Faulhaber auf, mit anderen Führern der Kirche zu reden. Sie sollten überlegen, wie sie den Nationalsozialismus gegen den Bolschewismus unterstützen und zu einem friedlichen Verhältnis zum Staat kommen könnten. Entweder würden der Nationalsozialismus und die Kirche zusammen siegen oder sie würden beide zugrunde gehen. Er selbst werde einzelne Störungen wie die Deutsche Glaubensbewegung oder die Klosterprozesse aus der Welt schaffen. Das sei kein Kuhhandel, sondern es solle ein letzter Versuch sein.

Im Schlussgedanken findet Faulhaber geradezu überschwängliche Worte für den Staatsmann Hitler. Dabei lässt sich der fromme Bischof und Kardinal zu einer hanebüchenen, unseligen Bemerkung hinreißen: »Der Reichskanzler lebt ohne Zweifel im Glauben an Gott.« Man muss den Satz zweimal lesen. Wie konnte Faulhaber Adolf Hitler derart einschätzen? Wie konnte er es wagen, ungeniert eine solche theologische Ehrenerklärung Pius XI. und Pacelli vorzutragen – ein Bekenntnis über den Autor des wahnhaften Werkes *Mein Kampf* und Repräsentant einer militanten häretischen Weltanschauung? Vielen bischöflichen Mitbrüdern, namentlich Graf von Galen und Konrad Preysing, wäre ein solcher Satz im Halse steckengeblieben, Pacelli eingeschlossen.

Die Anbiederung des bayerischen Oberhirten an Hitler war peinlich und beschämend. Er sprach zu einem Diktator, der seit fast vier Jahren mit gewalttätiger Hand regierte, der die jüdischen Menschen seines Volkes nahezu entrechtet und entwürdigt hatte und der unablässig Konzentrationslager auffüllte – auch mit Priestern.

Faulhaber wird die Hochschätzung des Führers in den nächsten Jahren beibehalten. Noch am 21. August 1944 wird er bei einer Gestapovernehmung im Zusammenhang des Attentats vom 20. Juli erklären, dass er erschüttert sei, überhaupt mit dem verdammenswerten Mordkomplott in irgendeine Verbindung gebracht zu werden. Das auch deshalb, so der Kardinal, »weil ich persönlich die Verehrung zum Führer seit der langen Aussprache vom 4. November 1936 mir bewahrt habe«.[36] Es verschlägt einem die Sprache. Nach über elf Jahren Terrorherrschaft, nach vier Jahren Kriegsgemetzel in Europa und auf dem Höhepunkt des Völkermordes an den Juden – wovon der Münchner Bischof genügend wusste – bezeugte er dem Abkömmling des Antichristen ungebrochene persönliche Verehrung.

Pacelli antwortete Faulhaber noch im November 1936, gut eine Woche nach Eingang des Gesprächsprotokolls.[37] Der Papst habe die Niederschrift intensiv zur Kenntnis genommen und bedanke sich für die Mühen. Konkreter schreibt Pacelli: Ein aufmerksames Studium des Berichts zeige, dass keine Entspannung in Sicht sei. Vielmehr würde aus der Unterredung hervorgehen, »welches Maß von Vorurteilen, Fehlurteilen und Verzerrungen der objektiven Wahrheit in den Kreisen des Nationalsozialismus lebendig« sei. Indes lasse die persönliche Haltung des Reichskanzlers nicht alles hoffnungslos erscheinen. Die Bischöfe sollten die Gunst der Stunde nutzen. Mit Berufung auf das Führergespräch könne man darauf bestehen, die bislang verschleppten Verhandlungen zu Konkordatsverletzungen endlich aufzunehmen. Große Hoffnungen machte sich Pacelli nicht. Der Graben schien für eine Aufschüttung zu tief und zu breit zu sein. Allein aus dem diplomatisch ausgestreckten Finger Hitlers ließ sich vielleicht Kapital schlagen. Die erschreckenden Bemerkungen Faulhabers zur gottgegebenen Autorität Hitlers und zu dessen Glauben überging Pacelli. In der Enzyklika *Mit brennender Sorge* wird er aber darauf zu sprechen kommen.

Die Faust des Papstes und das Donnerwetter Pacellis

Zum Jahreswechsel 1936/37 drängte Staatssekretär Pacelli zur Eile. Der Papst und er wollten ein Hirtenwort auf den Weg bringen. Mitte Januar 1937 wurden die drei deutschen Kardinäle Faulhaber, Schulte (Köln) und Bertram (Breslau) zusammen mit den Kämpferbischöfen Galen (Münster) und Preysing (Berlin) nach Rom gerufen. Es gab zwei Vorbesprechungen bei Pacelli, dann ging es zur Privataudienz beim kranken Pius XI.[38] Interessiert und wach erkundigte sich der Papst bei jedem einzelnen Bischof über die Lage in seiner Diözese. Er werde zwar von seinem fleißigen Staatssekretär auf dem Laufenden gehalten, aber ein persönliches Gespräch sei doch etwas anderes. Summarisch berichteten die fünf Bischöfe von den schwersten Konflikten in ihren Bistümern. Graf von Galen wurde deutlich: »Wir haben es mit einem Gegner zu tun, der Wahrheit und Treue nicht kennt. Was sie Gott nennen, ist nicht unser Gott. Etwas Teuflisches.« Pius XI. erwiderte spontan: »Ja, wirklich etwas Teuflisches.« Faulhaber hatte sich diese Worte ausdrücklich gemerkt und in seinem Gedächtnisprotokoll aufgeschrieben. Im offiziellen Protokoll, das im Vatikanischen Geheimarchiv liegt, wird dieser Einwurf des Papstes nicht erwähnt. Was ist wohl Faulhaber beim Teufel-Wort durch den Kopf gegangen?

Bei der Verabschiedung der Bischöfe sagte Pius XI. zu den Bischöfen Galen und Preysing: »Nationalsozialismus ist nach seinem Ziel und seiner Methode nichts anderes als Bolschewismus. Ich würde das dem Herrn Hitler sagen.« Wenn man bedenkt, dass der Kommunismus aus kirchlicher Sicht eine direkte Ausgeburt der Hölle war, die von Luzifer persönlich erdacht wurde, ist die Gleichsetzung mit der NS-Ideologie ein starkes, mutiges Wort.

Pacelli beauftragte Faulhaber noch in Rom, einen Entwurf für das geplante Papstwort vorzulegen. Der Kardinal machte sich gleich an die Arbeit und liefert vor seiner Abreise ein nächtens ausgearbeitetes Handschreiben von elf Seiten ab.[39] »Mit großer Sorge«, so beginnt der Text. Faulhaber ist bescheiden und hält ihn im Begleitschreiben demütig für sicher ganz ungeeignet. Pacelli zieht die Redaktion persönlich an sich und bearbeitet die Enzyklika auf Deutsch. Die italienische Variante wird im päpstlichen Geheimarchiv als Übersetzung bezeichnet. Die grobe Gliederung Faulhabers bleibt erhalten, aber Pacelli verschärft viele Wendungen, fügt breite Zusatzgedanken ein und kommt mit Pius XI. überein, dem Hirtenwort den Rang einer Enzyklika zu verleihen. Pacelli nahm seine Aufgabe sehr genau. Er redigierte den Text mehrfach und griff selbst in die Zeichensetzung ein. Sogar die italienische Übersetzung korrigierte er eigenhändig. Zum Schluss werden noch kleine Änderungswünsche Pius' XI. eingearbeitet, bevor die Enzyklika unter strenger Geheimhaltung am 14. März 1937 unterschrieben wird. Die Übersetzungen ins Italienische, Englische, Französische und Spanische waren vorbereitet. Zeitgleich mit der handstreichartigen Verlesung in Deutschland sollte der Text der Weltöffentlichkeit präsentiert werden. Dann musste es schnell gehen. Per Diplomatenpost wurden genügend Druckexemplare für alle Diözesen nach Berlin geschleust und innerhalb weniger Tage an die Bischofssitze weitergeleitet. Blitzschnell wurde der Text heimlich nachgedruckt und konspirativ an die Gemeinden verteilt.

Obwohl die Enzyklika im typischen gedrechselten Pacelli-Stil geschrieben ist und komplizierte Satzkonstruktionen enthält, machte sie auf Vorleser wie Hörer großen Eindruck. Jetzt hatte der Klerus eine amtliche Verurteilung der nationalsozialistischen Weltanschauung in Händen. Fortan mussten die Priester nicht mehr allgemein mit der »Lehre der Kirche« argumentieren, sondern konnten sich konkret auf die Enzyklika berufen. Und vielen treuen Katholiken im Volk reichte der Eindruck, dass über die Nazis ein lautes päpstliches Donnerwetter niederging. In einem SD-Lagebericht aus Berlin zum Beispiel wird erwähnt, »einzelne Gläubige hätten beim Verlesen des Textes »Verfluchtes Ketzerland« oder »Verfluchtes Heidenland« gerufen«.[40]

Die Kapitelüberschriften im zentralen Teil der Enzyklika verraten, wo Rom die Häresie sah: »*Reiner Gottesglaube; Reiner Christusglaube; Reiner Kirchenglaube; Reiner Glaube an den Primat; Keine Umdeutung heiliger Worte und Begriffe; Sittenlehre und sittliche Ordnung; Anerkennung des Naturrechts*«.

Zum Gottesglauben heißt es kategorisch unter Punkt neun bis zwölf: »Gottgläubig ist nicht, wer das Wort rednerisch gebraucht, sondern nur, wer mit diesem hehren Wort den wahren und würdigen Gottesbegriff verbindet. Wer in pantheistischer Verschwommenheit Gott mit dem Weltall gleichsetzt, Gott in der Welt verweltlicht und die Welt in Gott vergöttlicht, gehört nicht zu den Gottgläubigen.« Auch wer die altgermanische Vorstellung von Schicksal propagiere, könne nicht zu den Gottgläubigen gerechnet werden. Und schließlich, wer Rasse oder Volk oder Staat oder Staatsform oder Träger der Staatsgewalt oder andere menschliche Grundwerte aus der irdischen Wertskala herauslöse, sie zur höchsten Norm mache »und sie mit Götzenkult vergöttert, der verkehrt und fälscht die gottgeschaffene und gottbefohlene Ordnung der Dinge. Ein solcher ist weit von wahrem Gottesglauben und einer solchem Glauben entsprechenden Lebensauffassung entfernt.« Dieser vierfache Bann in beinah alter kirchlicher Diktion verwirft jedes nationalsozialistische Gerede über Gott und jedes Bekenntnis zu Gott als heuchlerische Ketzerei. Das ist auch ein deutlicher Rüffel für Kardinal Faulhaber: Hitler ist kein gottgläubiger Mensch und alle gleich denkenden Nazis sind es auch nicht – Punktum!

Unter den Abschnitten zur Sittenlehre und zum Naturrecht (Nr. 34/35) verurteilt die Enzyklika den folgenschweren nationalsozialistischen Grundsatz: »Recht ist, was dem Volke nützt«. Diese Auffassung sei naturrechtswidriger Unfug und in letzter Konsequenz auch unsinnig. Vor allem würde diese These verkennen, »dass der Mensch als Persönlichkeit gottgegebene Rechte besitzt, die jedem auf ihre Leugnung, Aufhebung oder Brachlegung abzielenden Eingriff von Seiten der Gemeinschaft entzogen bleiben müssen«. Ein Angriff auf die naturgegebenen Gottesrechte des Einzelnen ist ein direkter Angriff auf Gott und rüttle an den Tragpfeilern jedweder Gemeinschaft. Diese energische Klarstellung ist mehr als nur ein Tritt gegen die NS-Regierung. Es ist eine vernichtende Anklage der Politik des Nationalsozialismus gegenüber den einzelnen Menschen im Volk.

Unwillkürlich muss man an die Verfolgung, Entrechtung und Entwürdigung der Juden in Deutschland denken. Doch die Enzyklika nimmt an keiner Stelle Bezug auf die Behandlung der Juden. Stattdessen werden zwei andere Beispiele der Naturrechtsverletzung angeführt: die Unterdrückung oder Erschwerung der freien Glaubensausübung (Nr. 36) und Ausschaltung des Elternwillens in der Erziehung, insbesondere im Hinblick auf eine konfessionelle Schulerziehung (Nr. 37).

Es ist bedauerlich, wie sehr sich die Enzyklika selbst ausbremst. Böse Zungen könnten auch sagen: Sie springt als Tiger und endet als Bettvorleger. Tatsächlich leidet die Enzyklika unter einem gravierenden Missverhältnis zwischen Anspruch und Konsequenz. Sie trumpft lehrmäßig stark auf, aber sie vermeidet es, konkrete Rechtsbrüche anzuprangern. Selbst bei so heiklen Begriffen wie *Rasse, Volk, Nutzen,* argumentiert sie abstrakt theologisch und bewegt sich nur im Binnenraum der Kirche. Auf Unrecht außerhalb des Kirchenraums wird nie verwiesen.

Pacelli hielt sich strikt in den Grenzen des Konkordats auf. Es sieht kein Mandat der Kirche jenseits der Vertragsklauseln vor. Dennoch hat die Kirche vom Evangelium her einen Auftrag für alle Menschen. Pacelli hatte das schon öfter klar gestellt, und er pochte auch in der Enzyklika darauf. Man merkt dem Text auf weite Strecken an, wie zerrissen Pacelli gewesen sein muss. Der Bischof und Theologe in ihm stürmt nach vorne, doch der Diplomat bremst, ja stoppt zuweilen vor unwägbarem Terrain.

Die Situation war ein Dilemma. Hätte die Enzyklika schonungslos alle Naturrechtsbrüche des NS-Regimes gebrandmarkt, namentlich die Verfolgung der Juden, wäre es wohl zu einer Konkordatskündigung und einem Eklat sondergleichen gekommen. Eine Aufkündigung des Konkordats war Pacellis große Sorge. Schon beim vertraulichen Treffen im Januar mit den fünf deutschen Bischöfen hatte Pacelli die Frage umgetrieben, ob ein Papstschreiben für Berlin der Anlass sein könnte, das Konkordat zu kündigen. Nach den ersten heftigen diplomatischen Reaktionen verschärfte sich die Besorgnis. Der italienische Außenminister Graf Ciano erwähnte, dass ihn Pacelli um Hilfe gebeten habe, »um einen Bruch mit Berlin zu verhindern und eine Schlichtung zu erleichtern«.[41] Aber in der Substanz gab es kein Zurückweichen. Gegenüber dem italienischen Botschafter Graf Pignatti am Heiligen Stuhl erklärte Pacelli, dass man »nicht bereit sei, in Fragen des Prinzips nachzugeben«.[42] So denke auch der Papst.

Das Dilemma forderte einen Spagat. Es galt dem Evangelium treu zu sein und stets eine diplomatische Folgenabwägung im Auge zu behalten. Doch wie viel diplomatische Rücksicht, wie viel Entgegenkommen und Zugeständnisse verlangte eine Situation, um mehr Nutzen als Schaden zu bewirken? Diese Grundsatzfrage beschäftigte Pacelli. Er suchte immer neu nach einer Lösung, die die Balance hielt.

Die Sorge Pacellis, mit der Enzyklika den Bogen überspannt zu haben, war am Ende unbegründet. Hitlers Kirchenkampf verfolgte eine langfristige Strategie. Eruptive Reaktionen auf kirchliche Widerworte oder Drohgebärden waren nicht dienlich. In der NS-Presse wurde entsprechend die Bedeutung des Papstschreibens kleingeredet. Gleichwohl tobte Hitler hinter den Kulissen und eifrige Parteigenossen überboten sich mit Vorschlägen, wie man es der Kirche heimzahlen könne. Sogar eine Vorlage zur Konkordatskündigung wurde im Frühsommer 1937 erarbeitet und der Reichskanzlei unterbreitet. Doch Hitler zögerte. Im Herbst schließlich war das Thema vom Tisch. Hitler brauchte das Konkordat, bis er seine abstrusen Vorstellungen einer »arisierten« katholischen Kirche durchsetzen konnte.

Derweilen versuchte er, die Kirche auch von innen heraus zu zermürben und ihr moralisches Image in der Öffentlichkeit zu zerrütten. Schon im April 1937 erhielt Pacelli vom Wiener Nuntius Cicognani eine vertrauliche Protokollnotiz über ein Gespräch zwischen Hitler und dem Österreichischen Innenminister Glaise-Horstenau.[43] Danach hatte Hitler gesagt, dass er keinen einzigen deutschen Bischof ins Gefängnis werfen wolle, aber er werde die katholische Kirche mit Schimpf und Schande überhäufen und unbekannte Klosterarchive öffnen und ihr Material veröffentlichen lassen.

In der Folgezeit verschärfte sich der eisige Wind gegen die Kirche und gegen Rom. Papst Pius XI. war in den letzten eineinhalb Jahren seines Pontifikats durch schwere Krankheitsphasen und zunehmende Hinfälligkeit gezeichnet. Mehr denn je überließ er die Diplomatie seinem Staatssekretär. So musste Pacelli die Fragen im theologisch-diplomatischen Dilemma vermehrt selbst entscheiden. Bald wird er die Last allein tragen müssen.

In einem Schreiben an die Vollversammlung der deutschen Bischöfe im August 1937 formulierte Pacelli deutlich sein Grundproblem: »Aber gerade um dieses wahren Friedens willen kann die Kirche nicht darauf verzichten, zwischen dem ordo divinus des Gottesgesetzes und dem ordo humanus irdischer Rechtssatzungen jene harmonische Grenzziehung zu fordern, die allein menschen- und christenwürdig ist.«[44] Übersetzt heißt das: die Kirche muss aus Achtung vor dem Gottesrecht gegen menschenunwürdige Zustände in einem Staatswesen ihre Stimme erheben. Der ausdrückliche Bezug auf den Begriff »Menschenwürde« in Verbindung mit irdischen Rechten ist bemerkenswert. Erst Papst Leo XIII. (gest. 1903) hatte begonnen, die alte kirchliche Naturrechtslehre vorsichtig auf das profane Leben in einem modernen Staat anzuwenden. Aber bis zur Enzyklika *Pacem in terris* von Papst Johannes XXIII. (1963) fristete diese Denkweise ein Schattendasein in der kurialen Sprache. Der Begriff »Würde« blieb abstrakt-theologisch im *ordo divinus* zuhause. Doch angesichts der extremen Herausforderungen der NS-Diktatur sah sich Pacelli genötigt, die Menschenwürde auch im *ordo humanus* anzumahnen und eine »harmonischen Grenzziehung« zu fordern. So lobenswert dieser Vorstoß war, so problematisch gestaltete sich die praktische Umsetzung. Wo war die Grenze und was hieß »harmonisch«? Glaubte Pacelli selbst, dass er auch in Zukunft einen Bogen um heiße Eisen machen konnte wie in der Enzyklika *Mit brennender Sorge*?

Die kirchliche Position zur Judenverfolgung war der Testfall par excellence. Zweifellos betrachtete man entsprechende NS-Gesetze und die behördlichen Ausführungen als eine innere Angelegenheit des Staates. Die Gottesrechte der Kirche und des Glaubens waren nicht unmittelbar betroffen. Durfte man sich dennoch in die Obliegenheiten des Staates einmischen? Sollte man es? Wir haben gesehen, dass sich bislang sowohl die deutschen Bischöfe als auch der Vatikan strikt zurückhielten. Das galt auch für die Nürnberger Rassengesetze vom Herbst 1935. Dieser rechtliche Großangriff auf die Menschenwürde Hunderttausender Deutscher blieb ohne kirchenamtliche Reaktion. Kein einziger Oberhirte im Reich erhob seine Stimme gegen das finstere Gesetzeswerk, und im Vatikan hielt man sich tatsächlich nicht für zuständig, konkrete profanstaatliche Regelungen von außen anzufechten.

Allein von Kardinal Faulhaber gibt es einen indirekten Kommentar zu der staatlichen Judenoffensive ab Herbst 1935. In einem Brief an Kardinal Bertram schrieb er, dass der Staat das Recht habe, »gegen Auswüchse des Judentums in seinem Bereich vorzugehen, im Besonderen, wenn die Juden als Bolschewisten und Kommunisten die staatliche Ordnung gefährden«.[45] An welche »Auswüchse« der Kardinal dabei gedacht hat, bleibt sein Geheimnis. Die Bemerkung steht im Zusammenhang mit der Aufforderung aus dem Kirchenministerium, alle katholisch getauften Juden zu melden. Das könne nicht hingenommen werden, so der Kardinal. Denn nach Paulus sei ein getaufter Jude ja »ein neues Geschöpf« und mithin vollgültiger Katholik. Der nationalsozialistischen Doktrin »Jude bleibt Jude« müsse widersprochen werden. Bei den konvertierten Juden könne man sicher sein, dass es sich nicht um Bolschewisten handle. Die strenge kirchliche Prüfung würde die Lauterkeit und Reinheit der Konvertiten garantieren.

Bis zu welchem Punkt durfte die Zurückhaltung der Kirche angesichts der zunehmenden Entrechtung und Entwürdigung der jüdischen Mitbürger gehen? Auch die Frage der konkreten Hilfeleistung für getaufte Juden, die Lohn und Brot verloren hatten, war dringlich. Ebenso dringend war die Hilfe bei der »Auswanderung« – die de facto eine Ausweisung oder legale Flucht bedeutete. Mittels einer Koordinierung der Caritas und über den St. Raphaels-Verein, der sich seit über 60 Jahren um katholische Auswanderer kümmerte, versuchten die Bischöfe ärgste Nöte zu lindern. Wegen der geringen finanziellen Mittel und ständiger Schwierigkeiten mit Gestapo und Parteistellen sowie aufgrund von Aufnahmerestriktionen in Asylländern konnte unter dem Strich nicht allzu viel erreicht werden. Der Heilige Stuhl unterstützte großzügig durch Diplomatie und finanzielle Zuwendungen. Dieser Beistand war hilfreich und willkommen, aber er vermochte auch nicht viel gegen die anwachsende Not auszurichten. Selbst das Verhandlungsgeschick Pacellis und der Wunsch des Papstes konnten die geringen Aufnahmequoten für Juden in anderen Ländern nicht aushebeln.

Immer wieder wandten sich Menschen in ihrem Leid Hilfe suchend an den Papst. Im Vatikanischen Geheimarchiv sind einige Briefe aufbewahrt, die vom erschütternden Los ganz unterschiedlicher Schicksale künden. Beispielhaft dokumentiere ich den Brief einer verzweifelten Frau, die sich als »kleiner Niemand« bezeichnete. Auf vergilbten Zetteln schrieb sie im August 1938 direkt an den Papst (Schreibweise beibehalten):

Heiliger Vater!

Gelobt sei Jesus Christus! Obwohl ich nur ein kleiner Niemand bin, so bin ich doch eine von den vielen tausenden, die meine Schicksalsgenossen sind, nämlich die sogenannten »Halbjuden«. Unser Los ist schlechter als das der Juden, denn die Juden sorgen für ihre Gläubigen und helfen sich

einander aber wir, die wir Christen sind, uns lassen unsere Glaubensbrü-
der im Stich, um uns kümmert sich niemand!! Man möchte in alle Welt
hinaus schreien, Christen wo seid ihr! Christlich katholische Kirche was
tust du, für deine die von Gott dir anvertrauten Seelen. Wie kann eine
christlich zivilisierte Welt das satanische unmenschliche Treiben Hitlers
zusehen! Denn Hitler ist nichts anderes als das Werkzeug des Teufels.

Heiliger Vater! Ich bitte Eure Heiligkeit mir nicht Übel zu nehmen;
wenn ich mich mit meinem Herzenskummer an Eure Heiligkeit wende,
denn ich weiß und glaube daran, dass Eure Heiligkeit hier auf Erden der
stellvertretende Vater Gottes ist allen Katholiken und deshalb rufe ich um
Hilfe im Namen vieler Tausenden Heiliger Vater! wir sind Christen!! Es
sind schon welche die zum Judentum übergehen um dort Hilfe zu bekommen, viele aber werden gleich mir den Tod vorziehen, denn ich wußte nie
etwas vom Judentum, unser Vater war Jude ließ sich aber noch vor seiner
verheiratung taufen und wir hatten davon keine Ahnung daß unser Vater
einmal Jude war. Wir verloren früh unsere Eltern, haben niemanden und
nun sollen wir auch noch heimatlos werden ich glaube kaum dass wir dieses noch überstehen werden. Mein armer Bruder wurde bereits von seiner
Stelle entlassen. Heiliger Vater helfen Sie uns!! Denn wir sind Christen!!
Gott sei unseren Seelen gnädig! Gelobt sei Jesus Christus!

Eine von den Vielen

Im August 1938

Auch dieser Brief, vielleicht am Küchentisch unter Tränen geschrieben,
wurde von Pacelli sorgsam gelesen und akkurat für den Papst protokolliert.[46]
Falls die bedauernswerte Frau ihren Absender nicht auf den Briefumschlag
geschrieben hatte (was anzunehmen ist), konnte ihr nicht geholfen werden.
Oft ließ Pacelli Einzelunterstützung über die Nuntiatur zukommen. Doch
der eigentliche Wunsch der unbekannten Niemand-Frau nach einer grund-
legenden Hilfe für Konvertiten blieb unerfüllt, blieb unerfüllbar. In Deutschland war der Schraubstock für alle »Rassen-Juden« schon zu fest angezogen.
Und der Druck nahm stetig zu.

Als sich die Kirche feierte und der Tempel brannte

Im Herbst 1938 eskalierte die Situation. Nach monatelangen Querelen mit Warschau um die Abschiebung polnischstämmiger Juden, die schon länger in Deutschland wohnten, griff Berlin zur Brachialmethode. Am 27. Oktober wurden in einer konzertierten Blitzaktion über siebzehntausend Juden mit polnischer Staatsbürgerschaft verhaftet, in Sammellager interniert und an die polische Grenze verfrachtet. Dort wurden die Menschen zu Fuß ins Niemandsland getrieben – die Grenze war von den Polen nach den ersten Abschiebe-Zügen schnell dicht gemacht worden. Unter den Deportierten war auch die Familie Grynszpan aus Hannover. Herschel, der 17-jährige Sohn der Grynszpans, lebte zu dieser Zeit in Paris. Nachdem er am 3. November vom Schicksal seiner Familie erfahren hatte, nahmen die tragischen Ereignisse ihren Lauf. Am 7. November ging Herschel mit einem Revolver zur Deutschen Botschaft und streckte mit mehreren Schüssen den Legationssekretär Ernst vom Rath nieder. Zwei Tage später erlag vom Rath den schweren Verletzungen. Sein Motiv sei Rache gewesen für das Leiden seiner Eltern und aller Juden, sagte Herschel bei der französischen Polizei aus.

Das Attentat war ein gefundenes Fressen für die NS-Presse. Das internationale Judentum habe sein wahres Gesicht gezeigt, es sei nicht nur feindselig sondern mörderisch. Jetzt müsse und jetzt werde man die Judenfrage in Deutschland ganz neu stellen. Die Gauleitungen in Kurhessen und Magdeburg-Anhalt reagierten sofort. Noch bevor die Bevölkerung überhaupt vom Attentat erfahren hatte (8. November), attackierten SA- und SS-Männer in Zivil Juden und jüdische Häuser, Geschäfte, Gemeinderäume und auch Synagogen. So wurde schon am Abend des 7. November die Synagoge in Kassel verwüstet. Tags darauf brannte in Bad Hersfeld die erste Synagoge und weitere Verwüstungen wurden in zahlreichen Orten der beiden Gaue angerichtet.

Die gelenkten Ausschreitungen in Kurhessen und Magdeburg-Anhalt dienten namentlich Goebbels und Hitler als Präludium einer reichsweiten infernalischen Aktion gegen Juden und ihre Gotteshäuser. Als Ernst vom Rath am späten Nachmittag des 9. November in Paris starb, war die Planung für ein Pogrom schon festgelegt. Überlegungen und Vorbereitungen für einen groß angelegten Gewaltstreich gegen die Juden im Reich gab es schon das ganze Jahr 1938 über. Jetzt bot sich für Hitler die Gelegenheit zuzuschlagen. Am Mittwochabend des 9. November hatte er sich wie jedes Jahr im

Alten Rathaus Münchens zu einem Kameradschaftstreffen eingefunden. Anlass war das Gedenken an den (gescheiterten) Putsch von 1923. Regelmäßig nahmen auch hohe Parteigenossen und Gauleiter als Gäste daran teil. Gegen 21 Uhr erhielt Hitler beim gemeinsamen Essen die Nachricht, dass Botschaftssekretär vom Rath gestorben sei. Sofort besprach er sich intensiv mit Propagandaminister Goebbels über die Aktionen, die jetzt anlaufen sollten. Danach verließ Hitler die Versammlung, ohne seine Rede zu halten. Stattdessen sprach Goebbels zu den Funktionären. Er teilte den Tod vom Raths mit, polterte antisemitische Schmähungen mit Drohungen und verwies auf die antijüdischen Ausschreitungen des »Volkes« in Kurhessen und Magdeburg-Anhalt. Dann gab er die Führerweisung bekannt: Die Demonstrationen sollten weiterlaufen, die Polizei solle nicht einschreiten, und die Partei dürfe nicht offiziell als Promoter der Judenaktionen auftreten. Nach der kurzen Rede war allen klar: jetzt musste es reichsweit losgehen. Tags darauf schrieb Goebbels in sein Tagebuch über den Abend:[47]

> »Alles saust gleich an die Telefone. Nun wird das Volk handeln. Einige Laumänner machen schlapp. Aber ich reiß immer wieder alles hoch. Diesen feigen Mord dürfen wir nicht unbeantwortet lassen. Mal den Dingen ihren Lauf lassen. Der Stoßtrupp Hitler geht gleich los, um in München aufzuräumen. Das geschieht denn auch gleich. [...] Ich gebe noch ein präzises Rundschreiben heraus, in dem dargelegt wird, was getan werden darf und was nicht. Wagner bekommt kalte Füße und zittert für seine jüdischen Geschäfte. Aber ich lasse mich nicht beirren. Unterdes verrichtet der Stoßtrupp sein Werk. Und zwar macht er ganze Arbeit. Ich weise Wächter in Berlin an, die Synagoge in der Fasanenstraße zerschlagen zu lassen. Er sagt nur dauernd: ›Ehrenvoller Auftrag‹. ...
>
> Ich will ins Hotel, da sehe ich den Himmel blutrot. Die Synagoge brennt. [...] Der Stoßtrupp verrichtet fürchterliche Arbeit. Aus dem ganzen Reich laufen nun die Meldungen ein: 50, dann 7[5] Synagogen brennen. Der Führer hat angeordnet, dass 2[5] – 30 000 Juden sofort zu verhaften sind. Das wird ziehen.«

Die staatlich gelenkte Blut- und Terrortat an diesem Abend des 9. November und die ganze Nacht hindurch in Deutschland und Österreich war auch ein entsetzlicher religiöser Gräuel. Die Ereignisse sind durch Augenzeugenberichte und Recherchen hinreichend rekonstruiert.[48] Hemmungslos und in Uniform wüteten SA-Trupps und begleitend SS überall im Reich gegen jüdische Menschen, Häuser, Geschäfte, Friedhöfe und vor allem gegen Synagogen und Gebetsräume. Die Rollkommandos zerschlugen in den heiligen Räumen, was zu zerschlagen war, und legten Feuer, wo immer es ging. Die ersten Zahlen von Gestapochef Heydrich über 267 zerstörte Synagogen sind falsch. Insgesamt wurden rund 1400 Synagogen und Gebetsräume zerstört und mehrheitlich in Brand gesteckt. Allein in der Nacht verloren mehrere hundert Menschen gewaltsam ihr Leben – sei es, dass sie ermordet wurden, sei es, dass sie sich in ihrer Not selbst das Leben nahmen. Desgleichen wurden die befohlenen Verhaftungen rücksichtslos durchgeführt. Die Gefangenen kamen vor allem in die KZs Dachau, Buchenwald und Sachsenhausen.

Man mag es Ironie der Geschichte nennen oder ein prophetisches Zeichen Gottes, dass ausgerechnet am 9. November das Missale Romanum eine besondere Liturgie vorschreibt, die in Rom und auf der ganzen Welt zu feiern ist: Das Weihefest der Erzbasilika *San Giovanni in Laterano*. Diese ranghöchste Patriarchalbasilika gilt als Mutter und Haupt aller Kirchen der Stadt Rom und des Erdkreises. *Omnium urbis et orbis ecclesiarum mater et caput* steht über dem Hauptportal der Laterankirche in riesigen Lettern geschrieben. An allen Bischofssitzen und in allen Pfarreien Deutschlands und Österreichs, im Vatikan, in Rom und in allen anderen Kirchen der katholischen Welt wurde an jenem 9. November 1938 die Messe »Terribilis« gefeiert – nach dem Introitus-Antiphon:

Voll Schauer ist dieser Ort. Gottes Haus ist hier und die Pforte des Himmels; sein Name ist: Wohnung Gottes (Gen 28,17).

Wie lieb ist deine Wohnung mir, o Herr der Himmelsheere. Verlangend nach dem Haus des Herrn verzehrt sich meine Seele (Ps 83, 2–3).

Als diese Worte in den christlichen Gotteshäusern ertönten, wurden draußen die ersten jüdischen Gotteshäuser geschändet und angezündet.

Bis auf eine Ausnahme sind keine Bemerkungen oder Kommentare höherer deutscher Würdenträger der katholischen Kirche zu den Verwüstungen der Synagogen und der Terrornacht bekannt. Die Ausnahme war Dompropst Bernhard Lichtenberg aus Berlin. Lichtenberg stand schon jahrelang in scharfer Opposition zum NS-Regime. Bei der traditionellen Abendandacht in der Hedwigskathedrale am 10. November sagte er:

»Was gestern geschehen war, wissen wir. Was morgen ist, wissen wir nicht. Aber was heute geschehen ist, haben wir erlebt. Draußen brennt der Tempel. Das ist auch ein Gotteshaus.«[49]

Lichtenberg war am frühen Morgen des 10. November durch einige Straßen Berlins gelaufen und hatte sich ein eigenes Bild von dem Vandalismus gemacht. Er war empört, sagte er später in seinem Prozess aus, und beschloss, beim öffentlichen Abendgebet ausdrücklich für die nichtarischen Christen und die Juden zu beten. Diese besondere Gebetsbitte hielt Lichtenberg in der Folgezeit bei, bis er denunziert und verhaftet wurde (September 1941).

In Münster überlegte auch Bischof Graf Galen, ob er öffentlich für die Juden eintreten solle. Doch letztlich kam es nicht dazu. Jahre später wird Galen das tief bedauern. Im Oktober 1944 sagte er zu seinen wichtigsten Mitarbeitern Regens Franck und Generalvikar Meis, dass er schwer daran trage, nicht sofort gegen das »sakrilegische Verbrechen« am 9. November 1938 öffentlich protestiert zu haben. Warum Galen damals schwieg, hing mit der Frage nach den Folgen eines Bischofsworts für die Juden zusammen. Nach der Pogromnacht war der Münsteraner Rabbiner Steinthal mit einer Abordnung an Galen herangetreten und hatte ihn um eine Stellungnahme zu den schlimmen Vorgängen gebeten. Galen entsprach der Bitte und wollte auf der Kanzel seine Stimme erheben. Doch alsbald kam Rabbi Steinthal erneut zu Galen und zog das Begehren zurück. Er »hätte sich die ganze Sache noch einmal durch den Kopf gehen lassen und sei nun doch zu der Erkenntnis gekommen, dass es besser sei, nichts zu unternehmen, denn sonst werde ja alles noch viel schlimmer«. Galen habe dieses Argument eingeleuchtet, und er verzichtete daher auf ein Kanzelwort.[50]

Was war in Galen genau vorgegangen? Überliefert ist nur der grundsätzliche Hinweis auf die Sorge vor den Folgen öffentlichen Protestes. Wir wissen nicht, was Galen im Einzelnen bewogen hat, zuerst das Wort ergreifen zu wollen, dann doch lieber nicht, um schließlich später das Schweigen bitter zu bereuen. Der ethische Konflikt um Wahrheit und Lügenpropaganda, Bekennermut und Vorsicht, um Klugheit und Folgen scheint den Bischof zerrissen zu haben. Prälat Lichtenberg hatte sich schnell und eindeutig entschieden.

Mittlerweile bedauern alle Bischöfe das Stillschweigen ihrer Amtsvorgänger. Es bedrücke sie heute schwer, »dass es selbst bei dem Pogrom im November 1938 keinen öffentlichen und ausdrücklichen Protest gegeben hat, als Hunderte von Synagogen verbrannt und verwüstet, [...] Menschen verhöhnt, misshandelt und sogar ermordet wurden«. Diese eindeutige For-

mulierung von 1995 stammt leicht verschärft aus der gemeinsamen Erklärung der Berliner, der Deutschen und Österreichischen Bischofskonferenz
zum 50. Jahrestag der Novemberpogrome.[51] In dieser Erklärung wird allerdings gleich eine Begründung für das Ausbleiben brüderlicher Solidaritäts-
formen nachgeschoben. Man müsse freilich bedenken, so die Bischöfe, dass
die »Bereitschaft über die Belange der eigenen Kirche hinaus auch für die
Menschenrechte anderer einzutreten« erst »in harter Auseinandersetzung
mit dem nationalsozialistischen Regime gewachsen« sei. Es hätten erst
»schmerzhafte Lehren« gezogen werden müssen.[52] Man reibt sich die
Augen. Es mussten Lehren gezogen werden aus der Auseinandersetzung mit
dem Nazi-Regime und nicht aus dem Evangelium? – eine bizarre Begründung aus Theologenfeder.

Von Staatssekretär Pacelli und Papst Pius XI. gab es keine amtlichen Stel-
lungnahmen zu den Pogromaktionen am 9./10. November. Auch private
Äußerungen sind nicht bekannt. Pacelli wurde von Nuntius Orsenigo am
15. November von den Ereignissen offiziell unterrichtet. Der Nuntius beschrieb knapp die angerichteten Zerstörungen und widersprach der Behauptung Goebbels, dass das Volk sich empört habe. Die Aktion sei gelenkt gewesen. Orsenigo erwähnte auch die auferlegte riesige Strafzahlung von einer
Milliarde Mark und beschrieb neue Gesetze und Verordnungen zur weiteren
gesellschaftlichen Isolierung der Juden. Zum Schluss informierte er über
diplomatische Proteste diverser Vertretungen. Bemerkungen zu Reaktionen
der deutschen Kirche machte Orsenigo nicht. Pacelli verzichtete auf Rück-
fragen.

Ähnlich wie bei den deutschen Bischöfen ist auch im päpstlichen Geheimarchiv die Aktenlage zum Novemberpogrom dünn (überhaupt gibt es
ab Herbst 1938 bis zur Wahl des neuen Papstes sehr wenig Schriftverkehr
zwischen dem Staatssekretariat und Deutschland). Obwohl die entsprechende schmale Sammelmappe im Geheimarchiv den Namen »Reichskris-
tallnacht« trägt, gibt sie nichts her, was das Schweigen von Pius XI. und
Pacelli zum 9./10. November erhellen könnte. Der große Kenner der Materie Konrad Repgen findet es erstaunlich, dass sich der Papst nicht direkt
geäußert hat.[53] Aufgrund seiner harschen Ablehnung der NS-Rassenideolo-
gie und seiner Neigung zu unverblümter Sprache, hätte man ein Wort
erwarten können – zumal er am 3. September in einer Audienz den legen-

dären Satz gesagt hatte: »Geistlich sind wir alle Semiten.« Diesen Satz habe Pius im November oder Dezember nicht wiederholt.

Nur indirekt könne man ableiten, was Papst und Kurie bewogen habe, sich bedeckt zu halten. Repgen vermutet, dass im Herbst 1938 nicht Deutschland, sondern Italien Thema Nummer eins im Vatikan war: speziell Mussolinis Einführung von Rassengesetzen in Italien. Auch die Güterabwägung, wie sie Bischof Graf von Galen vorgenommen habe, sei ein wichtiger Grund gewesen. Man könne dieser Güterabwägung »Moralität und Stringenz kaum absprechen«. Und ausdrücklich mahnt Repgen: »Durch öffentliches Auftreten gegen die Verfolgung das Los der Verfolgten zu verschlimmern, wäre unmoralisch. Ethisch vertretbar ist nur, die wahrscheinlichen Folgen des Handelns in das Kalkül einzubeziehen.« Repgen formuliert hier prägnant, was alle Verteidiger einer »besonnenen Linie« selbstbewusst behaupten. Die ruhige Hand der Bischöfe und Pacellis wäre im hohen Maße verantwortungsvoll gewesen.

Ist Zurückhaltung, ja Stillschweigen als Ergebnis von Güterabwägungen tatsächlich eine »stringente Moral«? Wann ist Protest gegen ein Terrorregime unmoralisch? Und ist ethisch nur das vertretbar, was man nach Berechnung der wahrscheinlichen Folgen entscheidet?

Die verschiedenen Urteile bei Lichtenberg und Galen, bei den Bischöfen untereinander, damals und heute, bei Edith Stein und vielen anderen Privatleuten und nicht zuletzt bei Pacelli selbst zeigen, dass der Konflikt sehr komplex ist. Die Entscheidung zum Schweigen nach Abwägung der Folgen ist bei weitem nicht so selbstredend zwingend, wie es gern behauptet wird.

Bald wird Pacelli das mit ungeahnter Wucht zu spüren bekommen. Er steht an der Schwelle zum Stuhl Petri und einem Amt, das ihm schwerste Entscheidungen abverlangen wird.

5. NEUER PAPST IN KRIEGSZEITEN

AUF DEM STUHL PETRI – WIE SOLL ES WEITERGEHEN?

In der Nacht vom 9. auf den 10. Februar 1939 hatte Pacelli keinen Schlaf gefunden. Er wachte und betete beim todkranken Papst Pius XI. Morgens um halb sechs hörte der alte Papst auf zu atmen. Pacelli war tief berührt. Er hatte Pius nicht nur als großen Hirten der Kirche verehrt, sondern auch menschlich sehr gemocht.

Pacelli hatte seit 1935 das Amt des Camerlengo inne. Es war jetzt seine Aufgabe den Tod des Papstes offiziell zu bestätigen, die Trauerzeremonien zu überwachen und zu leiten. Auch der gesamte diplomatische Schriftverkehr zum Tod des Pontifex, die Verkündigung der Vakanz und die Beantwortung der Kondolenzschreiben lagen auf seinen Schultern. Wie immer machte er viel allein. Sein Amt als Staatssekretär war erloschen. Pacelli rechnete damit, dass der neue Papst einen anderen mit dem Posten betrauen würde. Eilig räumte er alle Papiere im Büro zusammen, beschriftete sie und verstaute sämtliche Akten. Die Übergabe an den Nachfolger sollte vorbereitet und geordnet ablaufen. Auf die Frage, warum er diese Eile an den Tag lege, habe Pacelli an die unwürdige Ablösung von Kardinal Merry del Val nach dem Tod von Pius X. 1914 erinnert. Damals hatte der junge Pacelli den Vorgang aus nächster Nähe beobachtet. So etwas sollte ihm nicht passieren.

Auch sein Dienstappartement im Apostolischen Palast wollte er komplett geräumt sehen. Täglich trieb Pacelli Schwester Pascalina und ihre Mitschwestern an, mit dem Verpacken der vielen Bücher und des Hausrates nicht nachzulassen. Gleich nach dem Konklave würden sie alle nach Rorschach in die Schweiz zum Urlaub fahren. Die Wohnung sollte dann leer sein. Pacelli vergaß auch nicht, die Schwestern immer wieder an gültige Pässe zu erinnern; seinen Pass mit Visum habe er schon in der Tasche.

Rechnete Pacelli tatsächlich mit einem schnellen, vielleicht sogar radikalen Wechsel im Staatssekretariat? Welche Chancen gab er sich selbst im anstehenden Konklave? Alle Zeitzeugen berichten, dass Pacelli kaum mit seiner Wahl zum neuen Papst gerechnet hat. Das war weit mehr als die obligatorische Demut. War Pacelli etwa amtsmüde? Sah er jetzt endlich die Chance, doch noch ein Seelsorgeamt in einer Diözese zu bekommen? Hielt er sich für so ungeeignet, dass er dem Heiligen Geist die Verhinderung seiner Wahl durch »unvernünftige« Kardinäle auf jeden Fall zutraute?

Insider wussten, dass Pacelli große Sympathien bei den deutschsprachigen und den französischen Kardinälen sowie den Kardinälen in Nord- und Südamerika besaß. Doch bei der einflussreichen und der zahlenmäßig großen Gruppe der italienischen Kardinäle (35) war Pacelli umstritten. Man hielt ihn für einen geborenen Zuarbeiter des Papstes, aber nicht geeignet für das Amt selbst. Dieser Ruf haftet fast allen obersten Diplomaten im Vatikan an – ihre Wahl zum Pontifex ist denn auch entsprechend selten. Daneben gab es in der Kurie und im italienischen Episkopat zuweilen ein deutliches Murren über den harschen Kurs Pius XI. gegenüber den faschistischen Systemen in Italien und Deutschland. Man wünschte vom neuen Papst eine gewisse Entspannungspolitik. Einige aus diesem Lager waren folglich Pacelli gegenüber nicht abgeneigt. Man schätzte ihn als vorzüglichen Diplomaten, der nicht impulsiv und mit der Faust regierte wie der alte Papst. Viele italienische Kardinäle liebäugelten aber mit dem beliebten und untadeligen Florenzer Kardinal Dalla Costa. Auch Pacelli wird ihm wohl seine Stimme gegeben haben. Neben Pacelli und Dalla Costa gab es höchstens noch zwei oder drei andere Kardinäle, denen leichte Chancen eingeräumt wurden. Ausländer waren noch nicht darunter. Mehrere italienische Kardinäle orakelten vor dem Konklave, dass es zu einer schwierigen und langwierigen Wahl kommen werde. Sie haben sich geirrt.

Das Konklave begann am späten Nachmittag des 1. März 1939. Zweiundsechzig Kardinäle waren wahlberechtigt, und alle hatten es rechtzeitig nach Rom geschafft. Am Vormittag des 2. März fanden die ersten beiden Wahlgänge in der Sixtinischen Kapelle statt. Aufgrund der verschärften Schweigepflicht drangen hernach kaum Informationen über das Abstimmungsverhalten der Konklavisten an die Öffentlichkeit. Nur aus Andeutungen und Verhaltensweisen kann man wenige Schlüsse ziehen. Danach war der erste Wahlgang – wie üblich – eine reine Testabstimmung zur Klärung der Verhältnisse. Auf jeden Fall hatten Pacelli und Dalla Costa jeweils viele Stimmen erhalten; Pacelli lag dabei vorne. Im gleich darauf folgenden zweiten Wahlgang müssen einige Kardinäle zu Pacelli gewechselt sein. Aber es reichte noch nicht zur qualifizierten Zwei-Drittel-Mehrheit. Es gab erneut schwarzen Rauch um die Mittagszeit. Doch allen war klar: Wenn in der Mittagspause keine dramatische Umorientierung stattfindet, wird Kardinal Pacelli im dritten Wahlgang die entscheidende Linie passieren. Das wusste auch Pacelli. Er sah blass aus, zog sich zurück und lief im Damasushof eine Stunde versunken im Gebet umher. Das Mittagessen ließ er ausfallen. Bei der Rückkehr in die Sixtinische Kapelle war Pacelli so nervös oder angespannt oder in Gedanken, dass er gefährlich über eine Stufe stolperte, die er eigentlich genau kannte. Er fiel hin und verstauchte sich den linken Arm. Am Abend wird er dem Drängen des Arztes nachgeben und einen Verband akzeptieren.

Wie erwartet vereinigte Pacelli im dritten Wahlgang die erforderliche Mehrheit der Kardinäle auf sich. Der französische Kardinal Verdier berichtete, dass Pacelli nach Nennung des letzten Stimmzettels bleich geworden sei und minutenlang mit geschlossenen Augen nur dagesessen habe. In der Cappella Sistina verbreitete sich feierliches Schweigen. Dann ließen alle anderen Kardinäle ihre Baldachine herabfallen und Pacelli wurde offiziell gefragt, ob er die kanonische Wahl zum höchsten Pontifex annehme. Pacelli wird wohl in den Stunden zuvor viel mit seinem Herrn und dem Heiligen Geist gehadert und den Himmel eindringlich gefragt haben, ob es wirklich der göttliche Wille sei, dass er Papst werden solle. »Eure Wahl muss Ausdruck des Willens Gottes sein, ich nehme sie an«, antwortete Pacelli auf die Frage aller Fragen, und er fügte als geistliches Wort aus Psalm 51 hinzu: *Sei mir gnädig, o Herr, gemäß deiner großen Barmherzigkeit.*

Von diesem Augenblick an war er der neue Stellvertreter Christi in der katholischen Kirche, ausgestattet mit allen Rechten und Pflichten, verantwortlich nur Gott und seinem Gewissen.

Diesmal hatte Pacelli nicht einem Vorgesetzten gehorcht. Seit der Priesterweihe war er immer wieder in Ämter geschickt worden, die er eigentlich nicht haben wollte. Aber er hatte sich gefügt, hatte sein Bestes getan und sich schnell mit der neuen Aufgabe angefreundet. Jetzt verlangte Gott selbst von ihm Gehorsam. Nachdem Pacelli »accetto« gesprochen und den Namen *Pius* gewählt hatte, gab es für ihn nur noch diese eine Pflicht: Papst zu sein. Er wird keine Einarbeitungs- und keine Eingewöhnungszeit brauchen. Er wird den Stress des Amtes klaglos tragen und bis ins Koma auf dem Sterbe-bett an seine Pflichten denken.

An diesem 2. März 1939 hatte Pacelli Geburtstag; er wurde dreiundsech-zig. Sein Gesundheitszustand war wie üblich nicht der beste. Die alte Magen-geschichte quälte, zuweilen plagte hartnäckiger Schluckauf und viel Schlaf-losigkeit tat ihr Übriges. Doch mit eiserner Disziplin ertrug Pacelli seine Beschwerden und kaschierte sie möglichst vor seiner Umwelt.

Zu seinem Verdruss mussten der gesamte verstaute Haushalt und alle Bü-cher wieder ausgepackt werden. »Das wenigstens hätte ich mir ersparen kön-nen«, seufzte er gegenüber seinen Haushaltsschwestern. »Und euch auch«, sagte er gleich dazu, als er Pascalina und die anderen Schwestern in halb lee-ren Kisten kramen sah, um das Nötigste zu finden.[1]

Pacelli blieb einstweilen im Dienstappartement des Staatssekretärs, bis die Privatzimmer der Papstwohnung renoviert waren. Das dauerte seine Zeit, da Umbaumaßnahmen vorgenommen wurden. Die Amtsgeschäfte nahm er dennoch in vollem Umfang sofort auf. Jetzt kamen waschkorbweise Glück-wunschschreiben aus aller Welt, die beantwortet werden mussten. Die in-ternationalen Reaktionen der Regierungen und der Presse waren durchweg positiv. Man beglückwünschte Pacelli und setzte große Hoffnungen in den erfahrenen Diplomaten. Auch aus Berlin kam ein persönlicher Glückwunsch von Hitler. Vor der Wahl hatte Hitler mit Goebbels eine Art Wette abge-schlossen. Goebbels setzte auf Pacelli, Hitler glaubte nicht an dessen Wahl. In seinem Tagebuch vom 3. März erwähnt Goebbels ausdrücklich seine erfolg-reiche Voraussage und merkt an: »Ein politischer Papst und u. U. ein raffi-niert und geschickt vorgehender Kampfpapst. Also aufpassen!«[2]

Als seinen engsten Mitarbeiter und Nachfolger im Amt des Staatssekre-tärs benennt Pius den Kardinal Luigi Maglione. Er kannte Maglione aus gemeinsamer Arbeit im Staatssekretariat in der Zeit des Ersten Weltkriegs. Danach war Maglione wie Pacelli diplomatisch im Einsatz (Nuntius in der Schweiz und in Frankreich). Erst seit einem halben Jahr hielt sich Maglione wieder in Rom auf als Präfekt der Konzilskongregation. Pius wird seinem Staatssekretär nur geringe Freiheiten lassen. Das Heft wollte er auch nicht ein Stück aus der Hand geben.

Pius wird am 12. März gekrönt. Der Kardinaldiakon Dominioni wird ihm die Tiara aufs Haupt setzen und ihn Vater der Fürsten und Könige, Len-ker der Welt und Stellvertreter Christi nennen. Zum ersten Mal verfolgen

Fernsehkameras die Zeremonie. Ihre Aufzeichnungen gehen in alle Welt. Noch nie hatte der Vatikan eine solche Prachtentfaltung und päpstliche Autoritätsdemonstration erlebt wie an diesem Tag. Selbst kritische Journalisten erlebten das Gepränge der Krönungsmesse wie im Rausch: den Klang der Silbertrompeten, die den Papst empfingen und verabschiedeten, den mächtigen Chorgesang *Tu es Petrus*, die außen wie innen glanzvoll illuminierte Peterskirche, die geladenen Ehrengäste, die Aristokratie, das diplomatische Corps, die politischen Abgesandten (Berlin hatte keinen geschickt) und nicht zuletzt die jubelnden Volksmassen, die Pacelli als einen der Ihren feierten. Ab diesem Zeitpunkt war der Papst kein unbekanntes Gesicht mehr, das man allenfalls von Andachtsbildchen her kannte. Pius XII. ist der erste Medienpapst der Geschichte.

Eilige Konferenz – einen Versuch wagen

Unmittelbar nach seiner Wahl und den Kardinalshuldigungen bat Pacelli die vier deutschsprachigen Kardinäle nicht abzureisen. Er wollte mit ihnen umfassend die Lage beraten. Am 6. und 9. März trafen sich die Kardinäle Bertram, Faulhaber, Schulte und Innitzer (Wien) mit Pius zu zwei Sonderkonferenzen. Die Protokolle sind aufschlussreich. Sie zeigen, wie viel Unsicherheit und kontroverse Einschätzungen vorhanden waren.[3]

Vor allem Kardinal Faulhaber scheute sich nicht eine Denkschrift vorzulegen, in der er deutlich Kritik übte an der harten Linie des Hl. Stuhls. So rügte er offen die einleitende Grundthese der Enzyklika *Mit brennender Sorge*, dass Hitler von Anfang an eine Verfolgung der Kirche gewollt habe. Faulhaber erinnerte stattdessen an die Rede Hitlers vom 23. März 1933, in der er von freundlichen Beziehungen zur Kirche sprach. Nach der Enzyklika sei der Kanzler entrüstet gewesen und habe seitdem fast alle Beziehungen zur Kirche abgebrochen. Das habe man nun davon! Auch sei Hitler danach den Einflüssen von Männern wie Rosenberg mehr und mehr erlegen. Vor kurzem habe er in seiner großen Rede vom 30. Januar sogar den Gedanken einer Trennung zwischen Kirche und Staat eingebracht. Die feindliche Absicht des Reichskanzlers von Anfang an sei einfach nicht nachzuweisen.

Was ging wohl in Pius vor, dem Autor der getadelten Stelle, als er diesen respektlosen Fußtritt Faulhabers abbekam? Das war mehr als eine Retourkutsche zu Pacellis Rüffel über den angeblich gottgläubigen Menschen

Adolf Hitler. Bei der Erläuterung seiner Denkschrift und noch einmal in der Diskussion bestand Faulhaber auf seiner Deutung. Es wäre falsch und ein Fehler gewesen, Hitler eine Kirchenverfolgung von Beginn an zu unterstellen. Jetzt müsse man die Suppe auslöffeln, die der Vatikan eingebrockt habe.

Es ist kaum nachvollziehbar, wie sich der Münchner Kirchenfürst nach sechs Jahren NS-Gewaltherrschaft zu dieser naiven und geradezu dummdreisten Behauptung versteigen konnte.

Pius konterte: Schon im Sommer 1933, vor der Ratifikation des Konkordats im Herbst, sei kirchenfeindlich gehandelt worden. Auf seine Beschwerden hin habe man ihn darauf verwiesen, dass das Konkordat noch keine Rechtskraft habe. Doch alle wüssten, wie es weitergegangen sei. Nach der Ratifikation sei es nicht besser, sondern schlimmer geworden. Aber, so Pius nachdenklich, man solle jetzt immer noch guten Willen zeigen. Niemand dürfe der Kirche nachsagen, nicht alles versucht zu haben.

Die offizielle Kundgabe seiner Wahl auf den Stuhl Petri wäre eine gute Gelegenheit. Man könnte bei der entsprechenden Mitteilung an den Reichskanzler vielleicht ein Wort des Friedens einbauen. Zu Beginn seines Pontifikats wolle er zeigen, dass er Frieden und kein Zerwürfnis wolle. Doch Pius ist unsicher. Solle man so vorgehen? Und sei der Entwurf der Bekanntgabe so in Ordnung? Er fragt in die Runde. Die Kardinäle machen keine grundsätzlichen Einwände. Nur die Form solle man etwas ändern. Kardinal Faulhaber will einen deutschen Text statt des lateinischen. Der Führer sei so empfindlich gegen nichtdeutsche Sprache. Na, ja, meint Pius. Das Latein ist nur eine Frage des Protokolls. Angesichts der Schwere der Lage könne man eventuell darüber hinwegsehen. Doch Pius zögert: »Könnte man nicht vielleicht lateinisch und deutsch schreiben?« Faulhaber bleibt rigoros: nur deutsch!

Kardinal Innitzer will noch das *Du* im Text ändern. Lieber solle *Sie* und *Ihr* gesagt werden. Bertram ist auch dafür. Die anderen stimmen schweigend zu. Gut, meint Pius, er sage in Italien auch lieber *Lei* statt *Tu* oder *Voi*. Und wie sei das mit der Anrede, fragt Pius: Solle man »Hochzuverehrender« oder »Hochzuehrender« schreiben? Alle Kardinäle sind für die zweite Form. Hochzuverehrender verdiene Hitler noch nicht, meint Schulte. »Sonst alles in Ordnung?«, fragt Pius noch einmal zum Gesamttext des Mitteilungsschreibens. Die Kardinäle sind zufrieden.

Es ist erstaunlich, was sich hier abspielte. Der mit Abstand erfahrenste und mit allen Wassern gewaschene Diplomat Pacelli benahm sich wie ein

Anfänger, dem aufs Blatt diktiert werden musste, was er zu tun hatte. Pacelli hatte schon hunderte delikater Briefe, Noten und Demarchen an Regierungschefs verfasst. Er war trainiert und gewieft. Warum jetzt diese Unsicherheit?

Auch im weiteren Verlauf der Unterredungen zeigte sich der frischgebackene Papst Pius merkwürdig ratlos. Er wolle die Hand ausstrecken, es lohne sich auch, in Verhandlungen Opfer zu bringen. Es müsse gerettet werden, was zu retten ist. Doch wie könne man das erreichen? Lange besprach sich Pius mit den Kardinälen über die Zusammensetzung der kleinen bischöflichen Verhandlungskommission. Wer sollte dabei sein, wer nicht? Unsicher bringt Pius mehrmals den Weihbischof von Klagenfurt ins Spiel. Wäre er geeignet? Auch andere stehen zur Disposition. Pius überlegt, zaudert, fragt. Dabei kannte er doch alle Leute und die Szene aus bester eigener Erfahrung.

Pius möchte gerne offiziell ein Friedenswort zu Deutschland sagen. Ihm schwebt eine Enzyklika vor, in der er zu allen wichtigen Staaten eine Bemerkung machen könnte. In diesem Rahmen wäre ein Wort der Liebe und des Entgegenkommens zu Deutschland möglich. Bertram und Faulhaber sind nicht begeistert. Das sei zu allgemein. Faulhaber wünscht sich lieber eine offensive Ausräumung großer Vorurteile, etwa gegenüber dem Hakenkreuz. Das Hakenkreuz wolle keine Konkurrenz zum christlichen Kreuz sein. Man dürfe Trägern des Hakenkreuzes nicht den Zutritt zum Vatikan verwehren, wie im letzten Jahr anlässlich des Führerbesuchs in Rom geschehen. Sogar während der ersten heiligen Kommunion würde man in Deutschland Kinder in Parteikluft zulassen, bemerkte Bertram beiläufig.

Pius verteidigt die Haltung des Vatikan. Aber man müsse tatsächlich jetzt vorsichtiger sein, des guten Willens wegen. Er habe schon den Osservatore Romano angewiesen, auf Polemik zu verzichten und keine scharfen Worte mehr zu schreiben. Pius weiter:

> »Wir wollen sehen, einen Versuch wagen. Wenn sie den Kampf wollen, fürchten wir uns nicht. […] Grundsätze kann man nicht preisgeben. Wenn wir dann alles versucht haben und sie doch unbedingt Krieg wollen, werden wir uns wehren. Aber die Welt soll sehen, dass wir alles versucht haben, um in Frieden mit Deutschland zu leben. […] Lehnen sie ab, so müssen wir kämpfen. Ich fürchte mich nicht.«[4]

Pius will nicht zurückweichen, doch er will auch nicht brüskieren. Er will entgegenkommen und die Hand reichen, aber keine Grundsätze preisgeben. Er ist bereit zu harter Auseinandersetzung, und bei einem aufgezwungenen »Krieg« will er sich wehren, will kämpfen.

Diese Kampfbereitschaft ist im ersten Eindruck ungewöhnlich für den feinsinnigen Diplomaten Pacelli. Doch es passt zu dem, was wir bisher über den Nuntius und Staatssekretär Pacelli erfahren haben. Er erkennt klar die Abgründe der nationalsozialistischen Weltanschauung und die Bosheit ihrer Vertreter. Niemand muss ihm dabei auf die Sprünge helfen. Aber Pacelli fragt sich ständig, welches Gegenmittel in welcher Dosierung angebracht sei.

Diese Frage wurde in der Konferenz auch zum Fall »Bischof Sproll« aufgeworfen, der im Sommer 1938 von der Gestapo aus seinem Bistum Rottenburg verjagt worden war. Die Bischöfe in Deutschland warten auf irgendeine Lösung, mahnt Faulhaber. Doch die Aussicht auf eine Rückkehr sei sehr gering. Der Gaulleiter sage: Entweder ich oder der Bischof! Pius schwankt. Er will nicht einfach nachgeben, aber er muss die Hand offen halten. Wenn sich durch Verhandlungen die Lage bessern würde, und sich Beweise guten Willens angesammelt hätten, könnte man sich vielleicht zu einem Opfer entschließen. Pius denkt an einen Amtsverzicht des Bischofs auf die Diözese. Pius weiß, dass ein solches weitreichendes Zugeständnis sehr, sehr bitter für Sproll und ein heikler Präzedenzfall wäre. Im Sommer 1936 hatte Pacelli in Namen des Papstes noch ausdrücklich »das freimütige Wirken« des Rottenburger Hirten gelobt, der in apostolischer Unerschrockenheit seinen Weg gehe und sich nicht dazu herbeilasse, »die von Tag zu Tag wachsenden Beeinträchtigungen der kirchlichen Freiheit auf dem Gebiet des Erziehungswesens durch schwächliches Schweigen zu begünstigen«.[5] Das sind starke Worte. Pacelli lobt apostolische Unerschrockenheit und tadelt schwächliches Schweigen. Letzteres würde die Gegner nur ermutigen, mit der Unterdrückung der Kirche fortzufahren.

Der Kasus Sproll wurde nicht gelöst. Es gab weder allgemeine Verhandlungsfortschritte mit Berlin noch wurde ein »Opfer Sproll« von Pius angeboten. Die Sache blieb in der Schwebe. Bischof Sproll ahnte, dass er eine Verhandlungsoption war; das hatte ihn sehr gekränkt. Erst im Sommer 1945 konnte Sproll auf seinen Bischofssitz zurückkehren.

In den Konferenzen Anfang März wurde alles Mögliche angesprochen, es fiel aber kein Wort zur Judenverfolgung im Reich. Wie in den Jahren zuvor blieb der Blick auf Binnenprobleme der Kirche konzentriert. Dabei hätte die Erwähnung der Rede Hitlers am 30. Januar durch Kardinal Faulhaber bei allen in der Runde Entsetzen und grauenvolle Ahnungen auslösen müssen. Eindringlich und entschlossen hatte der Führer angedroht:

> »Ich bin in meinem Leben sehr oft Prophet gewesen und wurde meistens ausgelacht. In der Zeit meines Kampfes um die Macht war es in erster Linie das jüdische Volk, das nur mit Gelächter meine Prophezeiungen hinnahm, [...] Ich will heute wieder ein Prophet sein:
>
> Wenn es dem internationalen Finanzjudentum in und außerhalb Europas gelingen sollte, die Völker noch einmal in einen Weltkrieg zu stürzen, dann wird das Ergebnis nicht der Sieg des Judentums sein, sondern die Vernichtung der jüdischen Rasse in Europa!«[6]

Rassenenzyklika?

Ende Januar 1939 konnte man kaum noch die Augen davor verschließen, dass es Hitler auf einen Krieg abgesehen hattte. Seit der Publikation von *Mein Kampf* war seine Einstellung zur jüdischen Rasse samt haarsträubender Verschwörungsfantasien sattsam bekannt.

Wenigstens eine Diskussion über das weitere Vorgehen des kirchlichen Lehramtes gegen die Häresie der Rassentheorie hätte in der exquisiten Runde mit dem neuen Papst stattfinden können. Dieser Punkt stand nämlich auf der Tagesordnung der Konferenzen. Es sollte besprochen werden, ob es eine Enzyklika zur Rassenfrage geben solle. Der Punkt wurde wohl aus Zeitgründen nicht behandelt. Das war eine verpasste Gelegenheit.

Eine lehramtliche Stellungnahme zur Rassenproblematik war im Vatikan schon seit Jahren im Schwange. Erst im April 1938 hatte die vatikanische Studienkongregation acht Rassenthesen vorgestellt, die amtlich als Häresie zu verurteilen sind. Die katholischen Universitäten und Fakultäten der Welt sollten diese Irrtümer mit allen Mitteln der interdisziplinären Wissenschaft beleuchten und die Wahrheit der Einheit des Menschengeschlechts verteidigen. Inoffiziell wurde die Zusammenstellung der verworfenen Thesen[7] »Rassensyllabus« genannt. Das war allerdings der Ehre zu viel für das Reskript einer unteren Behörde des Vatikan.

Ursprünglich sollte es eine offizielle Verurteilung des Rassismus durch das Heilige Offizium geben. Doch der Untersuchungs- und Konsultationsprozess (seit 1934) war ständig von der politischen Wetterlage in Deutschland und den diplomatischen Notwendigkeiten überschattet. Auch war man sich nie einig, ob mit dem nationalsozialistischen Rassismus nicht in einem Atemzug auch die Irrtümer des Kommunismus verurteilt werden müssten. Und zu guter Letzt scheute man die Herausgabe eines Syllabus in den aufgeheizten Zeiten der dreißiger Jahre. Die erregten Debatten, die vorherige Irrtumslisten ausgelöst hatten, waren unangenehm in Erinnerung. Ein päpstliches Lehrschreiben wäre vielleicht eine bessere Form. Das Gezerre um eine Rassismusverurteilung endete vorläufig mit einer Vertagung im Herbst 1936 – *sine die*.[8]

Nach der Enzyklika *Mit brennender Sorge*, die nur wenige Passagen zur Rassenlehre enthielt, wollte Pius XI. die Sache nicht auf sich beruhen lassen. Er ließ ein Jahr später die besagten acht Thesen verurteilen und dachte über eine eigene Rassenenzyklika nach. Als er das gesellschaftskritische Buch des US-amerikanischen Jesuiten John LaFarge *Interracial Justice* gelesen hatte, packte er die Gelegenheit beim Schopf. Er bestellte LaFarge am 22. Juni 1938 zur Privataudienz und beauftragte ihn mit dem Entwurf einer Enzyklika zur Rassenproblematik.[9] Der verdutzte Pater machte sich gleich an die Arbeit und erbat sich von Jesuitengeneral Pater Ledóchowski zwei Mitarbeiter. Ausgesucht wurden der deutsche Pater Gundlach und der französische Pater Desbuquois. Die drei Patres erarbeiteten jeweils einen eigenen Entwurf. Da die Zeit drängte, wurden die vorläufigen Entwürfe schon Ende September dem Pater General zum weiteren Procedere übergeben. Der Arbeitstitel der geplanten Enzyklika war *Humani Generis Unita* (Einheit des Menschengeschlechts). Ab der Übergabe an die Jesuitenzentrale begann eine undurchsichtige Phase. Die Entwürfe wurden nicht nur argwöhnisch begutachtet, sondern auch verschleppt. Jedenfalls bekam Pius XI. erst im Januar als todkranker Mann die Texte auf den Schreibtisch. Höchstwahrscheinlich hat er die Entwürfe nicht mehr durchsehen können.

Jetzt lag die unerledigte Sache bei Pacelli. Als der neue Papst hatte er zu entscheiden, wie es weitergehen sollte. Doch Pius zögerte. Zwar war die Rassenhäresie des Nationalsozialismus zu wichtig, um weggeschoben zu werden, aber im Frühjahr 1939 zeichneten sich gefährliche Entwicklungen in Europa ab. Das Münchner Abkommen Ende September 1938 hatte Hitlers Hunger nach Land nicht befriedigt. Kenner hatten das auch nicht erwartet. Drei Tage nach der Krönung von Pius XII. ließ Hitler die Wehrmacht in Prag einmarschieren und liquidierte den Staat der sogenannten Rest-Tschechei. Pius dürfte das kaum überrascht haben. Auch die nachfolgenden politischen Erschütterungen waren abzusehen. Pius schwante Böses. Die Diplomatie verlangte jetzt mehr denn je Aufmerksamkeit und Einsatz.

Auch waren die Entwürfe zur Rassenenzyklika zum Teil hoch problematisch. Es gab nämlich deutliche Passagen eines christlichen Antijudaismus – ganz auf der Linie der herkömmlichen kirchlichen Tradition. In einer lehramtlichen Enzyklika wären solche theologischen Verwerfungsaussagen und Abwertungen der Juden Sprengstoff gewesen. Man hätte sie in jeder Weise antisemitisch ausschlachten können – und das nicht zu Unrecht. Warum die Jesuitenpatres ausgerechnet im Blick auf eine Rassenenzyklika unbedingt von einem sich selbst ins Unglück gestürzt habenden Volk sprechen mussten, das dem weltlichen und geistlichen Ruin preisgegeben sei, und eine beständige Feindschaft der Juden gegenüber dem Christentum beklagten usw., bleibt ihr Geheimnis.

»Gott sei Dank wurde die Enzyklika nicht veröffentlicht!« Das sagte mir Pater Gumpel SJ erleichtert und nachdrücklich in einem Gespräch (Februar 2007), als wir auf die antisemitischen Äußerungen in den Entwürfen zu sprechen kamen. Was die peinlichen Thesen betrifft, hat Pater Gumpel zweifellos Recht. Doch insgesamt ist ihm nicht beizupflichten. Pius hätte die antisemitischen Passagen in den Entwürfen gründlich kritisieren müssen; das wäre eine gute Chance gewesen, die Torheit und Impertinenz des theologischen Antijudaismus aufzudecken und zu beseitigen. Die offensive Auseinandersetzung mit dem ideologischen Rassismus und eine deutliche Verurteilung aller antisemitischen Maßnahmen gesellschaftlicher Art waren Ende der dreißiger Jahre dringender denn je. Dies hätte einen prophetischen Beginn des Pontifikats Pius' XII. bedeutet, eines Pontifikats, das die Zeichen der Zeit erkannt hätte.

Doch im Frühjahr 1939 sah Pius eine Rassenenzyklika nicht als opportun an. Obwohl das Projekt in den Konferenzen mit den deutschsprachigen Kardinälen diskutiert werden sollte, schienen weder Pius noch die Kardinäle sonderlich an einer diesbezüglichen Aussprache interessiert gewesen zu sein. Aus den Protokollen kann man vielmehr schließen, dass es allen entgegenkam, den neuralgischen Punkt nicht thematisieren zu müssen.

Es sind keine Äußerungen von Pacelli dokumentiert, die Aufschluss darüber geben könnten, warum er das Projekt aufgegeben hat. Die Gründe sind aber nahe liegend. Auf der einen Seite hielt er die naturrechtliche Position der Kirche für hinreichend geklärt, auf der anderen Seite scheute er definitive Aussagen zur rein gesellschaftlichen Dimension der Problematik. Das fiel in das Metier der jeweiligen Staatsgewalt – sofern nicht Gottesrecht verletzt würde. So hatte er es bislang als Kardinalstaatssekretär gehalten. Doch die Grenzziehung war schwierig; eine breite Grauzone durchzog das Terrain. Wenn Pius den modernen Rassismus und besonders den national-sozialistischen Antisemitismus umfassend analysiert und verurteilt hätte, wären die Reaktionen in Berlin heftig ausgefallen und kaum zu berechnen gewesen. Vor Zusammenstößen, die Pacelli für nötig hielt, hatte er nie Furcht gezeigt. Aber er musste vorher die Situation genau geklärt haben. Vor schlimmen Folgen jedoch, deren diplomatischer Scherbenhaufen größer war als der Gewinn, fürchtete sich Pacelli. Noch heikler war ein zu erwartendes unberechenbares Chaos. Es vereitelte von vornherein jede Nutzen-Nachteil-Abschätzung. Der Diplomat Pacelli hatte sich bislang stets intensiv bemüht, in ihren Folgen unabsehbare Aktionen zu vermeiden. Er wollte Konflikte mit »sehender Vernunft« bearbeiten und nicht mit der blinden Hoffnung, dass es irgendwie gehen wird, irgendwie gehen muss. Neben der ausgestreckten Hand zu Beginn seines Pontifikats wollte Pius in der anderen Hand keinen Stock halten. Das würde seine Good-will-Adresse an Berlin unglaubwürdig machen. Der »Versuch, den er wagen wollte«, musste frei sein von Provokation.

Gut ein halbes Jahr nach der Wahl zum Pontifex veröffentlichte Pius XII. seine Antrittsenzyklika *Summi Pontificatus* (20. Oktoner 1939). Die allgemeine Ausrichtung des Lehrschreibens und der grundsätzliche Ton zeigen, wie schwierig sich für ihn die Situation darstellte. Pius vermied jede konkrete Anspielung – bis auf eine Ausnahme. Dafür gab er einen großen Überblick auf die Irrtümer der Zeit und schärfte die Grundlagen des Christentums ein, besonders im Hinblick auf das gesellschaftliche Leben. In diesem Zusammenhang ließ er Bemerkungen zum Naturrecht einfließen, speziell zur Gleichheit aller Menschen und kritisierte jedwede Staatsvergötzung. Er ermahnte alle Regierungen gleichermaßen, ihre Macht nicht zu missbrauchen und keine Gesetze gegen die von Gott gegebenen Rechte der Menschen zu erlassen.

Im Auftaktteil der Enzyklika zitiert Pius auch die Worte des gefangen genommenen Jesus vor dem Statthalter Pilatus (Johannes 18,37): »Ich bin dazu geboren und dazu in die Welt gekommen, dass ich für die Wahrheit Zeugnis ablege. Jeder, der aus der Wahrheit ist, hört auf meine Stimme.« Pius fährt fort:

> »Wir fühlen keine größeren Pflichten in Unserem Amt und in unserer Zeit, als Zeugnis zu geben für die Wahrheit. Diese Pflicht, erfüllt mit apostolischer Standhaftigkeit, umfasst notwendig die Darlegung und Widerlegung der menschlichen Fehler und Irrtümer, denn für ihre Behandlung und Heilung ist ihre Kenntnis unabdingbar. [...] In der Erfüllung dieser Pflicht werden wir Uns nicht von irdischen Rücksichten beeinflussen lassen, noch werden wir Uns davon abhalten lassen durch Misstrauen und Widerspruch, Ablehnung und Unverständnis noch von der Furcht missverstanden oder falsch ausgelegt zu werden. Wir werden Unsere Pflicht erfüllen [...][10]

Ob Pius XII. die Brisanz dieser Worte und dieser Selbstverpflichtung geahnt hat? Hitler hatte den Zweiten Weltkrieg eröffnet und war dabei, den Wahnsinn seiner Irrtümer mit diabolischer Planung und Gewalt umzusetzen. Ab diesem Zeitpunkt hatte Pius keinen ruhigen Tag mehr.

KRIEG UND EINE WAGHALSIGE KONSPIRATION

Vielleicht kam Pius XII. im Frühjahr und Sommer 1939 intensiv die prekäre Situation des Vatikan im Ersten Weltkrieg in den Sinn. Damals hatte er aus nächster Nähe miterlebt, wie Papst Benedikt unablässig für den Frieden warb, aber den Ereignissen immer hinterherlief und von niemandem ernst genommen wurde. Das sollte ihm nicht passieren. Nach der Liquidierung der Tschechoslowakei war die Empörung in England und Frankreich groß. Einen weiteren Handstreich Hitlers gegen Polen wollte man auf keinen Fall hinnehmen. London und Paris gaben Beistandsgarantien ab, auch für Rumänien und Griechenland. In Europa drohte ein neuer Krieg zwischen Staaten, die bis an die Zähne bewaffnet waren.

Pius schätzte die Gefahr sehr realistisch ein und entfaltete hektische Aktivitäten. 1939 war der Vatikan nicht mehr völkerrechtlich isoliert wie noch 1914. Mit allen wichtigen Staaten hatte der Hl. Stuhl diplomatische Beziehungen. Selbst US-Präsident Roosevelt wird übers Jahr den persönlichen Beauftragten Myron Taylor beim Vatikan akkreditieren lassen. Taylor und sein ständiger Vertreter Tittmann werden von Pius und dem Staatssekretariat wie Botschafter behandelt.

Dem neuen Papst schwebte eine große Friedenskonferenz der fünf Mächte Deutschland, Polen, Frankreich, England und Italien vor. Das Treffen sollte auf Initiative des Hl. Stuhls stattfinden, der im Namen der besorgten Welt an die Mächte herantreten würde. Anfang Mai wurden die Apostolischen Gesandten in Berlin, Warschau, Paris und London angewiesen, bei den Regierungen vorzusprechen und für den Plan zu werben. Mussolini hatte man im Vorfeld schon gewonnen. Die Reaktion aus den Hauptstädten kam prompt. Sie war höflich, aber bestimmt: Man danke dem Papst für sein Engagement, aber er möge doch von einer öffentlichen Einladung zu einer Konferenz absehen. Und Mussolini wurde von Berlin zurückgepfiffen.

Pius fügte sich und setzte fortan auf Vermittlung in bilateralen Gesprächen. Doch weder die Vorstöße bei der italienischen Regierung noch bei den Botschaftern und dem englischen Gesandten brachten irgendwelche Fortschritte.

Geliebtes Polen – vergessenes Polen?

Als sich im August die Krise um Danzig dramatisch verschärfte und auch noch ein Nicht-Angriffspakt zwischen Berlin und Moskau bekannt gegeben wurde, war klar: Es wird Krieg geben. Am 24. August erschien der französische Botschafter Charles-Roux aufgeregt im Staatssekretariat und sprach von Hitlers Angriff auf Polen – heute oder morgen. Tatsächlich war der Befehl für die Nacht des 25./26. August erteilt worden. Am Abend dieses 24. August richtet Pius XII. einen beschwörenden Radioappell aus Castel Gandolfo an die Mächtigen der Welt: »Nur durch die Macht der Vernunft, nicht der Waffen, wird sich die Gerechtigkeit eine Bahn schaffen. Die Reiche, die nicht auf dem Fundament der Gerechtigkeit gründen, sind nicht von Gott gesegnet. Eine moralfreie Politik verrät ihre eigenen Urheber. [...] Nichts ist mit dem Frieden verloren. Aber alles kann mit einem Krieg verloren sein. [...] Mögen uns die Starken hören, um nicht schwach zu werden in Ungerechtigkeit.«[11] Pius beschwor alle im Namen Jesu, der durch Sanftmut weltbesiegende Kraft bewiesen habe.

Der Papst ließ keinen Zweifel daran, dass er im Ausbruch eines Krieges schuldhaftes Versagen der Politik sah. Doch sollte er Namen nennen? Sollte er Hitler öffentlich verurteilen, wenn dieser Polen angreifen lässt? Neben anderen verlangte das vor allem der französische Botschafter. Wenigstens aber eine Geste, ein öffentliches Wort zugunsten der katholischen Nation Polen sollte es geben. Die Bitte wurde vom Substituten im Staatssekretariat, Msgr. Montini, dem Papst überbracht. Amtskollege Msgr. Tardini hat die Antwort Pius' XII. schriftlich festgehalten:

>Seine Heiligkeit sagt, dass es zu viel verlangt sei. Man dürfe nicht vergessen, dass es im Reich 40 Millionen Katholiken gebe. Welchen Repressalien wären sie ausgesetzt nach einer solchen Äußerung des Hl. Stuhles? Der Papst habe bereits gesprochen und dies sehr deutlich.«[12]

Zum ersten Mal wird aktenkundig, dass Pius Angst hatte vor den Folgen seines Tuns, vor Vergeltungsmaßnahmen gegenüber Dritten. An welche Repressalien dachte Pius? Wahrscheinlich stellte er sich einen Reigen vor, aus dem Hitler nur auszuwählen brauchte. Heute wissen wir, dass Pius' Befürchtungen weit überzogen waren. Hitler setzte zu Beginn des Krieges auf die ungetrübte Loyalität der Katholiken im Reich. Einen offenen Bruch mit dem Papst wollte er unbedingt vermeiden. Hätte der diplomatisch gewiefte und wohl informierte Pius das nicht wissen können? Zumindest zeigte er Unsicherheit. Vor der Schuldfrage, einen möglichen Krieg betreffend, hatte Pius keinen Bogen gemacht. Zumal aus der jüngsten Rundfunkansprache konnte man Kritik an dem Unrechtsregime *Drittes Reich* herauslesen. Pius glaubte, wenigstens mit dem Zaunpfahl gewunken zu haben. Die Bemerkung, dass der Papst bereits deutlich gesprochen hat, ist typisch für Pacelli.

Wie schnell Pius seine vorsichtige Haltung und sein »Basta« revidierte, lässt sich in der Antrittsenzyklika nachlesen. An einer Stelle durchbricht er die allgemein gehaltene Linie des Lehrschreibens und kommt auf das schlimme Schicksal Polens zu sprechen. Pius war im Vorfeld wiederum vom französischen Botschafter gebeten worden, ein Wort des Mitleids und der Verurteilung zu sagen. Die Öffentlichkeit warte darauf. Auch der polnische Primas und Erzbischof von Posen und Gnesen, Kardinal Hlond, brachte eine ähnliche Bitte vor. Hlond war mit der polnischen Regierung nach Rumänien geflohen und noch im September 1939 im Vatikan eingetroffen. Der Papst war nicht erfreut über die Flucht des Kardinals. Es ist auch sehr ungewöhnlich, dass ein Bischof seine Diözese heranrückender feindlicher Soldaten wegen verlässt. Primas Hlond betrachtete sich wohl als Quasimitglied der Regierung.

Gegen Ende der Enzyklika schob Pius folgende Passage ein: »Das Blut ungezählter Menschen, auch von Nichtkämpfern, erhebt erschütternde Klage, insbesondere auch über ein so geliebtes Volk wie das polnische, dessen kirchliche Treue und Verdienste um die Rettung der christlichen Kultur mit unauslöschlichen Lettern in das Buch der Geschichte geschrieben sind und ihm ein Recht geben auf das menschlich-brüderliche Mitgefühl der Welt. Vertrauend auf die mächtige Fürbitte Marias, der Hilfe der Christen, ersehnt es die Stunde einer Auferstehung nach den Grundsätzen der Gerechtigkeit und eines wahren Friedens.«

Über diese namentliche Solidaritätsadresse waren Frankreich und der polnische Primas zufrieden. Auch in anderen Ländern wurde die Erwähnung Polens durch den Papst positiv aufgenommen. In Berlin war man erbost. Gestapo-Chef Heydrich gab sofort Weisung, dass die Verbreitung der Enzyklika außerhalb von Kirchenmauern strikt zu unterbinden sei. Und Propagandaminister Goebbels verbot Besprechungen des Textes in der Presse, auch in Kirchenblättern. Repressalien gegen deutsche Katholiken gab es keine. In den folgenden Wochen avancierte die Enzyklika zum Mittel einer ersten Propagandaschlacht im Zweiten Weltkrieg. Die Franzosen warfen 88 000 Flugblätter des Textes über deutschen Truppen an der Westgrenze ab, und im besetzten Polen wurde das Papstschreiben sogar amtlich vertrieben – mit einer kleinen aber wesentlichen Fälschung: statt »ein geliebtes Volk wie das polnische«, schrieb man »ein geliebtes Volk wie das deutsche«. Die Polen sollten sich durch die päpstliche Sympathiebekundung für Deutschland »verraten und verlassen« fühlen.[13]

Auch im weiteren Verlauf des Krieges wurde Papst Pius immer wieder vor die Frage gestellt, inwieweit er die staatliche Neutralität des Vatikan strapazieren durfte. Der Krieg war schuldhaft entfesselt und blieb ein himmelschreiendes Fiasko bis zur letzten Schlacht. In vielen Ansprachen hatte Pius daran keinen Zweifel gelassen. Doch als neutraler Staatschef musste er sich extrem zurückhalten und durfte keine Partei ergreifen. Als große »moralische Autorität« im Namen Jesu stand er aber in der Pflicht, für die Wahrheit Zeugnis abzulegen; das hatte er ja in der Antrittsenzyklika ausdrücklich betont. Am einfachsten war es noch, die zunehmend grausame Kriegsführung und die immensen Leiden der Menschen zu beklagen. Auch den Alliierten wird er in den nächsten Jahren in diesem Punkt schwere Vorhaltungen machen.

In seiner ersten Weihnachtsansprache am 24. Dezember 1939 wagte Pius ein offenes Wort zum sowjetischen Überfall auf Finnland, der im November begonnen hatte. Pius sprach von einem vorbedachten »Angriff auf ein kleines arbeitsames und friedfertiges Volk unter dem Vorwand einer Bedrohung, die nicht bestand, nicht beabsichtigt und überhaupt nicht möglich war«.[14] Gegenüber Moskau glaubte Pius keine Rücksichten nehmen zu müssen. Zu Stalin gab es keine diplomatischen Bande und Repressalien waren kaum möglich. Da verschiedentlich die Meinung aufkam, der Papst hätte erneut auf Polen angespielt, wurde rasch amtlich klargestellt: Finnland war gemeint.

Aber Pius rang mit sich. Musste er nicht auch Polens Schicksal dezidiert ansprechen? Konnte er das deutsche Wüten im besetzten Polen schweigend übergehen?

Kurz vor Weihnachten hatte ihm Kardinal Hlond einen ersten detaillierten Bericht vor allem über die Zustände in seinen eigenen Diözesen Posen und Gnesen übergeben (jetzt »Warthegau«). Danach wollten die deutschen Besatzer die kirchlichen Strukturen und das gesamte religiöse Leben im Warthegau und offensichtlich in ganz Polen ausmerzen. Zahlreiche kirchliche Einrichtungen wurden geschlossen und eine Welle der Gewalt gegen Priester hatte eingesetzt. Viele wurden misshandelt, verhaftet, ins KZ gebracht oder an Ort und Stelle erschossen. Über das Schicksal der jüdischen Bevölkerung machte der Bericht noch keine Angaben. Pius konnte sich aber an den fünf Fingern abzählen, dass die geschätzt dreieinhalb Millionen polnischen Juden in Berlin ganz oben auf einer Dringlichkeitsliste standen.

Was würde geschehen, wenn er unverhohlen die Besatzungsmethoden kritisieren würde – gar vor aller Welt? Durfte er das als neutraler Part in diesem Konflikt tun? Pius schwankte. Doch Mitte Januar 1940 hatte er sich zu einem öffentlichen Wort durchgerungen. Er gab *Radio Vatikan* Weisung, über die fürchterlichen Zustände im besetzten Polen zu berichten.

Ein paar Tage später wurde in verschiedenen Sprachen über den Äther u. a. erklärt: »Die Bedingungen des religiösen, politischen und wirtschaftlichen Lebens haben das edle polnische Volk, insbesondere in den von den Deutschen besetzten Gebieten, in einen Zustand von Terror, Abstumpfung und, wir möchten sogar sagen: Barbarei versetzt, der dem sehr ähnlich ist, der 1936 in Spanien von den Kommunisten verursacht wurde.« Die Resonanz war groß. Die Alliierten nickten befriedigt, und in Berlin ballte man die Fäuste. Alsbald erschien Botschaftsrat Menshausen im Staatsekretariat und überbrachte eine unverblümte Drohung: Die jüngste Sendung in Radio Vatikan sei geeignet, eine antideutsche Haltung in der Welt hervorzurufen. Das werde man nicht weiter hinnehmen; von der deutschen Regierung könnte es »unangenehme Reaktionen« geben. Der Vatikanhistoriker und Archivexperte Blet merkt dazu an: »Der Vatikan verstand die verhüllte Drohung mit Repressalien sehr wohl; zwei Tage später informierte Msgr. Montini Botschaftsrat Menshausen, dass Kardinal Maglione *Radio Vatikan* gebeten habe, die Sendungen über die traurigen Umstände in Polen auszusetzen.«[15]

Die Reaktion von Pius war prompt. Er holte seinen Versuchsballon ein, als Gewitter angekündigt wurde. Hatte er gehofft, Berlin würde die Sendungen nicht zur Kenntnis nehmen oder in ihnen eine Bagatelle sehen? Wahrscheinlich ließ es Pius darauf ankommen. Ein Abbruch der Berichterstattung war ja jederzeit möglich.

Ein paar Wochen später hatte Pius Gelegenheit, direkt mit einem NS-Führer zu sprechen. Reichsaußenminister Ribbentrop wollte während einer kurzfristigen Visite bei Mussolini auch zu einer Papstaudienz in den Vatikan kommen. Am 11. März 1940 empfing Pius XII. den Außenminister zu einem gut einstündigen Privatgespräch. Neben der allgemeinen Lage der Kirche im Reich wollte Pius auch den Krieg und Friedensmöglichkeiten thematisieren. Doch Ribbentrop ließ ihn nicht zu Wort kommen. In seiner üblichen arroganten Art unterbrach er den Pontifex sehr unhöflich und räsonierte lange über die neue und unschlagbare Stärke Deutschlands. Zweifellos würde man noch vor Jahresfrist einen vollständigen Sieg erringen, die halbe Welt liege offen vor Deutschland. Pius berichtete nach der Audienz dem Untersekretär Tardini von dem Gespräch und merkte noch zu Ribbentrop an: »Er hat dies so vorgetragen, als gäbe es keine Zweifel, auch nicht den geringsten. Er hat es mehrere Male wiederholt, während er die Stimme hob und gestikulierte.«[16]

Putschisten und der Papst

Als Pius XII. den deutschen Außenminister in offizieller Unterredung empfing, erreichte im Hintergrund eine Geheimdiplomatie gerade ihren Höhepunkt, die Papst und Kirche Kopf und Kragen hätte kosten können. Es ging um nichts Geringeres als um Unterstützung von Hochverrat und Staatsumsturz in Deutschland.[17]

Seit Sommer 1939 hatte sich der Widerstand gegen Hitler in gewissen militärischen und zivilen Kreisen stark formiert. Das Zentrum war der ehemalige Heeres-Generalstabschef Beck, Oberst (später General) Hans Oster und Admiral Canaris aus dem Abwehramt, der Alt-Oberbürgermeister von Leipzig Friedrich Goerdeler, der Jurist Hans v. Dohnanyi und der *Kreisauer Kreis* (Graf Moltke, Graf York, von Trotha, Jesuitenpater Delp, von Kessel u. a.). Im militärischen Zirkel wurde vornehmlich überlegt, wie Hitler am besten beseitigt und die Kontrolle im Staat nahtlos übernommen werden könne, während sich die zivilen Verschwörer Gedanken über ein Deutschland nach der NS-Diktatur machten. Nach den Kriegserklärungen Frankreichs und Englands war klar, dass nur im Einvernehmen mit diesen Staaten ein Umsturz in Berlin erfolgreich sein konnte. Der Kontakt sollte über London laufen. Dazu brauchte man einen allseits geachteten Vermittler, der auch die Seriosität der Verschwörer garantierte. Rasch fiel die Wahl auf Pacelli. Er war in bester Erinnerung, und er kannte die deutschen Verhältnisse exzellent. Außerdem war er jetzt Papst mit hoher Reputation.

Der Verschwörerkreis entsandte den Münchner Rechtsanwalt Josef Müller als Emissär nach Rom. Müller, der den Spitznamen »Ochsensepp« trug und nach dem Krieg der erste Vorsitzende der CSU in Bayern werden sollte, versuchte mit Prälat Ludwig Kaas und Papstsekretär Pater Leiber SJ Verbindung aufnehmen. Müller kannte den Prälaten, der einst Vorsitzender der Zentrumspartei war, sowie Pater Leiber von früher. Auch mit Pacelli war Müller persönlich verbunden. Schon im September 1939 kam es zu ersten Treffen mit Prälat Kaas. Dieser erstattete dem Papst kurz darauf persönlich Bericht über die Existenz und das Anliegen der militärisch-politischen Verschwörergruppe in Deutschland.

Die Situation war im höchsten Maße riskant. Allein das Wissen um einen aktiven Putschistenzirkel brachte den Papst in eine peinliche Lage. Das Begehren aber, als Mittelsmann zu einer feindlichen Macht aufzutreten und mithin ein wichtiges Glied im geplanten Staatsstreich zu spielen, war brandgefährlich. Nicht nur das. Es war ein diplomatisches Hasardeurstück, das den Bruch der Lateranverträge, sogar des Völkerrechts einschloss. Der Hl. Stuhl hatte geordnete diplomatische Beziehungen mit Deutschland und musste erklärtermaßen in allen Konflikten neutral bleiben. Jetzt sollte sich der Papst, völkerrechtlich eine fremde Macht, an einem Umsturz beteiligen – möglicherweise begleitet von einem Tyrannenmord.

Wie sollte Pius darauf antworten? Konnte er, durfte er sich darauf einlassen? Auf keinen Fall! Das meinte sein langjähriger Privatsekretär Pater Leiber SJ, der weiterhin in Diensten stand. Auch Geheimemissär Müller hatte erhebliche Bedenken, den Papst in die Verschwörung einzubinden. »Würden wir nicht gerade damit dem Diktator einen willkommenen Grund liefern, seine Rache zu nehmen?«[18]

Pius erbat sich einen Tag Bedenkzeit. Am nächsten Morgen war die Entscheidung gefallen; er wollte sich zur Verfügung stellen. Was hatte Pius in der Entscheidungsnacht unter langem und sicher intensivem Gebet alles vor seinem Herrn ausgebreitet? Welche Szenarien malte er sich aus? Welche Pflichten wog er gegeneinander ab? Was für Konsequenzen zogen an ihm vorüber? Machte er sich einen Notfallplan, wenn es schiefgehen sollte? Wollte er dann persönlich alle Verantwortung auf sich nehmen und zurücktreten? Hätte er damit die Kirche im Reich und in Italien halbwegs heraushalten können?

Pius bestimmte, dass alle zukünftigen Gespräche über Pater Leiber laufen sollten. Er war der persönliche Mittelsmann des Papstes. Pater Leiber hatte täglich Zugang zu Pius, ohne Verdacht zu erregen. Der geheime Kontakt mit Müller bekam das Losungswort »Römische Gespräche«.

Das Risiko war immens und nicht absehbar. Pater Leiber stand unter Beobachtung des SD, der Vatikan wurde systematisch ausgespäht, und in Berlin rechnete man stets mit der Möglichkeit eines Staatsstreiches oppositioneller Kräfte. Allerdings gab es für Heydrich und Himmler weder konkrete Spuren noch Namen. Die Geheimhaltung gelang perfekt. Pius wollte keine Schwachstelle sein und band den Vorgang strikt an seine Person. Außer Prälat Kaas und Pater Leiber durfte niemand wissen, was er tat. Selbst sein Staatssekretär Kardinal Maglione und die engsten Mitarbeiter Msgr. Tardini und Msgr. Montini wussten nichts. Die diplomatische Dreierspitze im Staatssekretariat wurde vom Papst völlig ahnungslos gehalten.

Schon im November und Dezember nahm Prälat Kaas Kontakt zum britischen Gesandten Francis D'Arcy Osborne auf und lancierte Friedensbereitschaft einer neuen deutschen Regierung ohne Hitler. Am 12. Januar empfing Pius den britischen Gesandten in geheimer Audienz und bestätigte die Putschpläne sowie die Vertrauenswürdigkeit der dahinterstehenden

Personen. Osborne gab die Informationen direkt an Außenminister Halifax weiter, der wiederum persönlich Primeminister Chamberlain aufsuchte. Doch London zögerte mit Garantien, obwohl man sich interessiert zeigte. Knapp einen Monat später kam es erneut zu einem strikt vertraulichen Treffen Osbornes mit dem Papst. Selbst Kardinal Maglione sollte nichts von der Begegnung erfahren.

Pius drängte auf Erfolg; London müsse die Sache ernst nehmen. Er kenne den führenden Putschgeneral und andere persönlich, doch er dürfe keinen Namen nennen. Der geplante Umsturz hätte Aussicht auf Erfolg, auch wenn es Zeit bräuchte, bis die Lage endgültig konsolidiert sei. Pius übergab dem Gesandten militärische Geheimpapiere, die Emissär Müller von Admiral Canaris bekommen hatte. Das Dokument verriet die Angriffstaktik der Wehrmacht im Westen, insbesondere die Besetzung des neutralen Belgiens.

Jetzt signalisierte London Entgegenkommen. Voraussetzung sei aber eine stabile Regierung ohne Hitler und kein Angriff im Westen. In den folgenden Wochen gab es weitere Gesprächsaktivitäten zwischen Müller aus München und Kaas, Leiber, Osborne und Pius. London wartete ab. Wenn die Generäle in Berlin putschen sollten und sich die Dinge im konstruktiven Sinne entwickeln würden, wäre man verhandlungsbereit. Es gab in London allerdings auch Widerstände und unbekannte Größen. Ein Umsturz durch Hochverrat sagte vor allem hochrangigen Militärs nicht zu, und die Haltung der Franzosen war noch ungeklärt.

Spätestens im April 1940 war die Zeit davongelaufen. Die Beseitigung Hitlers und die Übernahme der Regierungsgewalt schienen utopisch. Im Vatikan und in London hatte man vergeblich gewartet. Ende April schickte Generaloberst Beck Emissär Müller mit der Nachricht zum Papst, dass der Putschplan aufgegeben wurde; die Generäle hätten sich nicht zum Handeln entschließen können. Die Verhandlungen mit London könnten nicht mehr fortgeführt werden. Aber man danke dem Heiligen Vater für seinen Einsatz. Gleichzeitig gab Beck die geheime Information weiter, dass Hitlers Angriff im Westen jetzt unmittelbar bevorstehe. Dabei würden das neutrale Belgien und Holland besetzt werden.

Als Müller am 3. Mai Pater Leiber die Nachricht vom bevorstehenden Angriff Hitlers im Westen überbrachte, gab der Vatikan die Meldung sofort weiter. Belgien und Holland wurden durch chiffrierte Telegramme gewarnt.

Der französische Botschafter und der britische Gesandte sind am 6. Mai von Pius persönlich über die bevorstehende Offensive mit Einzelheiten des taktischen Vorgehens informiert worden. Allein diese Weitergabe hochverräterischer Informationen an Kriegskombattanten war ein eklatanter Neutralitätsbruch des Hl. Stuhls. In den Morgenstunden des 10. Mai war es so weit. Ein massiver Angriff rollte über Belgien, Holland und Luxemburg hinweg, und Panzerverbände stießen durch die Ardennen vor. Ein weiterer Blitzkrieg kündigte sich an.

Gleich am ersten Tag der Offensive drängten London, Paris und auch Washington den Papst zu einer öffentlichen Verurteilung des Angriffs auf die neutralen Beneluxstaaten. Fürchteten sie, dass Pius schweigen werde? Er hätte Grund dazu gehabt. Mussolini war extrem angespannt und Hitler schlug die entscheidende Schlacht mit höchstem Symbolwert. Vom Vatikan wurde Zurückhaltung über Einzelaktionen der Kriegsführung erwartet. Doch Pius sah sich gezwungen zu sprechen. Unabhängig vom Drängen der Alliierten hatte er sich dazu schon entschlossen. Eigenhändig tippte er drei Telegramme an den belgischen König Leopold, die niederländische Königin Wilhelmine und an die Großherzogin Charlotte von Luxemburg. Darin verurteilte er die rechtlosen Angriffe, drückte seine Zuneigung aus und beschwor Gottes Hilfe für die nun grausam leidenden Völker.[19] Noch am Abend des 10. Mai wurden die Depeschen verschickt und am folgenden Tag im Osservatore Romano auf der ersten Seite veröffentlicht.

Mussolini schnaubte vor Zorn. Er war gerade dabei, Italien an der Seite Deutschlands in den Krieg zu führen. Faschistische Trupps verprügelten Zeitungsverkäufer des Osservatore und machten selbst vor eigenen Ständen des Vatikan nicht halt. Am 13. Mai bot sich für Mussolini Gelegenheit mit dem Papst Klartext zu reden. Der italienische Botschafter beim Hl. Stuhl, Dino Alfieri, machte seinen protokollarischen Abschiedsbesuch. Er war zum Botschafter in Berlin ernannt worden. In der Privataudienz sollte Alfieri gegen die Telegramme des Pontifex an die drei Regenten scharf protestieren. Als der Botschafter den Protest vorbrachte, reagierte Pius konsterniert und verwahrte sich gegen die dreiste Maßregelung. Die Stimmung in der Audienz wurde eisig. Indigniert zog sich Signora Alfieri, die zum Höflichkeitsbesuch mitgekommen war, zurück. Der Botschafter legte nach und drohte: Das Verhalten des Papstes könnte schwerwiegende Vorfälle auslösen. An dieser Stelle fuhr Pius aus der Haut und verlor die Contenance –

was bei ihm so gut wie nie vorkam. Er habe sich schon 1919 in München nicht vor einem gezogenen Revolver gefürchtet, und jetzt habe er erst recht keine Angst. Auch fürchte er sich nicht davor, in ein Konzentrationslager zu kommen. Selten gab es im Vatikan einen derartigen diplomatischen Eklat. Pius' Nerven müssen blank gelegen haben.

Erregt warf er schließlich Alfieri an den Kopf:

>»Im Übrigen wissen die Italiener sicherlich über die schrecklichen Dinge Bescheid, die sich in Polen ereignen. Wir müssten Worte des Feuers gegen solche Dinge schleudern und das Einzige, was uns zurückhält, ist das Wissen, dass, wenn wir sprechen würden, wir das Los der Unglücklichen noch verschlimmern würden.«[20]

Zum ersten Mal formulierte Pius ausdrücklich sein Dilemma, das ihn abgeschwächt schon seit 1933 verfolgte: Worte des Feuers würde er gern schleudern, müsste er schleudern angesichts der Zustände in Polen. Doch aus Furcht vor Vergeltungsgewalt sei er zum Schweigen gezwungen. Es war Krieg, und bedrohtes Leben zählte nichts.

Pius hatte nicht nur aus kirchlichen Quellen Berichte über die Welle von Untaten bekommen, die das Generalgouvernement, den Warthegau und andere, einverleibte Gebiete heimsuchte. Wichtiger noch waren die vertraulichen Mitteilungen des Münchner Emissärs Josef Müller. Abwehrchef Admiral Canaris hatte sich aus Polen Berichte über SS-Untaten besorgt und für den Papst zusammengestellt. Mit diesen Papieren konnte sich Pius ein klareres Bild über die desaströse Lage in Polen machen. Erinnernd schreibt Müller, was er schon früh nach Rom trug: »Ausschreitungen gegen die Zivilbevölkerung, die ersten Massenerschießungen nicht nur von Männern und Frauen, sondern auch von Kindern als schauriger Auftakt zur systematischen Ausrottung der Juden und der polnischen Intelligenz.«[21]

Im ersten Kriegsjahr zeigte sich deutlich, wie sehr Pius hin- und hergerissen wurde. Seine Ausgangsposition stand fest: Der Krieg war eine Tragödie mit unabsehbaren Folgen, und Hitler hatte ihn zu verantworten. Aber der Hl. Stuhl war neutral, musste neutral bleiben – jedenfalls nach außen. Hitler hatte viele Machtmittel der Vergeltung in der Hand. Polen war ihm ausgeliefert und dazu die katholische Kirche dort wie im ganzen Reich. Aber mehr als alle anderen sah sich Pacelli als neuer Papst in der Pflicht, weltweit Jesus Christus zu vertreten. Vor Unrecht durfte er nicht schweigen, die Explosion des Bösen musste er bekämpfen, allen Verfolgten des Krieges hatte er Hilfe und Schutz zu gewähren, und der gerechte Frieden war das Ziel aller Ziele.

So klar Pius seinen Standpunkt einnahm und seine Pflichten vor Augen hatte, so unsicher war er bei der Frage, welche konkreten Schritte die komplizierte Situation erforderte. Was durfte er sich erlauben und was nicht?

Die oft vorgetragene Behauptung, Papst Pius XII. habe mit größter Umsicht und Entschlossenheit seine besonnene Politik verfolgt, ist falsch. Pius schwankte nicht nur, er schien regelrecht zu experimentieren. In den Monaten zwischen dem Überfall auf Polen und der Westoffensive hatte er mehrmals Vorstöße und Rückzieher gemacht, hatte sich ruhig verhalten und Wogen geglättet, um dann doch plötzlich laut zu werden mit dem Risiko, Sturm zu entfachen.

Wie weit er sich aus der Deckung wagen konnte, zeigt seine Einlassung auf das höchst gefährliche Manöver der »Römischen Gespräche«. Wäre die vermittelnde Unterstützung der Putschisten in Deutschland nicht so gut belegt, würde wohl jeder kirchlich versierte Historiker annehmen, dass Gerüchte solcher Art völlig aus der Luft gegriffen seien. Es sei undenkbar, dass sich der Papst mit Hochverrätern in Deutschland in ein Boot setze und deren gewaltsamen Staatsstreich fördere. Würde das auffliegen, wären die Folgen für den Vatikanstaat, für den Hl. Stuhl und die katholische Kirche katastrophal. Das könne kein Papst verantworten, schon gar nicht der Diplomatenfuchs Pacelli. Und dennoch hatte Pius sich darauf eingelassen – gegen den dringenden Rat seines langjährigen Privatsekretärs und Kirchengeschichtsprofessors Pater Leiber. Dass Pius seinen engsten Kurienmitarbeitern nicht ein Sterbenswörtchen verriet und nur den eigenen Kopf hinhielt, machte die Aktion nur vordergründig risikoärmer. Es war der Papst, der handelte, und nicht ein untergeordneter Kurienbeamter.

Der amerikanische Historiker Harold C. Deutsch, der die Ereignisse gründlich recherchiert hat, resümiert: »Zweifellos grenzte dieser wagemutige Schritt fast an Tollkühnheit« und könne »als eines der erstaunlichsten Ereignisse in der modernen Geschichte des Papsttums bezeichnet werden«. Er spricht damit vielen Kollegen aus der Seele. Deutsch berichtet noch, dass sich Pater Leiber vom Schock der Pius-Aktion bis in seine letzten Lebenstage nicht mehr habe erholen können. Der Historiker hatte bei seinen Nachforschungen auch Pater Leiber mehrfach interviewt.[22]

Die Mutmaßung des Historikerkollegen Sánchez, Pius XII. habe erst nach dem Scheitern der Verhandlungen die Gefährlichkeit des Unternehmens erkannt und daher ab diesem Zeitpunkt strikt Neutralität gewahrt,[23] ist schlicht gesagt Unsinn. Pius hatte beinah vierzig Jahre diplomatischen Dienst im Staatssekretariat und als Nuntius verbracht. Wenn einer die Klippen des Papstamtes übersehen konnte, dann war es Eugenio Pacelli.

Pius XII. hat gut daran getan, die Verschwörung in Deutschland zu unterstützen, trotz des immensen Risikos. Er musste es versuchen. Er durfte angesichts der anrollenden Lawine des Bösen nicht untätig bleiben.

6. IM ANGESICHT DES HOLOCAUST

UNFASSBARE NACHRICHTEN

Nach dem blitzartigen Feldzug im Westen keimte auch in der Kurie die Hoffnung auf, dass der neue Krieg im Grunde beendet sei. Pius war anderer Meinung. Seine großen diplomatischen Erfahrungen und seine Kenntnisse über Hitlers expansiven Lebensraumwahn stimmten ihn pessimistisch. Doch wie furchtbar dieser Krieg noch werden würde, dürfte auch Pius nicht geahnt haben.

Unter der Explosion des Grauens wird er zunehmend leiden. Sein körperlicher Verfall in den nächsten Jahren war die sichtbare Seite der physischen wie psychischen Belastungen, denen er ausgeliefert war und denen er sich aussetzte. Am Ende brachte Pius nur noch 58 kg auf die Waage – bei einer Größe von 1,82 Meter. Im Apostolischen Palast wird er im Winter das Heizen verbieten, ganz gleich bei welcher Außentemperatur. Oft waren seine Hände so steif vor Kälte, dass er nicht mehr schreiben konnte. Dann hat ihm Schwester Pascalina eine kleine Wärmflasche gemacht, die er an die Hände legen sollte. Mehr denn je versuchte Pacelli auf Annehmlichkeiten zu verzichten und Grundbedürfnisse auf ein Minimum zu reduzieren.

Solange der Krieg dauert, wird Pius den Frieden anmahnen und immer wieder anmahnen. Durch alle möglichen Hilfen wird er versuchen, Kriegsleiden zu mildern. Das päpstliche Suchbüro für Vermisste und Kriegsgefangene nimmt seine Arbeit auf, eine Art Caritas-Notstelle wird unter Federführung von Schwester Pascalina im Vatikan aufgebaut, und in zahlreichen Einzelfällen leistet Pius großzügige Unterstützung.

Doch dieser Krieg ist anders als die vorangegangenen. Er entfesselt Dämonen, die unersättlich sein werden im Verbreiten von Tod und Leid. Und im dunkelsten Schatten dieser Zeit wird sich eine Judenvernichtung vollziehen, vor der jede menschliche Vorstellungskraft versagt.

Die kirchliche Tradition kennt eine Art von Sünde, die den Himmel erschüttert und die Erde weinen lässt. Es sind die sogenannten *himmel-schreienden Sünden*. Der Aufschrei ihrer Taten soll nämlich direkt an Gottes Ohr gelangen und sein Handeln herausfordern. Zu den fünf Sünden dieser Art zählen das vergossene Blut des unschuldigen Abel und die Unterdrückung des Volkes Israel in Ägypten. Der »Mord an Unschuldigen« und die »Verfolgung von Menschen« in anderen Ländern waren gleich zwei himmelschreiende Sünden, die vor den Augen des Stellvertreters Christi mit teuflischer Berechnung vollzogen wurden. Der Schrei dieser Frevel hallte nicht nur im Himmel wieder, er drang auch an Pius' Ohr.

Seit den vertraulichen Mitteilungen von Canaris aus dem Abwehramt wusste Pius von ersten Judenerschießungen im besetzten Polen. Die Taten waren noch unkoordiniert und kaum vom Kriegsterror gegen andere polnische Gruppen zu unterscheiden. Aber Pius war sich im Klaren, dass die Juden in akuter Gefahr schwebten. Einstweilen konnte man in Polen die Einrichtung von Massenghettos und den Aufbau von KZs beobachten.

In Deutschland kam es schon im Herbst 1940 zu einer groß angelegten Deportation in den Gauen Baden und Saarpfalz. Hitler hatte mit den Gauleitern Wagner und Bürckel beschlossen, den Südwesten als erstes »judenrein« zu machen – ein ganzes Jahr vor der »regulären« Deportationswelle im Reich. Am 21./22. Oktober 1940 wurden weit über 6000 jüdische Menschen handstreichartig aus ihren Wohnungen geholt und ins Zwischenlager Gurs an der spanischen Grenze deportiert. Betroffen war auch Freiburg im Breisgau, wo Erzbischof Gröber residierte. Es gab weder von ihm noch von anderen Bischöfen Protest gegen die Aktion. Allerdings sorgte sich Gröber um das Schicksal der katholisch getauften Juden. Am 24. Oktober schreibt er dringlich an Caritaspräsident Prälat Kreutz, der sich gerade in Berlin aufhält. Er möge doch sofort zusammen mit Bischof Wienken (Repräsentant der Bischofskonferenz) zum Nuntius gehen, damit er baldmöglichst einen Schritt des Hl. Stuhls zugunsten der betroffenen Katholiken veranlasse.[1] Ob es in dieser Sache einen diplomatischen Vorstoß aus Rom gab, ist nicht bekannt; die bisherigen Quellen schweigen darüber. Sicherlich wird aber Nuntius Orsenigo wenigstens eine Notiz ans Staatssekretariat geschickt haben.

Bischof Galens Kampfansage – Behindertenmorden

Im Jahr 1940 wurde Bischof Gröber mit einem weiteren schwerwiegenden Problem konfrontiert. Es sollte bald eskalieren und zu einer dramatischen Konfrontation zwischen Bischof Graf von Galen und Berlin führen. Pius war nicht direkt mit diesem Konflikt befasst. Aber im Nachhinein lobte er den Mut Galens, für die Wahrheit einzustehen und Konsequenzen in Kauf zu nehmen. Gröber war im Frühjahr 1940 aufgeschreckt worden durch private Berichte über die Häufung von Todesfällen geisteskranker Menschen in der Anstalt Grafeneck beim schwäbischen Gomadingen. Nach einer vergeblichen Sondierung beim Innenministerium in Karlsruhe schreibt er zusammen mit dem Generalvikar der Nachbardiözese einen Brief an den Chef der Reichskanzlei Lammers. Darin protestieren die beiden gegen die Euthanasie Geisteskranker und bitten eindringlich, allen Einfluss geltend zu machen, dass das gottwidrige Verfahren eingestellt werde. Die Kirche wäre bereit, alle Kosten der Versorgung dieser Menschen zu übernehmen. »Ew. Exzellenz werden verstehen, wie sehr uns diese Angelegenheit auf dem Gewissen liegt und wie sehr herzlich und dringend unsere Bitte ist, es möchte unverzüglich diesen Dingen eine Ende bereitet werden.«[2] So der Schlusssatz der Oberhirten.

Das zurückhaltende und geradezu rührselige Schreiben befremdet. Die Bitte Gröbers und Kottmanns bleibt in Ton und Inhalt weit hinter dem ungeheuerlichen Vorgang der planmäßigen Tötung behinderter Menschen zurück. Der Brief wurde wie die üblichen kirchlichen Protestschreiben behandelt: Man ignorierte ihn einfach.

Die sogenannte »Aktion Gnadentod« an lebensunwertem Leben aus rassenhygienischer Sicht des Nationalsozialismus war einige Monate nach Kriegsbeginn angelaufen. Ein entsprechender Führerbefehl wurde auf das symbolische Datum 1. September 1939 rückdatiert.[3] Neben der Anstalt Grafeneck wurden Behinderte vor allem auch in den Anstalten Bernburg, Brandenburg, Hadamar, Hartheim und Sonnenstein getötet. Die Angehörigen der Opfer bekamen Nachricht, dass ihr Anverwandter einer Infektionserkrankung erlegen sei und eingeäschert wurde.

Im Sommer 1941 sah sich Bischof Graf von Galen gezwungen, an die Öffentlichkeit zu gehen. Nachdem er wegen der Euthanasiefälle Strafanzeige gegen Unbekannt erstattet hatte, stieg er am 3. August 1941 auf die Kanzel der Kirche St. Lamberti in Münster und hielt zornig eine legendär gewordene Predigt. Es war die letzte von drei offenen Kanzelworten, in denen Bischof Galen harte Angriffe gegen den nationalsozialistischen Kirchenkampf in seinem Bistum führte. In der dritten Predigt ging Galen ausdrücklich auf die vorsätzliche Tötung von Geisteskranken ein. Das NS-Regime mache gar keinen Hehl daraus, dass schon viele getötet wurden und noch getötet werden sollten. In seiner volkstümlichen Sprache fand Bischof Galen drastische Worte und Vergleiche für diese Ungeheuerlichkeit. Warum würde man die armen, wehrlosen Kranken umbringen, fragt er:

»Man urteilt: sie können nicht mehr Güter produzieren, sie sind wie eine alte Maschine, die nicht mehr läuft, sie sind wie ein altes Pferd, das unheilbar lahm geworden ist, sie sind wie eine Kuh, die nicht mehr Milch gibt. Was tut man mit solch alter Maschine? Sie wird verschrottet. Was tut man mit einem lahmen Pferd, mit solch einem unproduktiven Stück Vieh? Nein, ich will den Vergleich nicht bis zu Ende führen –, so furchtbar seine Berechtigung ist und seine Leuchtkraft. Es handelt sich hier ja nicht um Maschinen, es handelt sich nicht um Pferd oder Kuh […] Nein, hier handelt es sich um Menschen, unsere Mitmenschen, unsere Brüder und Schwestern. Arme Menschen, kranke Menschen, unproduktive Menschen meinetwegen! Aber haben sie damit das Recht auf Leben verwirkt? […]

Wehe den Menschen, wehe unserem deutschen Volk, wenn das hl. Gottesgebot: »Du sollst nicht töten«, das der Herr unter Donner und Blitz auf Sinai verkündet hat, das Gott, unser Schöpfer, von Anfang an in das Gewissen der Menschen geschrieben hat, nicht nur übertreten wird, sondern wenn diese Übertretung sogar geduldet und ungestraft ausgeübt wird.«[4]

Insbesondere diese Predigt über den »Gnadentod« unproduktiver Volksgenossen elektrisierte die Hörer und löste ein mittleres Beben aus – weit über das Münsterland hinaus. Die Erschütterungen reichten bis nach Berlin. Namentlich Martin Bormann, der einflussreiche Chef der Reichskanzlei und Intimus des Führers, wollte Galen kurzerhand aufhängen lassen. Galen selbst erwartete seine Verhaftung; er hatte sie in Kauf genommen. Doch Goebbels warnte – obwohl er selbst vor Wut raste. Galen dürfe jetzt kein Märtyrer werden, das ganze Münsterland sei dann verloren. Nach dem Krieg könne man mit ihm abrechnen, gründlich abrechnen. Hitler schloss sich Goebbels Standpunkt an, obwohl er den Bischof am liebsten vor dem Volksgerichtshof sehen wollte.[5]

Die Predigten Bischofs Galens wurden heimlich abgeschrieben und verteilt. Die Popularität des Bischofs als »Löwe von Münster« stieg steil an und seine anklagenden Worte über die Tötung unproduktiven Lebens verbreiteten sich überall im Reich. Wegen der Proteste Galens und ähnlicher Widerstände im kirchlichen Raum blieb Hitler nichts anderes übrig, als die »Aktion Gnadentod« noch im August 1941 öffentlich zu beenden. Gleichzeitig wurden alle Gauleiter angewiesen, die offensiven Maßnahmen gegen kirchliche Einrichtungen und Klöster einzustellen. Allerdings versuchte man im Geheimen, die Tötung Behinderter fortzusetzen – dezentraler und unauffällig. Diese Taktik war zwar nicht so effektiv, aber sie schützte vor frontalen Angriffen und Unruhe im Volk.

Die Predigten Galens erreichten selbstverständlich auch Pius XII. Er studierte sie aufmerksam und lernte sogar Passagen auswendig. In einem Brief an seinen Freund Bischof Preysing – der sich ebenfalls gegen die Euthanasieaktion eingesetzt hatte und der ein Cousin Graf von Galens war – lobte Pius den großen Mut Bischof Galens. Die Predigten seien Beweise dafür, »wie viel sich durch offenes und mannhaftes Auftreten innerhalb des Reiches immer noch erreichen lässt«. Er bräuchte wohl nicht eigens zu versichern, dass jedes mutige Vorgehen von Bischöfen stets seinen vollen Rückhalt genieße.[6]

Apokalyptische Reiter

Zur gleichen Zeit, als Galen sein couragiertes Kanzelwort sprach, wurde im Osten mit dem Genozid an den Juden begonnen. Hitlers Überfall auf die Sowjetunion läutete den letzten Akt der »Endlösung« ein. Schon bevor die Wehrmacht am 22. Juni auf breiter Front die Grenze überschritt, waren die Befehle für Einsatz- und Sonderkommandos der SS fertig. Im rückwärtigen Kriegsgebiet begannen die Einsatzgruppen unverzüglich, jüdische Menschen gleich welchen Alters zusammenzutreiben und in Massen zu erschießen. Bis Ende 1941 waren von den Kommandos schon rund eine halbe Million Juden exekutiert worden. Die Massaker wurden, so gut es ging, geheim gehalten. Zum Vatikan gelangten in der Anfangsphase keine Informationen über die planmäßig begonnene Ausrottung der Juden. Pius tappte noch im Dunkeln, aber ihn dürften schlimmste Befürchtungen geplagt haben.

Im September 1941 war im Reichsgebiet die Zwangskennzeichnung aller

Juden mit einem gelben Stern in Kraft getreten. Nuntius Orsenigo machte darüber gleich Meldung. Einen Monat später setzten im großen Stil die Deportationen überall im Land ein. Die Ziele lagen alle im Osten, wo die Reichsjuden vorläufig meist in Arbeitslagern oder Ghettos interniert wurden. Der Gestapo- und SD-Chef Heydrich drängte auf eine durchschlagende und koordinierte Strategie der Judenbehandlung. Im Juli 1941 war er von Reichsmarschall Göring offiziell zum Beauftragten für die Endlösung der Judenfrage bestellt worden. Heydrich war klar, dass die Einsatzkommandos, die unter seiner Federführung ihr Mordwerk verrichteten, für die Gesamtaufgabe nicht geeignet waren. Am 20. Januar 1942 lud er zur sogenannten Wannseekonferenz ein, auf der mit führenden Behörden- und Parteivertretern die Zahlen der zu deportierenden Juden festgelegt und die erforderlichen Maßnahmen abgesprochen wurden. Heydrich teilte mit, dass der Führer die Auswanderung der Juden verboten und stattdessen deren »Evakuierung« in den Osten befohlen habe. Insgesamt kämen rund 11 Millionen Juden dafür in Betracht. Für diese surreal anmutende Zahl des Grauens wurden auch jüdische Bürger neutraler Staaten erfasst. Adolf Eichmann, der bei der Konferenz das Protokoll führte, wird sich in Folge zum Meisterorganisator der Deportationen überall aus dem besetzten Europa entwickeln.

Für Papst Pius wird 1942 zum Schreckensjahr. Von verschiedener Seite wird er bald mit einer Horrormeldung nach der anderen konfrontiert. Schon Anfang Februar werden die deutschen Bischöfe durch Margarete Sommer über das Todesschicksal der deportierten Juden unterrichtet. Sommer war Leiterin des Bischöflichen Hilfswerks für katholische Nichtarier im Bistum Berlin. Dieses Hilfswerk unterstand unmittelbar Bischof Preysing und Dompropst Lichtenberg. Nur dem Namen nach sollte es für konvertierte Juden gelten, de facto war es eine konspirative Unterstützungs- und Schaltzentrale für alle bedrohten Juden. Frau Sommer leistete unzählige Einzelhilfen, vermittelte Juden sichere Verstecke, sammelte Informationen über das Los der Deportierten und erstellte Berichte für die Bischöfe. Am 5. Februar überbrachte sie in Berlin Bischof Berning (Osnabrück), der für den Regierungskontakt zuständig war, furchtbare Nachrichten über die bislang abtransportierten Reichsjuden. Berning notierte dazu:

> »Von Litzmannstadt kommen seit Monaten keine Nachrichten. [...] Die Menschen im elenden Zustand, große Sterblichkeit. – In Kowno sind

Transporte von Berlin. Aber es wird bezweifelt, ob noch einer am Leben ist. – In Minsk und Riga keine bestimmten Nachrichten, viele erschossen. Es besteht wohl der Plan, die Juden ganz auszurotten.«[7] Der Bischof wandte sich sofort an den Amtsbruder Wienken (Bischofskonferenz) und regte an, dass der Nuntius den Heiligen Vater informieren solle. Von Rom aus müsse man etwas für die katholischen Nichtarier unternehmen. Es ist nicht bekannt, ob der Nuntius eine entsprechende Nachricht ans Staatssekretariat sandte. Die Quellen schweigen. Das Gleiche gilt für Informationen aus dem ausführlicheren Bericht, den Frau Sommer ein paar Tage nach dem Gespräch mit Berning vorlegte (14. Februar 1942).[8] In dem Rapport listete Sommer die genauen Transportzahlen aus dem Reich auf und dokumentierte verlässliche Aussagen von Augenzeugen. Ein Gewährsmann hatte ihr in Berlin persönlich Bericht erstattet. Sommer zitiert:

»Die aus D[eutschland] kommenden Juden mussten sich völlig entkleiden […], dann in vorher von russischen Kriegsgefangenen ausgehobene ›Gruben‹ steigen. Darauf wurden sie mit Maschinengewehren erschossen; Granaten wurden hintendrein geschleudert. Ohne Kontrolle, ob alle tot waren, ertönte das Kommando, die Gruben zuzuschütten.«

Auf die wiederholte Nachfrage bestätigte der Zeuge auch, dass die nach Kowno abtransportierten Berliner Juden mit Sicherheit erschossen worden seien. Das Gleiche sei in Riga und Minsk geschehen. Dort habe man aber Handwerker vorerst verschont. Frau Sommer schlug Alarm. Für März plane man weitere Transporte und die Panik unter den Juden wachse. Planlose Flucht und Selbstmorde seien an der Tagesordnung.

Auch von anderer Seite wurden Bischöfe informiert. 1963 schrieb der FDP-Politiker Thomas Dehler in einem Artikel, dass sein Freund Alfons Hildebrand dem Münchner Kardinal Faulhaber von den SS-Todeskommandos bei Minsk berichtete. Hildebrand war Veterinär und lag 1942 mit seiner Einheit in der Nähe von Minsk. In einem Städtchen, dessen Einwohner größtenteils jüdische Handwerker waren, hatte er das Kommando. Als eine SS-Sondereinheit auftauchte und die Juden massenweise exekutierte, habe Hildebrand entsetzt beim Divisionskommandeur interveniert. Doch dieser habe abgewunken – er könne gegen die SS nichts ausrichten.

Da Hildebrand Erzbischof Faulhaber gut kannte, erwirkte er Sonderurlaub, um dem Kardinal persönlich die gottlosen Gräuel zu bezeugen. Er müsse unbedingt Papst Pius informieren, damit dieser mit seiner ganzen

Autorität vor der Welt die Stimme erhebe. Faulhaber sei tief betroffen gewesen, erzählte Hildebrand danach seinem Freund Dehler und verzweifelt beschrieb er Faulhabers Reaktion: »Am Ende zuckte er mit den Achseln; die Kirche sei ohnmächtig.« Dehler bemerkt dazu hart: »Das ist das schwer zu Tragende: Die da mordeten und die es hinnahmen, sie waren Christen, waren auf das Gebot der Nächstenliebe verpflichtet. Niemals ist Christus mehr verleugnet worden.«[9]

Ob Kardinal Faulhaber der Bitte Hildebrands entsprochen hat und dem Papst die ungeheuerlichen Vorkommnisse mitteilte, ist nicht bekannt.

Von Erzbischof Gröber aus Freiburg dagegen bekam Pius Informationen über Massentötungen von Juden im Osten. Gröber verfasste mit Datum vom 14. Juni 1942 einen langen Brandbrief an den Papst, in dem er so gut wie jeden beklagenswerten Punkt aus kirchlicher Sicht ansprach. Zur NS-Weltanschauung schrieb der Erzbischof summarisch, dass sie nicht nur radikalster Antisemitismus sei, sondern auch die »Vernichtung des Judentums in seiner Geisteshaltung sowohl, als auch in seinen Angehörigen« verfolge. Und weiter unten im Brief bemerkte er: Von einem Kriegsteilnehmer habe er in diesen Tagen aus seinem eigenen Mund gehört, dass ihm ein Führer einer SS-Mannschaft erklärt habe, er hätte vor einiger Zeit die Nachricht weiterleiten können, der 100 000ste Jude sei nun »umgelegt«. Nach Gröber handelte es sich dabei um litauische Juden, von denen bislang wohl um 220 000 getötet worden seien.[10]

Im Frühjahr 1942 erfuhr auch Gerhart Riegner in der Schweiz von der begonnenen Endlösung der Judenfrage. Riegner war der Büroleiter des *Jüdischen Weltkongresses* in Genf und hatte gute Kontakte. Riegner wandte sich an den päpstlichen Nuntius in Bern, damit er den Vatikan unterrichte. Zusammen mit seinem Kollegen Lichtenberg schrieb er ein ausführliches Memorandum über die Situation der Juden in den besetzten Gebieten und übergab es Nuntius Bernardini. Diesmal wird das Staatssekretariat informiert; das Memorandum gelangte nachweislich in den Vatikan: Jedoch verliert sich dort seine Spur. Welche Diskussionen und Wirkungen es auslöste, lässt sich aufgrund der Quellenlage nicht klären.[11]

Ungeklärt bleibt bis dato auch die Frage, ob der erschütternde Augenzeugenbericht des SS-Offiziers Kurt Gerstein den Papst erreicht hat. Gerstein war als überzeugter evangelischer Christ und Sympathisant der Bekennenden Kirche von 1933 an ein erklärter Nazi-Gegner. Nachdem er von der

»Aktion Gnadentod« für geistig Behinderte erfahren hatte, bewarb er sich bei der Waffen-SS, um Einblick in die Todesmaschinerie zu bekommen. Aufgrund seiner Ingenieurausbildung und medizinischer Kenntnisse wurde Gerstein im Berliner Hygieneinstitut der Waffen-SS eingesetzt. Dort stieg er rasch zum Leiter des Gesundheits- und Desinfektionsdienstes auf. Der Umgang mit Blausäure zur Ungezieferbekämpfung gehörte zu seinem Alltag. Im August 1942 wurde er zu den Vernichtungslagern Belzec, Treblinka und Majdanek beordert. Offiziell sollte er die Desinfektion der riesigen Kleidermengen begutachten, inoffiziell aber war er als technisch-medizinischer Experte für Zyangas gefragt.

Am 17. August führte man Gerstein in Belzec eine Massenvergasung von rund 3000 Menschen mittels eines großen Dieselmotors vor. Das war bislang die übliche Methode. Gerstein sollte prüfen, inwieweit eine Umstellung auf das Blausäuregas *Zyklon B* in größerem Stil möglich sei. In Auschwitz experimentierte man schon seit einem dreiviertel Jahr mit Zyklon B. Das Verfahren sollte ausgebaut, perfektioniert und flächendeckend eingeführt werden. Beim Anlassen des Dieselaggregats in Belzec gab es eine Panne. Die Menschen mussten in den vier Gaskammern eingepfercht in Todesangst weit über zwei Stunden ausharren, bis der Motor richtig lief. Trotzdem wurde Gerstein von Kommandant Wirth gebeten, keine Änderung des Verfahrens vorzuschlagen – es sei doch alles so gut eingespielt.[12]

Gerstein war tief schockiert und versuchte, sein furchtbares Erlebnis Vertrauenspersonen in Berlin mitzuteilen. Der damalige Superintendent und spätere Bischof Otto Dibelius sowie Baron von Otter von der Schwedischen Botschaft waren die ersten Anlaufstellen. Die katholische Kirche wollte Gerstein gleich über die Apostolische Nuntiatur informieren. Doch er wurde nicht vorgelassen, da er Mitglied der SS war. Daraufhin wandte sich Gerstein an Frau Sommer vom Bischöflichen Juden-Hilfswerk.[13] Da Sommer eng mit Bischof Preysing zusammenarbeitete, dürfte sie mit hoher Wahrscheinlichkeit diesem den brisanten Bericht Gersteins vorgetragen haben. Ob Preysing danach in irgendeiner Form den Papst informiert hat, ist nicht rekonstruierbar.

Pius hatte 1942 eigene Quellen, die ihn über einen entfesselten Juden-Genozid unterrichteten. Im Zuge der Verlegung italienischer Verbände an die Ostfront kamen begleitende Militärkapläne auch durch Polen und angrenzende Gebiete. Von wenigstens drei Geistlichen ist bezeugt, dass sie

Schreckensnachrichten an den Vatikan weitergaben.[14] Einen von ihnen, Pirro Scavizzi, kannte Pacelli seit Jahren persönlich. Don Scavizzi hatte im Auftrag des Malteserordens seit 1941 Lazarettzüge begleitet und war durch Polen und weiter bis in die Ukraine gekommen. Inoffiziell war er auch im kirchlichen Auftrag unterwegs, um Informationen zu beschaffen und Hilfen zu bringen. Scavizzi traf dabei mehrere polnische Würdenträger, allem voran Kardinal Sapieha, den Erzbischof von Krakau. Sapieha gab dem Kaplan einen Brief an den Papst mit, in dem der alltäglichen Terror in Polen drastisch geschildert wurde, allerdings ohne direkt auf die Judenvernichtung einzugehen. Kurz darauf bat der Kardinal jedoch Scavizzi durch einen Boten, den Brief zu verbrennen; das Schreiben dürfe auf keinen Fall in deutsche Hände gelangen. Don Scavizzi machte heimlich eine Abschrift und zerstörte dann das Original.

Im Mai 1942 hatte er Gelegenheit, Pius den Brief zu übergeben. »Ich konnte die entsetzlichen Grausamkeiten der Hitlerorganisation, zumal der SS, aus der Nähe sehen und den Heiligen Vater davon unterrichten.« Scavizzi informierte den Papst unter anderem darüber, dass die antijüdischen Ausschreitungen stetig zunahmen und es Massenexekutionen gab. An den Juden in der Ukraine habe es bereits ein komplettes Massaker gegeben. Zu Pius' Reaktion schrieb Scavizzi: »Ich sah ihn weinen wie ein Kind und beten wie einen Heiligen.«[15]

Bei einer weiteren geheimen Privataudienz im Oktober 1942 erzählte Scavizzi noch ausführlicher über die diabolische Vernichtungsmaschinerie, die in Polen und anderen besetzten Gebieten am Werk war. Flüchtlinge aus den Ghettos würden berichten, dass die Orte durch systematisches Gemetzel an den Juden entvölkert würden. Und die noch Lebenden hätten nicht einmal Lebensmittelkarten; ihr Los sei der Hungertod. Scavizzi resümiert unfassbar:

> »Die Ausrottung der Juden durch Massenmord ist quasi total, ohne Rücksicht auf Kinder, selbst wenn sie Säuglinge sind. [...] Man sagt, dass über zwei Millionen Juden ermordet seien.«[16]

Die Zahl von zwei Millionen ermordeter Juden Mitte 1942 wurde auch vom Apostolischen Gesandten in Kroatien, Giuseppe Marcone, nach Rom gemeldet. Nachdem Marcone bei der kroatischen Regierung wiederholt vergeblich gegen die grausame Behandlung und die Deportationen von Juden protestiert hatte, wandte sich der Gesandte kurzerhand an den mächtigen

Polizeichef (Slavko Kvaternik) im Lande. Im Bericht nach Rom vom 17. Juli 1942 schreibt Marcone, dass der Polizeichef von einem Befehl der deutschen Regierung sprach, alle Juden an Deutschland auszuliefern, »wo, wie mir Kvaternik selbst berichtet hat, in der letzten Zeit zwei Millionen Juden umgebracht worden sind«.[17] In dieser Information sieht der sonst sehr vorsichtige Vatikanhistoriker Pierre Blet die bedeutendste Nachricht zum Holocaust, die der Vatikan bis zum Sommer 1942 erhalten hatte.

Gut einen Monat später erreichte Pius erneut eine Horrormeldung direkt aus dem Vernichtungsgebiet. Es war ein Brief des Lemberger Erzbischofs Andrzej Szeptyckyj. Der Bischof ringt die Hände zum Himmel und versichert, dass nach einem Jahr Herrschaft der Deutschen kein Tag vergangen sei ohne schreckliche Verbrechen und Erschießungen:

»Die Juden sind die ersten Opfer. Die Zahl der getöteten Juden in unserem kleinen Land ist sicherlich auf über zweihunderttausend angestiegen. [...] Die Zahl der Opfer nimmt zu. In Kiew wurden in wenigen Tagen zirka dreihunderttausend Männer, Frauen und Kinder exekutiert. Aus jeder kleinen Stadt der Ukraine gibt es ähnliche Bezeugungen von Massakern und das seit einem Jahr.«[18]

Zweifellos war Pius im Herbst 1942 persönlich besser informiert als sein eigenes Staatssekretariat. Das lag nicht nur an seinem Arbeitsstil, möglichst viel allein zu machen und alles rund um Deutschland als Chefsache zu behandeln, sondern auch an Geheimhaltungsfragen in diesen Kriegszeiten. Den Deutschen durfte möglichst wenig kompromittierendes Material in die Hände fallen, falls der Vatikan eines Tages besetzt würde.

Staatssekretär Maglione antwortete noch im Oktober 1942 zurückhaltend auf eine offizielle Anfrage des US-Gesandten Myron Taylor, was der Vatikan über Massakervorwürfe an Juden wüsste. Natürlich habe man solche Berichte über »harte Maßnahmen« gegen die Nichtarier bekommen, deren Wahrheitsgehalt bisher aber nicht überprüfen können. Sein engster Mitarbeiter Msgr. Montini war anderer Meinung. Er verwies auf die Information von Graf Malvezzi, der geschäftlich in Polen unterwegs war und am 18. September dem Vatikan schriftlich mitgeteilt hatte: »Die Massaker an den Juden haben abscheuliche und fürchterliche Ausmaße und Formen angenommen. Tagtäglich gibt es unglaubliche Gemetzel. Es scheint, man wolle bis Mitte Oktober alle Ghettos leeren.«[19]

Am 2. Januar 1943 wandte sich der Polnische Staatspräsident Raczkiewicz aus London mit einem Brief an Papst Pius. Raczkiewicz war ein paar Wochen zuvor vom polnischen Untergrundkämpfer Jan Karski aus erster Hand über Judenmassaker in Polen, speziell im Konzentrationslager Belzec, informiert worden.[20] Leutnant Karski war glaubwürdig und diplomatisch versiert; er hatte 1939 sein juristisches Endexamen im Außenministerium absolviert. Präsident Raczkiewicz erinnert den Papst daran, dass Polen seit mehr als drei Jahren einem stetig wachsenden Terror ausgeliefert sei, der alle gesellschaftlichen Gruppen betreffe. Die Ausrottung der Juden könne man als einem systematischen Massenmord mit wissenschaftlicher Präzision ansehen. Die Evakuierungen würden ganze Landstriche entvölkern. Bei Verletzungen des göttlichen Rechts dürfe es keine Kompromisse geben, wagt der Laie Raczkiewicz dem Pontifex vorzuhalten. Das polnische Volk warte dringend auf ein persönliches Wort des Papstes, ein Wort, dass das Böse beim Namen nenne und an den Pranger stelle.

Im Sommer 1943 unterrichtete Jan Karski auch hohe US-amerikanische Regierungskreise (allen voran Präsident Roosevelt) sowie höchste Kirchenvertreter in Washington, z. B. Kardinal Spellman und den Apostolischen Gesandten.

Spätestens im Frühjahr 1943 hatten sich die Nachrichten im Vatikan derart konkretisiert, dass man von einem Giftgaseinsatz gegen die Juden in den Konzentrationslagern ausgehen musste.[21] Vielleicht war Pius davon bereits vorher durch einen bisher noch nicht aufgefundenen Hinweis Bischof Preysings unterrichtet worden. Mit Datum vom 5. Mai 1943 wurde schließlich im Staatssekretariat ein Memorandum erstellt, das man ob der unfassbaren Schlussfolgerungen mehrmals lesen muss:

>»Juden. Lage fürchterlich. In Polen gab es vor dem Krieg circa 4 500 000 Juden; man rechnet heute, dass (mit allen, die noch aus den anderen von den Deutschen besetzten Ländern gekommen sind) nicht einmal 100 000 übrig geblieben sind. In Warschau war ein Ghetto eingerichtet worden, in dem ungefähr 650 000 lebten; heute werden es nur noch 20 000 bis 25 000 sein. Selbstverständlich sind einige der Kontrolle entgangen; aber es gibt keinen Zweifel, dass der größte Teil umgebracht worden ist.
>[...]
>Spezielle Todeslager nahe bei Lublin (Treblinka) und bei Brest-Litovsk. Man erzählt, dass einige Hunderte auf einmal in Räume eingesperrt wer-

194

den, wo sie unter dem Einsatz von Gas erledigt werden. Transportiert in Viehwagons, hermetisch abgeriegelt, mit einem Boden aus ungelöschtem Kalk.«[22]

GEWISSENKONFLIKTE UND GÜTERABWÄGUNG

Was konnte Pius tun? Was musste er tun? Schon seit zehn Jahren stellte sich
Pacelli diese Fragen. Jetzt waren sie zu den Fragen aller Fragen geworden.
Seine schlimmen Ahnungen, die ihn spätestens ab 1925 begleiteten, als er
den Nationalsozialismus als Häresie bezeichnete und er sich anschickte,
Hitlers *Mein Kampf* genau zu studieren, waren bei weitem übertroffen wor-
den. In diesem Krieg schien die Hölle entfesselt zu sein. Ohne das Wort
»Endlösung« zu kennen, offenbarte sich vor Pius ein Juden-Genozid, den
Hitlers Schergen mit Hochdruck vorantrieben. Selbst mit einer gehörigen
Portion Skepsis, was konkrete Zahlen betraf, konnte sich Pius sicher sein,
dass im Herbst 1942 schon über eine Million Juden systematisch liquidiert
worden sein musste. Tatsächlich war die Anzahl weit höher.

Vielleicht war es um diese Zeit, als Pius XII. zum ersten Mal einen Exorzismus über Hitler sprach. Irgendwann war Pius nämlich zur Überzeugung
gelangt, dass dieser Mann vom Teufel besessen sein musste. Ausdrücklich
bestätigte mir Pater Gumpel in Gesprächen mehrmals den wenig bekannten
Versuch von Pius, per Exorzismus aus Hitler den Teufel auszutreiben. Von
wenigstens zwei päpstlichen Exorzismen gäbe es beeidete Zeugenaussagen
bei den Seligsprechungsakten. Aus Verzweiflung wohl hatte sich Papst Pius
zu diesem ungewöhnlichen Schritt entschlossen. Das Rituale Romanum
sieht eine Fern-Teufelsaustreibung nicht vor. Doch der Papst setzte sich mit
seiner höchsten Autorität darüber hinweg und beschwor von Rom aus, dass
der Teufel in Berlin aus Adolf Hitler fahren möge. Genutzt hat es nichts.

»Sie sind doch mit mir der Auffassung, dass wir unseren Kampf gegen
diabolische Mächte haben führen müssen?« Das sagte Pius zum »Ochsensepp« Josef Müller im Mai 1945, als dieser vom Tresckow-Attentatsversuch
auf Hitler am 13. März 1943 erzählte. Ein unwahrscheinlicher Zufall zer-
schlug die Aussicht auf Befreiung vom Diktator. Über Müller hatte Pius mit
dem Widerstand in Deutschland für einen Staatsstreich konspiriert und
ebenfalls vergeblich auf Erfolg gehofft.[23]

Ich kann nicht anders

Wie kämpft man gegen Hölle und Teufel? Man sollte meinen, ein Papst wüsste am besten, was zu tun sei. Doch Pius war sich nicht sicher. Sein Auftrag, vor der Welt die Wahrheit Jesu Christi zu bekennen und gegen jedes Unrecht einzuschreiten, erschien ihm dringlicher denn je, aber er brauchte ebenso dringend Klarheit über die Folgen seines Handelns. Dass von ihm als exponiertem Vertreter des Weltgewissens von ganz verschiedenen Seiten solches Zeugnis erwartet wurde, war Pius bewusst, aber auf dem Weg zu ihm sah er Hindernisse, Klippen und falsche Richtungsanzeigen.

Als sich das Hiobsjahr 1942 neigte, war der Druck auf Pius XII. enorm angestiegen. Von den Regierungen der Alliierten, von jüdischer Seite und von vielen anderen Seiten wurde erwartet, ja, wurde der Papst gedrängt, dass er zu den ungeheuerlichen Vorgängen der massenhaften Judenvernichtung Stellung nehme. Man hoffte auf deutliche Worte in der weltweit übertragenen Weihnachtsansprache. Im Dezember 1942 offenbarte Pius dem Rektor der Päpstlichen Universität Gregoriana, Pater Dezza SJ, seine Gewissensnot: »Man beklagt, dass der Papst nicht spricht. Aber der Papst kann nicht sprechen. Wenn er es täte, würde die Situation schlimmer werden.«[24]

Schlimmer werden – das war Eugenio Pacellis große Sorge. Er durfte nichts tun, was er als ethisch verantwortungslos ansah und vor seinem Gewissen nicht bestehen konnte. Aber Pius sah sich dennoch in die Pflicht genommen. Wie konnte er vor dem Mikrofon weltweit die Wahrheit der Liebe und des Guten bezeugen, ohne den tosenden Sturm des Bösen noch anzufachen?

Nach reiflicher Überlegung und wohl häufigen Korrekturen entschied sich Pius für eine Rede, die eher einer theologischen Abhandlung glich, denn einem Weihnachtswort, das knapp und bündig Wesentliches ansprach. Unter dem Motto »Die Grundelemente des Gemeinschaftslebens« zog Pius einen weiten Bogen von der Finsternis und den Leiden der Zeit über deren Ursachen zu den Forderungen der Kirche bis zur ausdrücklichen Solidarität mit den unschuldigen Opfern.[25] Die gerafften Bemerkungen am Ende der langen Ansprache über die »Opfer« des Krieges haben Pius viel Kritik eingebracht. Bevor er die Opfer erwähnte, beschwor Pius das Gelöbnis aller Gutgesinnten, nicht zu rasten, bis in allen Völkern und Ländern das göttliche Gesetz befolgt werde in der Achtung des Menschenrechts und des Naturrechts. Dieses Gelöbnis schulde die Menschheit allen Toten auf den Schlachtfeldern, dazu der unabsehbaren Trauerschar von Müttern, Witwen und Waisen, den unzähligen Verjagten und Entwurzelten sowie den Tausenden von Frauen, Kindern, Kranken und Greisen, die Opfer des Luftkrieges seien. Am Schluss der Aufzählung klagte Pius eindringlich ins Mikrofon: »Dieses Gelöbnis schuldet die Menschheit den Strömen von Tränen und Bitternis, von Leid und Qual, die aus den Ruinen des Riesenkampfes hervorbrechen, den Himmel beschwörend, den Geist herabflehend, dass er die Welt vom Überhandnehmen der Gewalt und des Schreckens erlöse.«

Mitten im Aufzählungsreigen dieser Opfer sagte Pius auch:

»Dieses Gelöbnis schuldet die Menschheit den Hunderttausenden, die persönlich schuldlos bisweilen nur um ihrer Volkszugehörigkeit oder Abstammung willen dem Tode geweiht oder einer fortschreitenden Verelendung preisgegeben sind.«

War das genug gesagt? In der Einleitung seiner Botschaft hatte Pius betont: »Die Kirche würde sich selbst [...] verleugnen und verlieren, wollte sie taub bleiben gegenüber dem Notruf ihrer Kinder, der aus allen Schichten der Menschheit an ihr Ohr dringt.« Taub war Pius nicht. In beinah jeder Passage der Weihnachtsansprache kam man heraushören, wie sehr er gelitten hat, wie er sich grämte über die Verirrung der Zeit und einen Krieg, der sich an keine humanitären Vorgaben mehr zu halten schien. Doch Pius kleidete seine Kritik in wohlgesetzte Worte. Er nannte nicht Ross und Reiter. Er erwähnte nur das Faktum einer Rassenvernichtung, die im Gange sei. Mehr sagte er dazu nicht – keine nähere Anspielung, keine Verwendung des Wortes »Jude« oder nur »Nichtarier«. Pius hoffte, trotzdem verstanden zu werden. Nach eigener Auffassung hatte er sich weit aus dem Fenster gelehnt. War es schon zu weit? Hatte er die richtigen Formulierungen und das richtige Maß gefunden? Pius schwankte.

Ein halbes Jahr später bekennt der Papst in der traditionellen Namenstagsansprache vor dem Kardinalskollegium (2. Juni 1943) quasi amtlich seinem Führungspersonal: »Jedes Wort, [...] und jede Unserer öffentlichen Kundgebungen musste von Uns ernstlich abgewogen und abgemessen werden im Interesse der Leidenden selber, um nicht ungewollt ihre Lage noch schwerer und unerträglicher zu gestalten.«[26]

Diese strenge Disziplin, jedes Wort auf die Goldwaage legen zu müssen, am bestem gleich zwei Mal, und es genau mit den zu erwartenden Folgen auszutarieren, war auch für den versierten Diplomaten Pacelli kaum zu meistern. Pius wusste das selbst am besten.

In einigen Briefen an Bischöfe in Deutschland ließ Pius Andeutungen fallen, wie schwierig eine Stellungnahme für ihn sei. Besonders ein langes Schreiben an seinen Freund Bischof Preysing von Berlin vom 30. April 1943 ist aufschlussreich.[27] Preysing hatte in einem Brief vom 6. März Pius auch von der neuen Welle der Judendeportationen aus Berlin berichtet, die Ende Februar begonnen hatte. Durch diese Aktion sollten die letzten Juden aus der Hauptstadt fortgeschafft werden. Betroffen waren diesmal auch Juden aus gemischten Ehen und bestimmte »Mischlinge« (Geltungsjuden), die man bislang verschont hatte. Nach der Kapitulation in Stalingrad wollte das SS-Hauptamt wohl kein Pardon mehr geben. Die Razzia führte zu einem Schweigeprotest der vornehmlich arischen Ehefrauen vor der speziellen Sammelstelle der »gemischten« Juden in der Rosenstraße. Es ist historisch noch umstritten, ob dieser berühmt gewordene Protest der »Frauen in der Rosenstraße« letztlich die Niederschlagung des Deportationsvorhabens erreichte. Auf jeden Fall war es eine außergewöhnlich mutige Aktion Berliner Bürger gegen die allmächtige Polizeigewalt der Gestapo und sorgte für erhebliche Unruhe bis hinauf zu Goebbels, der den Führer informierte.[28]

Zu den verhafteten Juden schrieb Preysing an Pius: »Es handelt sich um viele Tausende, ihr wahrscheinliches Geschick haben Eure Heiligkeit in der Radiobotschaft von Weihnachten angedeutet. [...] Wäre es nicht möglich, dass Eure Heiligkeit noch einmal versuchten, für die viele Unglücklichen-Unschuldigen einzutreten?«[29a] Preysings Bitte ist respektvoll-vorsichtig, aber deutlich. Der Papst solle seine Autorität in die Waagschale werfen und für die deportierten Juden etwas tun.

Wenn Pius keine rechten Worte zu einer Anfrage fand oder die Gefahr sah, missverstanden zu werden, überging er sie einfach kommentarlos. Das hatte er viele Jahre als Nuntius und Staatssekretär so gehandhabt. Im Antwortschreiben auf Preysings Brief merkt man, dass Pius die Problematik nicht umgehen will. Er nimmt immer wieder Anläufe, um seine Situation klar zu machen und wirbt um Verständnis.

Als Papst müsse er volle Unparteilichkeit wahren bei Auseinandersetzungen der Mächte dieser Erde. Das heiße aber nicht, unberührt zu bleiben von konkreten Nöten in den einzelnen Ländern. Er sorge sich nicht nur aufrichtig, sondern er leide schrecklich daran, was ihm »seit Jahr und Tag an Unmenschlichkeiten zu Ohren kommt«; es wirke auf ihn geradezu »lähmend und schaudererregend«.[29b] Eher beiläufig merkt Pius an: »Zu dem, was im deutschen Machtraum zurzeit gegen die Nichtarier vor sich geht, haben Wir in Unserer Weihnachtsbotschaft ein Wort gesagt. Es war kurz, wurde aber gut verstanden.«[29c] Außer den karitativen Hilfen könne er in der augenblicklichen Lage nichts weiter tun als beten.

Pius lobt die mutigen Worte, die Preysing in Berlin gesprochen habe, und anerkennt die zahlreichen Hilfen für Nichtarier in seinem Bistum: »Man wende nicht ein, dass bischöfliche Kundgebungen, die mutvoll der eigenen Regierung gegenüber für die Rechte der Religion, der Kirche, der menschlichen Persönlichkeit, für Schutzlose, von der öffentlichen Macht Vergewaltigte eintreten, gleichviel ob die Betroffenen Kinder der Kirche oder Außenstehende sind – dass solche Kundgebungen eurem Vaterland in der Weltöffentlichkeit schaden. Jenes mutvolle Eintreten für Recht und Menschlichkeit stellt euer Vaterland nicht bloß, wird euch und ihm vielmehr in der Weltöffentlichkeit Achtung schaffen und kann sich in Zukunft sehr zu seinem Besten auswirken.«[29d] Pius greift Preysing hier kräftig unter die Arme. Er solle keine Angst haben vor Vorwürfen oder gar Maßnahmen wegen Vaterland und Volk schädigendem Verhalten.

Interessant ist die Schlussbemerkung: In der Zukunft könne solches Handeln beste Wirkungen hervorbringen. Pius benutzte mit Bedacht den Konjunktiv. Zukünftige Folgen bleiben immer unsicher, und das war das Problem, sein Problem.

Wie vorbehaltlos Pius kämpferisches Auftreten bei anderen loben und unterstützen konnte, zeigt auch der Kanzelprotest Graf von Galens gegen den »Gnadentod«. Als Galen nach dem Krieg im Februar 1946 zum Empfang der Kardinalswürde nach Rom gekommen war, pries Pius noch einmal in der Privataudienz seine mutigen Worte und dankte für alles, was er erlitten habe. Doch Galen war bedrückt. Ja, erwiderte er, »aber wie vielen meiner besten Priester habe ich dadurch, dass sie meine Predigten verbreiteten, Konzentrationslager, ja den Tod bereitet!«[30]

Bereute der Löwe von Münster sein couragiertes Vorgehen? Hätte er lieber schweigen sollen? Offensichtlich nicht. Im August 1941 sah er sich im Gewissen vor Gott gezwungen, seine Stimme zu erheben – trotz der möglichen Rache Berlins. Auch Pius fand zu dieser Zeit und nach dem Krieg keinen Grund, Zweifel anzumelden. Es ist nichts anderes als Belobigung und Einverständnis von Pius überliefert.

Konkrete Ratschläge, ob und wie ein Bischof im Reich der NS-Riege die

Stirn bieten sollte, erteilte Pius nie. Er wollte sich in dieser heiklen Frage nicht einmischen. Im erwähnten Brief an Preysing merkt er an, dass die Oberhirten selbst entscheiden sollen, wenn die Frage nach Reden oder Schweigen anliegt:[31]

> »Den an Ort und Stelle tätigen Oberhirten überlassen Wir es abzuwägen, ob und bis zu welchem Grade die Gefahr von Vergeltungsmaßnahmen und Druckmitteln im Falle bischöflicher Kundgebungen sowie andere vielleicht durch die Länge und Psychologie des Krieges verursachten Umstände es ratsam erscheinen lassen, trotz der angeführten Beweggründe, ad maiora mala vitanda Zurückhaltung zu üben.«[31a]

Mit der lateinischen Wendung »ad maiora mala vitanda«, das heißt: um größere Übel zu verhüten, formuliert Pius verdichtet sein eigenes moralisches Prinzip der Güterabwägung und Urteilsfindung. Pius gesteht ein, wie kompliziert die Situation sich für ihn ausnimmt. »Für den Stellvertreter Christi wird der Pfad, den er gehen muss, um zwischen den sich widerstreitenden Forderungen seines Hirtenamtes den richtigen Ausgleich zu finden, immer verschlungener und dornenvoller.«[31b] Und er räumt auch ein, dass angesichts der außergewöhnlichen Grausamkeiten die Linie der Unparteilichkeit kaum durchzuhalten sei. Allein die Lage in diesem Krieg an sich sei schon kompliziert genug. Selten seien Päpste so »einer Belastungsprobe ausgesetzt gewesen, wie der Hl. Stuhl sie gegenwärtig zu bestehen hat«.[31c]

Auch anderen deutschen Bischöfen vertraute Pius an, wie schier unmöglich es für ihn sei, in diesen Zeiten eine klare moralische Abwägung vorzunehmen. In einem Brief Ende Januar 1943 bemerkt er an Kardinal Faulhaber, dass der Hl. Stuhl sich inmitten einer »unsagbar schwierigen Lage«, befinde, »in der eine Unsumme von politischen und religiös-kirchlichen Fragen sich in steigendem Masse [...] gegenseitig überschneiden und durchkreuzen«.[32] Gut ein Jahr später schreibt er Erzbischof Frings (Köln) von »den fast übermenschlichen Anstrengungen, derer es bedarf, um den Hl. Stuhl über dem Streit der Parteien zu halten«, und von der »schier unentwirrbaren Verschmelzung [...] von Gewalt und Recht (im gegenwärtigen Konflikt unvergleichlich mehr als im letzten Weltkrieg), sodass es oft schmerzlich schwer ist zu entscheiden, ob Zurückhaltung und vorsichtiges Schweigen oder offenes Reden und starkes Handeln geboten sind«.[33]

Protest schon in der Hand

Allein die sporadischen Bemerkungen über das Dickicht von Forderungen und Anforderungen, von widerstreitenden Interessen, Rücksichten und Kompromissen lassen ahnen, wie viel Zweifel Pius plagen mussten. Dementsprechend war eine Güterabwägung nach dem ethischen Prinzip, »größere Übel zu verhüten«, ausgesprochen schwierig. Und noch schwieriger war es, eine getroffene Entscheidung, lieber zu schweigen denn offen zu reden, vor dem eigenen Gewissen als allein richtige Lösung durchzuhalten.

Pius XII. war sich im Schweigen längst nicht so sicher, wie gern behauptet wird. Er hat sich vielmehr geradezu zerrissen und seine Grundhaltung immerzu selbst angezweifelt. Zwei gut belegte Situationen aus dem Jahre 1942 sind beispielhaft. Die eine bezeugte der bereits erwähnte Militärkaplan Don Scavizzi, die andere Schwester Pascalina.

Im Zuge der gerade aufgeflammten Debatte über Pius XII. und den Holocaust berichtete Don Scavizzi 1963 von einer Privataudienz beim Papst im Oktober 1942. Scavizzi erzählte Pius von unfassbaren Grausamkeiten und systematischen Massakern an den Juden jeden Alters in Polen und im besetzten Osten. Weiter erinnert er sich:

> »Der Papst stand neben mir und hörte mich sehr bewegt und erschüttert an. Er erhob seine Hände zum Himmel und sprach zu mir: ›Sagen Sie allen, denen Sie es sagen können, dass der Papst für sie mit ihnen mit dem Tode ringt. Sagen Sie, dass ich mehrmals daran gedacht habe, den Nazismus mit dem Bannstrahl zu belegen, um die Bestialität der Vernichtung der Juden vor der zivilisierten Welt zu brandmarken. Wir haben von schwersten Drohungen der Vergeltung gehört, nicht gegen unsere Person, aber gegen die armen Söhne, die sich unter der nazistischen Herrschaft befinden. Durch verschiedene Vermittler sind eindringliche Bitten zu uns gelangt, dass der Hl. Stuhl keine drastische Haltung einnehmen möge. Nach vielen Tränen und vielen Gebeten bin ich zu dem Urteil gekommen, dass ein Protest von mir nicht nur niemandem nützen, sondern den wildesten Zorn gegen die Juden entfesseln und die Akte der Grausamkeit vervielfältigen würde, denn diese Menschen sind vollkommen wehrlos. Vielleicht hätte ein feierlicher Protest mir von der zivilisierten Welt ein Lob eingetragen, aber er hätte den armen Juden eine noch unversöhnlichere Verfolgung gebracht, als die es ist, unter der sie leiden.‹«[34]

Die Erschütterung von Papst Pius und sein schmerzhafter Aufschrei über das Los der armen Juden berühren trotz des zeitlichen Abstands vieler Jahre. Zum ersten Mal gibt der Papst zu, dass er mehrmals ernsthaft an eine rigorose Verurteilung der Judenvernichtung durch das NS-Regimes gedacht habe. Das war schon im Jahre 1942. Und freimütig bekennt Pius, wie intensiv das Ringen um eine Entscheidung war. Eine Nacht im Gebet und unter Tränen reichte gewiss nicht aus. Wenn der laute Protest für ihn eine ernsthafte Option war, musste er zumindest vorübergehend eine andere Folgenabwägung als sonst vorgenommen haben. Was ist Pius dabei durch den Kopf gegangen? Warum hat er schließlich der Vergeltungsdrohung dennoch Priorität eingeräumt und Gegenargumente untergeordnet?

Pius muss sehr nahe daran gewesen sein, eine andere Entscheidung zu treffen. Das zeigt eine Episode Anfang August 1942, die von Schwester Pascalina überliefert wurde.

Vorausgegangen waren Ereignisse in Holland, wo im Juli Massendeportationen der ansässigen Juden begonnen hatten. Angeführt von Erzbischof De Jong aus Utrecht wurde ein Protest aller christlichen Kirchen in den Niederlanden beschlossen und am 11. Juli per Telegramm dem Reichskommissar Seyß-Inquart übermittelt. Am Sonntag, den 26. Juli sollte ergänzend in allen Kirchen ein Kanzelprotest gegen die Deportationen verlesen werden. Seyß-Inquart wollte dieses offene Wort verhindern und übte Druck auf die Kirchen aus. Gleichzeitig köderte er mit einem Handel: Alle getauften Juden sollten von der Deportation verschont werden, wenn die Kanzeln schwiegen. Erzbischof De Jong und seine Kollegen gingen nicht darauf ein und ließen den Protest in allen katholischen Kirchen verlesen. Daraufhin gab es am 2. August eine Razzia gegen katholisch getaufte Juden. Betroffen waren auch Edith Stein und ihre Schwester Rosa, die seit 1938 bzw. 1940 im Echter Karmelkloster lebten. »Komm, wir gehen für unser Volk«, sagte Edith zu ihrer Schwester, als sie das Haus verließen.[35]

Schwester Pascalina schreibt:

»Man brachte die Morgenzeitungen in das Arbeitszimmer des Heiligen Vaters, der sich anschickte, zu den Audienzen zu gehen. Er las nur die Überschrift und wurde kreidebleich. Zurückgekehrt von den Audienzen – es war schon 13 Uhr und Zeit zum Mittagessen – kam der Heilige Vater, ehe er ins Speisezimmer ging, mit zwei großen, eng beschriebenen Bogen in der Hand in die Küche, wo die einzige Möglichkeit war, am offenen

Feuer etwas zu verbrennen, und sagte: ›Ich möchte diese Bogen verbrennen, es ist mein Protest gegen die grauenhafte Judenverfolgung. Heute Abend sollte er im Osservatore Romano erscheinen. Aber wenn der Brief der holländischen Bischöfe 40 000 Menschenleben kostete, so würde mein Protest vielleicht 200 000 kosten. Das darf und kann ich nicht verantworten. So ist es besser, in der Öffentlichkeit zu schweigen und für diese armen Menschen, wie bisher, in der Stille alles zu tun, was menschenmöglich ist.‹ – ›Heiliger Vater‹, erlaubte ich mir einzuwenden, ›ist es nicht schade zu verbrennen, was Sie hier vorbereitet haben? Man könnte es vielleicht noch einmal brauchen.‹ – ›Auch ich habe daran gedacht‹, antwortete Pius XII., ›aber wenn man, wie es immer heißt, auch hier eindringt und diese Blätter findet – und mein Protest hat einen viel schärferen Ton als der holländische –, was wird dann aus den Katholiken und Juden im deutschen Machtbereich? Nein, es ist besser, ihn zu vernichten.‹ Der Heilige Vater wartete bis die beiden großen Bogen vollständig verbrannt waren, und verließ erst dann die Küche.«[36]

Abgesehen von den grotesk übertriebenen Zahlen in Pascalinas Erinnerung, gilt die Episode im Kern als glaubwürdig. Wahrscheinlich hatte Pascalina eine Zahl aus dem Buch von Pinchas Lapide *Rom und die Juden* im Kopf, als sie die Zeilen schrieb. Lapide gibt an einer Stelle die Deportationszahl *aller* holländischen Juden bis Ende August 1942 mit 40 000 an.[37] Diese Zahl ist jedoch nur eine Planvorgabe aus Eichmanns Büro. Tatsächlich waren bis Anfang September rund 11 000 Juden deportiert; das Ziel 40 000 wurde Ende des Jahres erreicht. Nach Recherchen des Utrechter Kirchenhistorikers Theo Salemink waren unter den Deportierten 114 katholisch getaufte Juden. Aus Vergeltung für das offene Kanzelwort hatte man 245 Personen in ganz Holland verhaftet. Insgesamt waren 758 Katholiken jüdischer Herkunft in den Niederlanden registriert. Salemink schätzt die Gesamtzahl auf rund 1000 (mit Illegalen und Fehlregistrierten).[38]

Als Pius XII. an dem Augustmorgen in der Zeitung von den Deportationen auch getaufter Juden in Holland las, ist er auf keinen Fall auf die Zahl 40 000 gestoßen. Diese astronomische Menge von Konvertiten gab es nicht einmal im gesamten Europa; das wusste der Diplomat Pius sehr genau. Auch hatte keine Nachrichtenagentur irgendwelche anderen Zahlen zur Verfügung. Das Faktum an sich erschreckte Pius. Der Kanzelprotest der holländischen Bischöfe hatte die Besatzungsbehörde tatsächlich zu einer Vergeltungsmaßnahme herausgefordert.

Was aber musste Pius zuvor überlegt haben? Warum hatte er schon einen scharfen päpstlichen Protest gegen die Judendeportationen druckreif in Händen? Warum war er fest entschlossen, noch am selben Tag dem Osservatore Romano die Zeilen zu übergeben? Wie viele Stunden oder Tage hatte Pius mit sich gerungen, um am Ende überzeugt zu sein, dass er nicht länger schweigen dürfe? Die Drohungen von deutscher Seite waren ihm wohl bewusst – er kannte solche in abgeschwächter Form schon seit 1933.

Weshalb sich Pius nach der Meldung aus Holland spontan umentschieden hat und seinen Protest verbrannte, lässt sich nur mit einer fundamentalen Unsicherheit erklären, die ihn quälte. Seine Güterabwägung war bei weitem nicht so eindeutig, wie er es selbst gern hoffte oder sich zuweilen vormachte.

Nach Aussage eines Zeugen wollte Pius irgendwann 1942 noch einmal öffentlich die Nazi-Barbarei verdammen, und zwar in einer Ansprache vor einer deutschen Besuchergruppe im Vatikan. Es sei eine sehr harte Rede gewesen, direkt in Deutsch niedergeschrieben. Eine Stunde vor der Audienz sei Pius wie gewohnt die Rede noch einmal durchgegangen und habe jedes Adjektiv bedacht. Dabei las er den Text mit erregter und empörter Stimme einer Vertrauensperson vor (vielleicht Pater Leiber). Plötzlich habe Pius innegehalten und die Seiten weggelegt: »Ich habe die Pflicht, die Dinge zu vereinfachen, nicht zu verkomplizieren«, sagte er und fügte hinzu, dass ein Protest jede Maßnahme zur Rettung der Opfer des wahnsinnigen NS-Diktators zunichte machen würde.[39] Die alten Sorgen aus dieser Richtung hatten wieder die Oberhand gewonnen. Sie stoppten seinen Vorstoß und machten Pius glauben, dass er im Grunde keine Wahl habe.

Kann es schlimmer kommen?

Pius XII. schien sich den Zwängen seiner Güterabwägung nicht entziehen zu können – trotz der Bedenken, die ihn plagten. Daran änderten auch dringliche Bitten von verschiedenen Seiten an den Papst nichts, wie: Er möge doch seine Stimme erheben; er solle mit seiner ganzen Autorität das Böse beim Namen nennen und vor allem das Grauen der Judenvernichtung vor aller Welt verurteilen. Auf ein entsprechendes Gesuch vom Berliner Bischof Konrad Preysing wurde weiter oben schon hingewiesen. Preysing hatte sich gewiss nicht leichtfertig zu diesem Schritt entschlossen. Er hatte vor der Theologie Jura studiert und war als Jurist im bayerischen Staatsdienst tätig gewesen. Preysing dürfte die Güter- und Folgenabwägung ebenso gründlich und verantwortungsbewusst wie kenntnisreich durchgeführt haben. Seit 1935 residierte er als Bischof in Berlin und kannte die Situation in der Höhle des Löwen aus nächster Anschauung. Im Oktober 1941 hatte er die Verhaftung seines beherzten Dompropstes Lichtenberg miterleben müssen. Und durch sein bischöfliches Hilfswerk für die Nichtarier seiner Diözese mit der konspirativ arbeitenden Margarete Sommer an der Spitze wusste Preysing um jede Gefahr, die drohte. Dennoch bat er Pius um eine diplomatische Intervention. In seinen Augen war ein solcher Schritt keinesfalls ethisch verantwortungslos.

Eine ähnliche Einstellung hatte ausgerechnet Erzbischof De Jong von Utrecht. Die Vergeltung des Reichskommissars Seyß-Inquart an den katholisch getauften Juden hielt De Jong nicht davon ab, noch einmal zu protestieren und sogar an Pius direkt heranzutreten.[40] Am 17. Februar 1943 erklärte De Jong im Ton bischöflicher Vollmacht für seine Diözese, dass es allen Katholiken als Beamte, als Behördenangestellte und in sonstigen Positionen aus Gewissensgründen verboten sei, an Deportationen mitzuwirken. Andere Kirchen in Holland haben gemeinsam mit De Jong ähnliche Erklärungen abgegeben. Sechs katholische Polizisten aus Utrecht übrigens, die zuvor bei Verhaftungen geholfen hatten, mussten nach dem bischöflichen Donnerwetter den Dienst quittieren und untertauchen. Im Mai 1943 schließlich unterstützte De Jong ausdrücklich einen Brief mehrerer Diözesanmitarbeiter an den Papst, die in der humanitären Judenhilfe tätig waren. In dem Schreiben wurde Pius eindringlich gebeten, öffentlich gegen die Deportationen zu protestieren. Der Historiker Salemink findet es bemerkenswert, dass die engagierten Laien und Erzbischof De Jong trotz der Vergeltung anlässlich des Kanzelprotestes Ende Juli 1942 dieses Bittgesuch an den Papst stellten. Salemink weiter: »Pius XII. leistete dieser Bitte keine Folge. In der Öffentlichkeit beharrte er bei seinem Schweigen. Umsicht (*prudentia*) ging über eine prinzipielle Stellungnahme.«[41]

Eine noch schärfere Aufforderung zu einem pontifikalen Machtwort kam im September 1942 vom polnischen Bischof Karol Radoński (Diözese Wloclawek).[42] Monsignore Radoński war zum Exil gezwungen worden und lebte in England. Von dort aus schrieb er am 14. September sehr erregt einen Brief an das Staatssekretariat. Warum verharre der Papst in Schweigen angesichts des alltäglichen Gemetzels in Polen? Die Menschen dort hätten das Gefühl, verloren und verlassen zu sein, klagt Radoński. Kardinal Maglione antwortet streng: »Soll der Vater der Christenheit das Unglück, das die Polen in ihrem eigenen Land erdulden, noch grausamer machen?« Aus Furcht vor neuen und noch härteren Verfolgungen müsse und dürfe man nur im Geheimen wirken.

Bischof Radoński ließ diese Begründung nicht gelten. Bitter schreibt er im Februar 1943 zurück: »Ich frag mich, welche Prälaten den Hl. Vater gebeten haben, weiterhin zu schweigen. [...] Die Tatsachen beweisen, dass die Verfolgungen jeden Tag grausamer werden, auch wenn der Papst schweigt. Nun werden die Kinder ihren Eltern entrissen und massenhaft nach Deutschland deportiert und die Mütter, die versuchen, sie zu verteidigen, werden sofort getötet. Wenn solche Verbrechen begangen werden, die nach der Rache des Himmels schreien, wird das unerklärliche Schweigen des Höchsten Herrn der Kirche für diejenigen, die den Grund dafür nicht kennen, und das sind Tausende, ein Grund zum Abfall vom Glauben.«[43]

Schwester Pascalina berichtet, dass Pius ihr gegenüber einmal auf den gekreuzigten Christus verwies, als er seine eigene schwierige Situation beschreiben wollte: »Er ist angenagelt und kann sich nicht befreien, kann nur dulden und leiden. … Auch der Papst ist angenagelt auf seinem Posten und muss stille halten.«[44]

Dem Stellvertreter war klar, dass Jesus nur die letzten Stunden seines Lebens angenagelt war. In der Zeit seines Wirkens verkündigte er sehr frei sein Evangelium und trat mutig für Wahrheit und Gerechtigkeit ein. Ohne Zweifel wollte Pius das auch. An persönlichem Mut und an Treue zum Evangelium fehlte es ihm gewiss nicht. Aber es fehlte ihm an Mut und Vertrauen, eine Entscheidung ins Ungewisse zu fällen, eine Entscheidung, die seine bisherige Urteilsfindung radikal in Frage stellte.

WENN DAS GEWISSEN NEU ENTSCHEIDET –
SINNESWANDEL!?

Ad maiora mala vitanda, »um größere Übel zu verhüten« – konnte Pius dem eingetretenen Pfad seiner Güterabwägung überhaupt eine neue Richtung geben? Obwohl der Pfad nach eigenem Bekenntnis wegen des unentwirrbaren Gestrüpps widersprechender Faktoren nur äußerst schwer zu überschauen war, klammerte er sich lange an seine Linie der leisen Töne und der Geheimdiplomatie.

Zuweilen wird Pius XII. nachgesagt, er sei von der monströsen Explosion des Holocaust überfordert gewesen. Er habe das Ausmaß nicht begriffen, und sein feingeistiger Charakter hätte der entfesselten Hölle nichts entgegensetzen können. Deshalb habe er geschwiegen und sich nur um Kirchenbelange gekümmert. Eine solche Annahme ist so falsch wie dumm. Sie wird nur noch übertroffen von dem Vorwurf, Papst Pius sei gegenüber dem Schicksal der Juden gleichgültig gewesen. Die Behauptungen widersprechen allem, was wir vom Menschen Eugenio Pacelli wissen und von seiner Amtsführung als Nuntius, als Staatssekretär und Papst.

Sachlich schwerer wiegt die Unterstellung, Pius XII. habe gegenüber dem blutdurstigen Diktator Hitler und seiner willfährigen Kriegsmaschine tatsächlich keine andere Wahl gehabt, als sich zurückzuhalten und offiziell zu schweigen. Diese Entscheidung sei im höchsten Grad ethisch verantwortungsvoll gewesen. Alles andere wäre auf ein verantwortungsloses Vabanque-Spiel hinausgelaufen. Auf dem Höhepunkt der ersten kritischen Pius-Debatte 1963 um Rolf Hochhuths »Stellvertreter«, gab niemand Geringerer als Kardinal Giovanni Battista Montini diese Marschrichtung vor. In einem weit beachteten Leserbrief an *The Tablet*[45] wies er die Anschuldigungen Hochhuths entrüstet zurück und postulierte im Kern, dass ein päpstlicher Protest »nicht nur unnütz, sondern auch gefährlich gewesen« sei. Hätte Pius XII. trotzdem lautstark protestiert, so Montini weiter, »wäre es zu solchen Repressalien und Ruinen gekommen«, dass dieser Hochhuth ein anderes Stück hätte schreiben können, »nämlich das Drama des Stellvertreters, der aus politischem Exhibitionismus oder aus psychologischem Versehen die Schuld hätte, über die schon so sehr gequälte Welt noch größeres Unheil heraufbeschworen zu haben, nicht so sehr zu seinem eigenen als zum Schaden unzähliger unschuldiger Opfer.«

Abgesehen von der sonderlichen Wortwahl »politischer Exhibitionismus« und »psychologisches Versehen« hinsichtlich eines kraftvollen päpstlichen Protestes, steht für Montini zweifelsfrei fest, dass sich Papst Pius im
Schweigen üben musste. Die ethischen Zwänge der Gesamtsituation hätten
keine andere Schlussfolgerung zugelassen. Bis heute findet Montinis Statement bei Pius-Verteidigern ungeteilte Zustimmung.

Nutzen und Schaden – das Gute und die Widerstandspflicht

Hatte Pius XII. tatsächlich keine Wahl? Verschiedene Selbstzeugnisse, die
schon angeklungen sind, scheinen diese Ansicht zu bestätigen.

Durfte er den Vatikan nicht in eine diplomatische Karambolage mit Berlin
verwickeln? Durfte er den Dämon Hitler auf keinen Fall weiter reizen, damit
dieser nicht Gelegenheit fände, noch mehr Terror zu verbreiten? Wir haben
bereits gesehen, für wie fragwürdig Pius diesen Gedankengang hielt und wie
unsicher er die Faktoren abwog. Es wundert nicht, dass er mehrmals nah
dran war, seinen Zweifeln Gehör zu schenken und den Kurs zu wechseln.
Spätestens im August 1939 hatte Pius seinen letzten diplomatischen Good-
will-Versuch aufgegeben, den er zu Beginn seines Pontifikats noch einmal
wagen wollte. Ab Kriegsbeginn rückte die Furcht vor Vergeltung und Rache
in den Vordergrund. Pius gingen diese Drohungen sehr zu Herzen. Doch
auch bei diesem heiklen Punkt schwankte er. Musste er nicht aus Verantwortung vor dem Evangelium und dem Gewissen standhaft bleiben?

In einem Brief an Bischof Bornewasser (Trier) vom 21. Februar 1942
rang sich Pius zu einer Bemerkung durch, die er in dieser Form bislang
nicht formuliert hatte. Pius bezog sich auf vier furchtlose Predigten und
Hirtenworte des Bischofs, die ihm zur Kenntnis gelangt waren. Er freue sich
über den Mut Bornewassers und lobe sein mannhaftes Eintreten in großer
Öffentlichkeit. Pius fährt fort:

> »Es ist wohl schon geäußert worden, dass solche offenen und weithin hörba-
> ren Bischofsworte nur wieder Vergeltungsmaßnahmen zur Folge hätten. Wir
> meinen, dass Vergeltungsmaßnahmen, selbst wenn sie hart sein und nicht
> allein den Bischof, sondern vielleicht noch mehr andere treffen sollten, das
> Gute nicht aufwiegen können, dass bischöfliche Worte wie die deinen in
> den Katholiken (und sicher auch in vielen Nichtkatholiken) wirken: heilige
> Gottesfurcht, Stärkung des Glaubens, Mut zu dessen offenem Bekenntnis,

Zusammenhalt, Schärfung des Gewissens für das, was christlich und nicht christlich ist, [...]«[46]

Das sind ungewohnt klare und scharfe Worte. Pius wendet sich gegen Unkenrufe wie: Halte dich zurück! Sei vorsichtig! Du wirst nur Vergeltung provozieren gegen die Kirche und gegen andere! Du wirst sehen, was du davon hast! Pierre Blet, der sonst die Zurückhaltung des Papstes rundum unterstützt, gesteht in Bezug auf die Briefpassage kommentarlos ein, dass Pius offensichtlich bei seiner Maxime »größere Übel zu verhindern« nicht allein mögliche Repressalien wichtig waren. Auch »Missdeutungen, die die Gläubigen erschüttern könnten«, seien wohl von Bedeutung gewesen.[47]

Tatsächlich klingt die Argumentation in dem Schreiben sehr nach dem prophetischen Wort Edith Steins in ihrem legendären Brief an den Papst im April 1933. Sie hatte eine standhafte Linie gegen den an die Macht gekommenen Nationalsozialismus gefordert. Vor dessen aggressiver Häresie und Judenverfolgung dürfe die Kirche nicht schweigen; durch Zurückhaltung könne niemals ein Frieden mit dieser Regierung erkauft werden. Die schmerzlichen Erfahrungen in den folgenden Jahren hatten Edith Stein Recht gegeben.

In der offiziellen Weihnachtsansprache an das Kardinalskollegium 1948 machte Pius nähere Angaben zum christlichen Friedenswillen gegenüber totalitären Regimes. Er nutzte das zehnte Jubiläum seiner Weihnachtsansprachen und die Besorgnis der neuerlichen Kriegsgefahr in Europa, um amtliche und grundsätzliche Erwägungen vorzutragen.[48]

Am Ende eines Diskurses über den christlichen Friedenswillen stellte Pius fest, dass der wahre Charakter dieses Willens Stärke sei, nicht Schwäche oder Resignation. Gegen ungerechte kriegerische Angriffe dürfen und müssen sich Völker wehren. Und die Solidarität verbiete es, »sich in gefühlloser Neutralität als einfacher Zuschauer zu verhalten«.[48a] Eine solche Gleichgültigkeit sei vom christlichen Empfinden weit entfernt und richte nur Schaden an – wie die Beruhigung von Anstifter und Begünstigten eines Angriffs. Der wahre christliche Friedenswille dagegen sei »hart wie Stahl«.[48b] Sein Widerstand gegen Krieg sei nicht allein von dessen Schrecken, Grausamkeiten und Zerstörungen her motiviert, sondern in erster Linie von der Ungerechtigkeit her. Wer sich allein von der Aufrechnung utilitaristischer Nöte und Schäden leiten ließe, begehe einen schweren Fehler. Diesem würde die

»feste Grundlage einer strengen und unbedingten Verpflichtung«[48c] fehlen. Das schaffe »jenen Boden, auf dem der Betrug des unfruchtbaren Kompromisses, der Versuch, sich auf Kosten anderer zu retten, und auf alle Fälle das Glück des Angreifers gedeihen« würde. Aufschlussreich bemerkt Pius weiter:

> »Dies ist so sehr wahr, dass weder die ausschließliche Erwägung der vom Krieg verursachten Leiden und Übel, noch die genaue Berechnung von Einsatz und Vorteil letztlich zu bestimmen vermögen, ob es sittlich erlaubt oder auch nur unter bestimmten konkreten Umständen verpflichtend sei (immer eine begründete Wahrscheinlichkeit des Erfolgs vorausgesetzt), den Angreifer mit Gewalt abzuwehren.«[48d]

Hier sprach Pius formal aus, was er schon als Staatssekretär und als neuer Papst hin und wieder verklausuliert umschrieben hatte: Die Kirche steht grundsätzlich in der Pflicht, Widerstand zu leisten, und keine noch so peinliche Aufrechnung von Folgen und Abwägung von Gütern kann diese Gewissensforderung vor Gott aufweichen.

Allerdings bestimmt das Abwägen von Gütern und Folgen sowie die Einbeziehung der Umstände einer Problematik wesentlich die Art und Weise, wie der Widerstand konkret auszusehen hat. Hier kommt die alte Kardinaltugend der »Klugheit« ins Spiel. Idealerweise soll sie die Verflechtungen einer Situation klar erkennen und durch sorgfältige Erwägung aller relevanten Faktoren ein gerechtes Urteil fällen. In vielen Alltagssituationen funktioniert das recht gut. Problematisch wird es allerdings, wenn ethische Grundpositionen berührt werden und die Lage komplex und unübersichtlich ist. Dann vermengen sich die abzuwägenden Güter hier, die abzuschätzenden Folgen mit Nebenfolgen dort und das Faktorenbündel der Begleitumstände zu einem Konglomerat, das eine Urteilsfindung enorm erschwert. Zur Orientierung hat die neuscholastische Tradition der theologischen Ethik die Lehre vom »kleineren Übel« und der »Doppelwirkung« entwickelt. Sie beruht auf Grundpositionen, die Thomas von Aquin gesetzt hat.[49] Pius XII. war damit bestens vertraut:

Zieht eine notwendige Handlung unvermeidliche Übel nach sich, gilt grundsätzlich, dass das geringere Übel dem größeren Übel vorzuziehen ist. Anhaltspunkte dafür sind kurzfristige Übel vor den langfristigen, die nur wahrscheinlichen vor den sicheren, reversible vor den irreversiblen und die weniger Menschen betreffenden vor den umfassenderen. Zusätzlich kann ein Übel in Kauf genommen werden, wenn dadurch etwas Gutes entsteht. Zieht eine Handlung dagegen unmittelbar eine Doppelwirkung nach sich, d. h. löst sie gute und schlechte Folgen in einem aus, gilt folgende Regel: Die üblen Konsequenzen können hingenommen werden, wenn der Handelnde nur die gute Folge beabsichtigt und die schlechte notgedrungen in Kauf nimmt, wenn die schlechte Folge nicht als Mittel zur Erlangung der guten Folge eingesetzt wird und wenn ein wichtiges Gut auf dem Spiel steht, das nicht ohne die Zulassung von Übel erreichbar ist, und das Übel in einem vertretbaren Verhältnis zum angestrebten Guten steht.[50]

Voraussetzung für ein Vorgehen nach der Lehre vom »kleineren Übel« und der »Doppelwirkung« ist immer, dass es sich nicht um eine sittlich böse Tat per se handelt. Bei ihr ist eine Folgenabwägung erst gar nicht erlaubt; das heißt: Eine schlechte Handlung kann sich nicht durch noch so viele »gute« Folgen selbst sanieren. Das klassische Beispiel dafür ist die direkte Tötung eines unschuldigen Menschen, die niemals gestattet ist, auch wenn dadurch anderes und großes Unheil vermieden werden könnte. Bedingt erlaubt sind Folgenabwägungen nur bei sittlich in sich guten Taten (klassisch: Tugenden) oder noch mehr bei neutralen, sogenannten nichtsittlichen Taten. Abgesehen von der Frage, ob es ethisch neutrale Taten überhaupt gibt, ist die Skala weit und die Übergänge sind fließend.

Schon diese summarisch enge Umschreibung lässt den Teufel im Detail ahnen. Komplexe Situationen sind angefüllt mit ethischen Stolpersteinen, die dem Handelnden ein hohes Maß an Sensibilität und selbständiger Urteilsfindung abverlangen.

Pius XII. sah sich in einer vertrackten Lage. Er musste Folgen- und Nebenfolgen abwägen, die augenscheinlich nur in größere und kleinere Übel einzuteilen waren, und er musste Güter bewerten, die Doppelwirkungen nach sich zogen. Beides war miteinander verwoben. Zudem musste er sich darüber klar werden, inwieweit der Protest aus seinem Munde sittliche Qualität hatte und keine neutrale Handlungsoption war. Je mehr er davon überzeugt war, desto stärker konnte er sein Gewissen daran binden. Die Folgenabwägung gerät dann in den Hintergrund und verliert ihr Vetorecht gegenüber der Frage: schweigen oder reden. Ausschlaggebend wird die Gewissensüberzeugung, in einer unbedingten Pflicht zu stehen – einer Pflicht, in guter, gerechter Sache hier und jetzt handeln zu müssen.[51]

Die Behauptung, das Schweigen des Papstes sei nach Lage der Dinge die einzig verantwortbare Entscheidung gewesen, ist falsch. Der beste Zeuge dafür ist Pius XII. selbst. Er hat in alle Richtungen gedacht. Seine Vorbehalte gegenüber einer rein utilitaristischen Nutzen-Schaden-Bilanz sowie die Möglichkeit, unterschiedlichen Wertungskriterien und Argumentationen zu folgen, zerrten ihn hin und her. Bei seinem Entschluss, schweigen zu müssen, folgte er einer anderen Abwägung als in jenen Situationen, in denen er deutliche Worte fand. Und als er das immense Wagnis einer Konspiration mit dem geplanten Staatsstreich in Berlin einging oder als er schon zu einem öffentlichen Protest entschlossen war, hatte er in seinem Gewissen noch stärker veränderten Beurteilungsmaßstäben Geltung verschafft.

Wie schon ein Perspektivwechsel das moralische Urteil maßgeblich beeinflussen kann, haben die holländischen Bischöfe vorgemacht. Als Hitlers Statthalter Seyß-Inquart ihnen den Deal anbot, getaufte Juden von der Deportation auszunehmen, falls die Kanzeln schweigen würden, hatten sie sich folgende Frage vorgelegt: Ist es ethisch erlaubt, zur Rettung getaufter, nahe stehender Menschen andere der Deportation preiszugeben? Die Antwort war klar. Sie hielten es nicht für erlaubt, denn »dann würde man andere um des eigenen Heils willen verkaufen«. Das sei unvereinbar mit dem Kern christlichen Denkens. Dem Zeugen Jan Keulen zufolge haben Erzbischof De Jong und seine Amtsbrüder auf diese Weise die Erpressung Seyß-Inquarts beurteilt.[52]

Jakobs-Nacht

Pius' Suche nach einer überzeugenden Perspektive und Güterbewertung seines Problems hatte sich von Kriegsjahr zu Kriegsjahr verschärft. Bis zum Sommer 1943 war er noch nicht wesentlich weitergekommen. Er war zum Zerreißen angespannt. Die furchtbaren Nachrichten, die ihn seit eineinhalb Jahren erreichten, übertrafen einander andauernd. Angesichts eines offensichtlich radikalen Vernichtungsfeldzuges gegen die europäischen Juden stellte Pius die Gründe für seine Schweigelinie mehr denn je in Frage. Die Kriegswende, die im Juli 1943 auch Italien erreicht hatte, und die folgenden politischen Erschütterungen erhöhten den Entscheidungsdruck. Sollte für Pius gelten, was der Schweizer Philosoph Henri-Frédéric Amiel einmal so ausdrückte: *Wer absolute Klarheit will, bevor er einen Entschluss fasst, wird sich nie entscheiden?*

Am 10. Juli waren die Alliierten in Sizilien gelandet, und am 25. Juli war Mussolini gestürzt und verhaftet worden. Schon neun Tage nach der Landung wurde Rom zum ersten Mal von einem alliierten Bomberverband angegriffen. Das Ziel des massiven Angriffs war der Verladebahnhof. Zahlreiche Bomben verfehlten jedoch die Gleisanlagen und zerstörten das Wohnviertel bei der altehrwürdigen Pilger-Basilika San Lorenzo – die Kirche selbst wurde ebenfalls schwer getroffen. Pius sah von seinem Fenster aus, wie die Flugzeuge kurz vor Mittag nach Rom einflogen und ihre Bombenlast abwarfen. Noch bevor offiziell Entwarnung gegeben wurde, bestellte Pius seinen Wagen ein und ließ sich in das brennende Stadtviertel fahren. Das war eine spontane Aktion – zum Entsetzen des Staatssekretariats und der Leibgarden, die nicht informiert worden waren. In der Stadt wurde der Papst von den verstörten Menschen umringt. Sie hofften nicht nur auf Trost, sondern auch darauf, dass ihr Pontifex jetzt Frieden bringen werde für Rom und Italien. Pius verteilte alles Bargeld aus seiner rasch geplünderten Privatkasse und tröstete, betete, segnete – tat, was möglich war. Bei einem erneuten kleineren Angriff am 13. August verließ Pius wieder den Vatikan und fuhr zu den getroffenen Straßenzügen beim Hauptbahnhof. Er kehrte mit blutverschmierter Soutane zurück. Pius' Albtraum eines Rom im Fadenkreuz der Kriegsmächte schien Wirklichkeit zu werden.

Am 14. August erklärte die italienische Interimsregierung Badoglio Rom zur offenen Stadt – das war wenigstens eine vorläufige Sicherheit. Die »offene Stadt« Rom stand aber bis zur Befreiung am 5. Juni 1944 immer wieder auf der Kippe. Nicht ohne Erfolg hat sich Papst Pius in dieser Zeit intensiv für Roms Sicherheit eingesetzt.

Nachdem Hitler am 8. September 1943 die Kontrolle in Rom übernommen hatte, drohte eine ganz andere Gefahr. Sie ließ die schlimmsten Befürchtungen von Pius wahr werden. Zu Beginn des Buches habe ich die Ereignisse nachgezeichnet.

Hitler hatte es eilig mit der Deportation und Vernichtung der altehrwürdigen jüdischen Gemeinde in Rom. Pius schien über das perfide Vorhaben nicht informiert worden zu sein. Er wusste aber, dass die Juden seiner Stadt in höchster Gefahr schwebten. Als am frühen Samstagmorgen des 16. Oktober 1943 SS-Einheiten alle registrierten römischen Juden im Handstreich verhafteten und nahe beim Vatikan vorübergehend internierten, war Pius fassungslos. Nach geübter Manier setzte er diplomatische Hebel in Bewegung, ohne sie an die große Glocke zu hängen. Es nutzte nichts. Am Montag darauf, dem 18. Oktober, wurden über tausend Juden am Bahnhof Tiburtina in Viehwagons gepfercht und direkt nach Auschwitz transportiert. Die meisten von ihnen sind noch am Ankunftstag dort, am 23. Oktober, vergast worden; der Rest wurde zur Zwangsarbeit aussortiert. Sechzehn Juden überlebten das Grauen.

Pius war über die Verhaftung und Deportation der jüdischen Gemeinde vor seinen Augen tief erschüttert. Der Holocaust hatte ihn eingeholt. Todeshäscher waren in seine Bischofsstadt eingedrungen. Schon wenige Tage nach der Deportation riss er das Ruder herum. In einer beispiellosen Aktion bestimmte er mit pontifikaler Autorität die Öffnung aller Klöster, Konvente und kirchlichen Institute, aller päpstlichen Hochschulen und Patriarchalbasiliken, sogar die Öffnung der Sommerresidenz Castel Gandolfo und des Vatikan für flüchtige Juden und andere Verfolgte. In über einhundertfünfzig Einrichtungen und nicht gezählten einzelnen Pfarreien wurden so rund 4500 Juden allein in Rom vor dem Zugriff der Gestapo gerettet. Diese unverhohlene Rettungsaktion war eine massive Provokation der deutschen Sicherheitsorgane und eine diplomatische Herausforderung Berlins sondergleichen. Durch die Öffnung von Exterritorialgebieten und des vatikanischen Staatsgebiets für Reichsfeinde verletzte Pius die Neutralität des Hl. Stuhls und verstieß gegen die Lateranverträge.

Was war in Eugenio Pacelli vorgegangen? Wir wissen es nicht. Er hat kein Tagebuch geführt, keine Erklärung hinterlassen und auch niemandem davon erzählt, der es öffentlich machen durfte. Wir können aber stark vermuten, dass die fragile ethische Beurteilung seines Dilemmas unter dem Gewicht der dramatischen Ereignisse schlicht zusammengebrochen ist – begleitet von Stunden tränenreichen Gebets. Pius wird in diesen Tagen eine Jakobs-Nacht durchlitten haben. Er wird mit sich und Gott gekämpft haben um eine Vergangenheit, mit der er nicht im Reinen war, die ihn verfolgte und quälte. Am Ende hatte Pius gewonnen. Die mögliche Vergeltung Hitlers hielt ihn nicht mehr davon ab, das zu tun, wozu er sich tief in seinem Herzen verpflichtet fühlte. Der Stellvertreter Christi musste jetzt aufstehen und dem Antichristen in Berlin die Stirn bieten – komme, was wolle.

Die mutige Rettungstat war richtig; sie wäre auch richtig gewesen, hätte es Racheaktionen an kirchlichen Einrichtungen oder gar Kirchenvertretern in Italien oder Deutschland gegeben. Zur Rettung von Leben durfte Pius sich nicht einer allgemeinen Erpressung beugen.

Was wäre wenn? Was wäre geschehen, wenn Pius XII. angesichts der Judenvernichtung früh flammende Worte des Entsetzens und der Verurteilung gefunden hätte? Was wäre geschehen, wenn er Adolf Hitler als einen modernen Antichristen gebrandmarkt und dessen Vernichtungskrieg gegen die Juden mit pontifikaler Autorität weltweit und insbesondere im Deutschen Reich öffentlich gemacht und verdammt hätte? Wären die Folgen tatsächlich katastrophal gewesen? Die Vermutung steht auf schwachen Füßen. Zahlreiche Einzelsituationen im Kirchenkampf seit 1933 belegen, wie berechnend Hitler vorgegangen ist. Widerstand hat er rigoros gebrochen, wenn es in seiner Gesamtrechnung nützlich war. Er konnte aber Gewaltmaßnahmen aus demselben Grund auch aufschieben.

So wagte Hitler keinen großen Schlag gegen die katholische Kirche nach der provozierenden Enzyklika *Mit brennender Sorge*. Er war nah dran, doch er zögerte Monate, bis er schließlich die Abrechnung auf unbestimmte Zeit verschob. Auch schien es ihm auf dem Höhepunkt der Auseinandersetzung um die behinderten Menschen geltende »Aktion Gnadentod« nicht zweckmäßig, gegen Bischof Graf von Galen vorzugehen. Wegen befürchteter Unruhe im Volk und Loyalitätskonflikten unter Katholiken verschob er seine Rache auf die Nachkriegszeit. Selbst beim weitaus dramatischeren Konflikt des Kirchen- und Vatikanasyls für flüchtige Juden in Rom verzichtete Hitler auf Vergeltungsmaßnahmen. Der sensible nationale und internationale Präsentierteller Vatikan-Rom war ihm zu heiß. Die Kriegsführung in Italien hatte Vorrang.

War der Abtransport getaufter Juden in Holland 1942 nach dem bischöflichen Protest nicht eine schlimme Vergeltung? Hätte man sie nicht vermeiden können, ja vermeiden müssen? Verteidiger des schweigenden Papstes weisen beispielhaft immer wieder auf diesen Fall hin. Wir haben schon gesehen, dass die Situation anders war, als sie gemeinhin dargestellt wird. Das betrifft die tatsächlichen Vergeltungszahlen ebenso wie die Bewertung des ethischen Dilemmas durch die Bischöfe des Landes. Genau genommen war das perfide Angebot von Hitlers Statthalter Seyß-Inquart ein Scheinhandel bzw. eine künstlich arrangierte Erpressung. Die getauften Juden waren nie eine Verhandlungsmasse. Im Nationalsozialismus blieb der Jude ein Jude, und wäre er auch dutzendfach konvertiert. Das war bekannt – sowohl den Bischöfen wie Pius. Die Deportation getaufter Juden war im Reich schon seit Herbst 1940 im Gange.

Insgesamt war der angebotene Handel, eigene jüdischstämmige Gläubige zu retten, indem man es unterließ, für andere Juden einzutreten, eine Teufelei, die einem die Sprache verschlägt. Erzbischof De Jong und seine Amtsbrüder taten gut daran, sich nicht darauf einzulassen. Niemand darf ihnen deswegen den Vorwurf machen, verantwortungslos gehandelt zu haben. Die volle Verantwortung für die Deportation und Ermordung von Edith Stein und über hundert anderen getauften Leidensgenossen trifft die Befehlsgeber und die beteiligten Schergen.

Ähnliches gilt für die allgemeine Vergeltungsdrohung Hitlers, die den Papst mundtot machen sollte. Pointiert könnte man die Situation umschreiben: Darf die Hölle den Himmel erpressen, damit dieser schweige? Darf der Teufel dem Gottesfürchtigen das Wort des Evangeliums untersagen und den Arm lähmen mit der Drohung: »Verhalte dich ruhig, sonst tobe ich noch mehr«? Darf sich der Papst moralisch in Haft nehmen lassen?

Pius hat immer tief in seinem Herzen gespürt, dass er sich der heimtückischen Erpressung Berlins nicht beugen durfte. Nach dem 18. Oktober 1943 galt für ihn das, was er seinen Staatssekretär Maglione zwei Tage zuvor gegenüber Botschafter von Weizsäcker sagen ließ: »Sollte sich der Hl. Stuhl dazu gezwungen sehen [zu protestieren], würde er sich, was die Konsequenzen anbelangt, der göttlichen Vorsehung anvertrauen.« Das ist weit mehr als nur eine neue Tonart. Es ist ein Beurteilungswechsel des Konfliktes. Pius bürdet sich nicht mehr alle erdenklichen Folgen selbst auf. Seine unmittelbare Verantwortung gilt der Gewissentscheidung vor Gott und nicht möglichen Konsequenzen, die andere aus eigener Verantwortung ersinnen und befehlen.

Persönlich war Pius zu jeder Konsequenz bereit. Das galt auch für seine eigene Verhaftung und sogar Tötung. Mit Maßnahmen gegen den Papst hatte er seit Kriegsbeginn zunehmend gerechnet. Ab dem 8. September 1943 hatte Hitler direkten Zugriff auf den Vatikan. Tatsächlich war die Besetzung des Vatikan ein ernsthaftes Planspiel, das er schon im Sommer 1943 ausheckte. Nach der Besetzung Roms beauftragte Hitler den SS-General Karl Wolff, die Okkupation des Vatikan und die Festnahme des Papstes vorzubereiten. Es ist immer noch wenig bekannt über dieses Vorhaben und dessen

Umstände.[53] Sicher ist nur, dass es einen entsprechenden Vorbereitungsbefehl Hitlers gab. Wolff konnte jedoch die Vollzugsmeldung der Vorbereitung und den endgültigen Befehl zur Durchführung mit allen möglichen Bedenken verzögern. Ob auch Propagandaminister Goebbels und Außenminister Ribbentrop beim Führer gegen das Hasardeurstück Einwände erhoben, ist nicht sicher. In dieser Zeit wurde dem Papst mehrfach die Gefahr einer Entführung signalisiert. Am 10. Mai 1944 bestätigte Wolff sogar Pius gegenüber persönlich seinen Auftrag. Wolff war in Zivil zu einer geheimen Audienz gekommen. Drei Wochen vor der Räumung Roms gab es jedoch kaum noch eine Chance, die Aktion durchzuführen. Hitler hatte zu lange gezögert und zu viele Bedenken geteilt. Er ließ den Papst ungeschoren zurück.

Für den Fall der Fälle hatte Pius aber vorgesorgt: Er wollte dann als Papst zurücktreten. Höchstwahrscheinlich hatte er schon eine unterschriebene und kirchenrechtlich gültige Demission an einem sicheren Ort hinterlegt. Es war nicht die Schreibtischschublade, wie zuweilen vermutet. Dort wäre die Gestapo zuerst fündig geworden. Pius wird nach dem Krieg das Schreiben vernichtet haben. Gefunden wurde es nicht.

Knapp neun Monate mussten Pius und die Kurie mit der Furcht einer Vatikanbesetzung leben. Im Juni 1944 endete für Rom auch die Gefahr von Vergeltungsmaßnahmen wegen des Judenasyls. Doch andernorts blieb die Bedrohung bestehen – vor allem im noch besetzten Italien. Nachdem Pius sich nämlich zur Judenrettung in Rom entschlossen hatte, sandte er auch Emissäre zu anderen Bischofssitzen und bat um ähnliche Hilfe. Juden sollten aufgenommen und versteckt werden. Dieser »Wunsch« des Pontifex wurde ausschließlich mündlich überbracht. Es gab keine schriftlichen Weisungen (zum Sonderfall Assisi siehe weiter unten). Pius hielt sich im Kriegsland Italien streng an seine diplomatische Regel, möglichst wenig brisante Dokumente zu erstellen. Im Zuge des Pius XII. betreffenden Seligsprechungsverfahrens hatte der Untersuchungsrichter Pater Gumpel eine Anfrage an alle betroffenen Ordinariate gestellt, ob sie aus überlieferten Aussagen bestätigen könnten, dass sie damals eine Bitte des Papstes zur Judenhilfe erreicht hatte. Viele Ordinariate hätten eine positive Rückmeldung gegeben; das hat mir Pater Gumpel ausdrücklich versichert.[54]

Die Dokumentation über die einzelnen Schritte in den Diözesen ist spärlich. Noch am besten bekannt sind die Vorgänge in Florenz bei Kardinal Dalla Costa und in Assisi bei Bischof Nicolini mit seinem beauftragten

Mitarbeiter Don Brunacci und dem umtriebigen Pater Rufino. Dalla Costa, Nicolini und andere Bischöfe hatten schon unabhängig von der Bitte des Papstes Hilfsmaßnahmen eingeleitet. Mit dem pontifikalen Wunsch im Rücken konnten sie aber kanonisch freier agieren. Zudem dürfte das Zaudern des einen oder anderen Bischofs erheblich schwieriger geworden sein.

Das abseits gelegene Assisi hatte sich schnell zu einer Art Drehscheibe für Flüchtlinge aller Art sowie zu einem beliebten Zufluchtsort für Juden entwickelt. Aus Assisi ist auch ein Schreiben von Staatssekretär Maglione bekannt geworden. Darin trug Maglione die Bitte des Papstes vor, dass etwas für die Sicherheit der Juden unternommen werden solle. Der Brief ist nicht dokumentiert und soll gegen Ende September 1943 eingegangen sein. Bischof Nicolini hat das Schreiben Don Brunacci vertraulich vorgelesen und später vernichtet.[55]

Um diesen Maglionebrief, den es zweifellos gab, ist mehr Streit entflammt, als er verdient. Beispielhaft sind Susan Zuccottis Zweifel an dem Brief – bzw. an seinem Inhalt – und die Verteidigung des Schreibens durch Ronald Rychlak. Nach der Machtübernahme der Deutschen im Lande (8. September) hatte das Staatssekretariat ganz offen in einer Note von der Bedrohung der Juden und der Notwendigkeit von Hilfsmaßnahmen gesprochen (17. September).[56] Das betraf allerdings noch nicht das Asyl; dazu gab es keinen Anlass. Angedacht waren allgemeine Hilfen besonders für Familien und Obdach Suchende. Daher ist es geradezu selbstverständlich, dass das Staatssekretariat auch Bischof Nicolini in Assisi im September bat, nach Hilfsmöglichkeiten für Juden zu suchen. Erst nach den dramatischen Ereignissen am 16./18. Oktober gewann das Schreiben höchste Brisanz. Und höchstwahrscheinlich hat Pius dann auch eine entsprechende Asylbitte mündlich überbringen lassen.

Hätte Pius mehr tun können, mehr tun müssen? Er hat weiterhin geschwiegen und den Holocaust nicht öffentlich verdammt. War die Rettungsaktion in Rom und im besetzten Italien das Äußerste, was möglich war? Pius ging sicher davon aus, dass die versteckten Flüchtlinge in Rom und den anderen Orten in höchster Gefahr schwebten, wenn er jetzt die Judenvernichtung international brandmarkte und Hitlers Untaten scharf verurteilte.

War die Befürchtung realistisch? Die Frage ist schwer zu beantworten. Sicherlich wäre es zumindest zu Repressalien gegen die Kirche im Deutschen Reich und gegen Priester in den KZs gekommen. Die ethische Entscheidung aber, dieses Risiko zu akzeptieren, hatte Pius schon mit seiner Asyl-Politik getroffen. In diesem Punkt verweigerte er sich fortan einer Vergeltungserpressung – mit vollem Recht. Sollte er das Risiko auch für die aufgenommenen Juden im Vatikan und in den kirchlichen Einrichtungen eingehen? Wenn Pius je die Wahl zwischen Pest und Cholera hatte, dann jetzt. Konnte er überhaupt guten Gewissens die eine oder andere Entscheidung fällen? Auch im Abstand von über sechzig Jahren ist das Dilemma kaum zu lösen.

Hatte Pius sich durch sein langjähriges Schweigen nicht selbst in die vertrackten Lage hineinmanövriert? Hätte er seit den ersten sicheren Kenntnissen von systematischen Massakern an den Juden klar gesprochen und schon zuvor die Judenverfolgung gegeißelt, wäre die Ausgangslage anders gewesen. Ein pontifikaler Aufschrei hätte den Holocaust aus den Schatten und Winkeln Europas herausgeholt und das NS-Regime vor dem Gewissen der Welt, insbesondere vor dem christlichen Gewissen der Millionen Gläubigen im Reich verurteilt.

Kämpferisch und zurückhaltend

Auf dem internationalen Parkett blieb Pius vorsichtig – auch nach dem Sinneswandel in seiner Jakobs-Nacht. Allerdings sah er es jetzt als seine Pflicht an, persönlich einzugreifen.

Als im Sommer und Herbst 1944 letzte große Deportationswellen in der Slowakei und Ungarn vorbereitet und durchgeführt wurden, schaltete sich Pius zum ersten Mal persönlich ein. In der Slowakei war die Situation besonders delikat. Staatspräsident des jungen Landes (seit der Gründung 1939) war nämlich ein aktiver katholischer Priester: Jozef Tiso. Spätestens im Frühjahr 1942, als die ersten Deportationen aus der Slowakei einsetzten, schüttelte man im Vatikan nur den Kopf über den Priester in Staatswürden. Msgr. Tardini bezeichnete Tiso sogar als »Verrückten«, den man mit Demarchen wohl kaum aufhalten könne.[57] Der Apostolische Geschäftsträger Burzio in Bratislava rannte während der Deportationsphasen geradezu alle Türen bei der Regierung ein und sprach mehrmals mit Tiso – doch es nutzte nichts.

Als im September 1944 ein letzter großer Schlag gegen die Juden eingeleitet wurde, änderte Pius seine Tonart. In einer offiziellen Note an den slowakischen Botschafter, begleitet von Weisungen an den Gesandten Burzio, wurde die Regierung aufgefordert, sich nach den katholischen Prinzipien und Empfindungen des slowakischen Volkes zu richten. Auch von den Bischöfen wurde eine entsprechende gemeinsame Stellungnahme erwartet. Das ist eine ungewöhnlich harte Sprachregelung für Pius. Wunsch und Bitte waren passé; Pius »erwartete« jetzt.

Nach der Verschärfung der Lage im Oktober platzte Pius der Kragen. Er wies seinen Gesandten Burzio an, Staatspräsident Tiso sofort eine persönliche Botschaft des Papstes zu überbringen. Tiso solle unmissverständlich klar gemacht werden, dass seine Würde und sein Gewissen als Priester Forderungen verlangten, gegen die er eklatant verstoße. Das war keine Missbilligung mehr, es war eine strenge pontifikale Schelte und Verurteilung. Präsident Tiso schrieb Pius am 8. November handschriftlich zurück. Darin verteidigte der ehemalige Moraltheologe seine Linie mit groben, abstrusen Argumenten und nahm sich die Impertinenz heraus, den Brief auch mit »sacerdos« (Priester) zu unterschreiben.[58] Der Brief wurde von Pius ohne Reaktion zur Kenntnis genommen. Durch den Kriegsverlauf neigte sich das Drama Slowakei-Tiso gerade selbst dem Ende zu.

In einem Gespräch fragte ich Pater Gumpel, wie er es sich erkläre, dass der Papst nicht schon früh nach kanonischem Recht gegen den unbotmäßigen Tiso vorgegangen sei. Pater Gumpel meinte: Gegen Staatschefs würde der Vatikan seit Jahrhunderten nicht mehr vorgehen – man habe nur schlechte Erfahrungen gemacht. Bei allem Respekt, aber Tiso war zuerst Diener Jesu Christi und dann Staatspräsident. Wie ist es möglich, einen Priester in Kirchenamt und Würden zum Hohn des Evangeliums schalten und walten zu lassen, ohne die Notbremse zu ziehen?

Wir wissen nicht, was Pius im November 1944 getan hätte, wenn der Krieg anders verlaufen wäre. Hätte er Tiso des Amtes enthoben? Hätte er ihn gar exkommuniziert?

Zur gleichen Zeit wie in der Slowakei waren die Juden in Ungarn aufs Höchste bedroht. Im März 1944 hatte die Wehrmacht die Kontrolle im Land übernommen. Im gleichen Atemzug nahmen Eichmann und SS-Schergen ihre Arbeit auf. Nuntius Rotta in Budapest rieb sich bei Protesten und Hilfsaktionen auf. An seiner Seite stand Tibor Baranski, der heute in Yad Vashem als Gerechter unter den Völkern gezählt wird. Baranski bezeugte später, dass er handschriftliche Briefe von Pius an Nuntius Rotta gesehen haben, in denen der Papst forderte, alles zum Schutz der Juden zu unternehmen.[59]

Am 25. Juni 1944 griff Pius direkt ein. Wiederum handelte er zweigleisig. Zum einen wurde Nuntius Rotta angewiesen, die zögerlichen Bischöfe des Landes zu drängen, einen schon vorbereiteten, aber zurückgehaltenen Protesthirtenbrief verlesen zu lassen, zum anderen schrieb Pius persönlich an den Reichsverweser Mikoś Horthy: Der Papst appelliere inständig, dass seine Hoheit alles in seiner Macht Liegende tue, um die Leiden durch die Deportationen zu verringern.[60] Auch von anderen Seiten wurde Horthy bedrängt, etwa vom Schwedischen König und vom Präsidenten des Internationalen Roten Kreuzes.[61] Horthy schrieb an den Papst zurück, dass er handeln werde. Er wolle alles versuchen, um christlich-humanitären Prinzipien Geltung zu verschaffen. Tatsächlich wurden die Deportationen auf Druck Horthys gestoppt. Eichmanns Truppe arbeitet jedoch verdeckt weiter, indem sie angeblich nur Arbeitsjuden aushob.

Im Oktober schließlich musste Horthy auf Druck Berlins abdanken und wurde verhaftet. Die offene Zusammentreibung der Juden und deren Deportationen lebten erneut auf. Diese finale Holocaust-Aktion schien niemand mehr stoppen zu können. Von vielen Seiten wurde Pius beschworen, er möge eine Radioansprache an das ungarische Volk und den Klerus halten. Er solle dabei appellieren, Juden zu verstecken und sich deren Deportation zu widersetzen – so jedenfalls wünschte es das *War Refugee Board*. Pius sah darin zu große Risiken für die Betroffenen. Er suchte einen unverfänglicheren Weg. Risikoloser schien ihm eine Botschaft an die ungarischen Bischöfe und Gläubigen, die er allgemein zu Hilfeleistungen für die Opfer des Krieges und der Rassenpolitik aufforderte. Das Schreiben wurde Ende Oktober 1944 an den Kardinalprimas Serédi geschickt.[62] Dieser musste es hinnehmen – er hatte weder darum gebeten noch hielt er es für angebracht. Derweil sprach Nuntius Rotta beinah täglich bei der Regierung vor und ließ Tausende von Schutzbriefen für Juden ausstellen. Doch unter dem zunehmenden Kriegstoben in Ungarn gab es kaum noch Möglichkeiten, effektiv zu helfen. Die Zeit für Proteste und Diplomatie war abgelaufen.

Pius verbrachte die restlichen Kriegsmonate noch mehr betend, leidend und karitativ helfend denn je. Der Holocaust war über ihn hinweggerollt. Die Reste hatten sich mit dem finalen Kriegsgräuel verbunden, und nur der Untergang des Reichs konnte allem ein Ende setzen.

Die vorsichtige Diplomatie, die Pius XII. trotz seiner härteren Position nach dem Herbst 1943 immer noch verfolgte, offenbart eine weitere alte Schwäche Eugenio Pacellis. Deutlich wird das vor allem bei der »Bitte« an seine bischöflichen Brüder in Italien, sie mögen flüchtige Juden aufnehmen. Pacelli scheute sich, anderen »zu nahe zu treten«. Auf entsprechende Zeugnisse seiner langjährigen engsten Mitarbeiter Msgr. Tardini und Pater Leiber wurde schon hingewiesen.

Ging es um Sachverhalte, die am Schreibtisch zu klären waren, konnte Pacelli streng, sehr streng entscheiden. Zuweilen ließ er sich dazu viel Zeit und klopfte ein Problem nach hundert und mehr Seiten ab. Er hatte Angst, etwas zu übersehen. Ging es dagegen um Entscheidungen, die andere Menschen selbst zu treffen hatten, besonders im Bereich moralischen Handelns, hielt sich Pacelli ausnahmslos vornehm zurück. In zahlreichen Situationen war und ist das konstruktiv, quasi ein modernes subsidiäres Führungsverhalten, das auf eigene Einsicht baut. Doch wenn der eingeräumte Freiraum gezielt ausgenutzt wird oder Untätigkeit zementiert oder wenn er schlicht Betroffene überfordert, ist Führung notwendig. Zweifellos war sie im schweren Kirchenkonflikt mit dem Nationalsozialismus und besonders bei der Frage aller Fragen angesichts des Holocaust unerlässlich.

Wir haben mehrfach gesehen, wie vorsichtig und schonend der Kardinalstaatssekretär die deutschen Bischöfe während ihrer andauernden Auseinandersetzung mit Staat und Behörden behandelte. Pacellis Einschätzung und Bewertung des Nationalsozialismus, besonders des Reichskanzlers, war um Längen realistischer und weitaus schärfer als bei den Bischöfen. Dennoch hielt er sich höflich zurück. Die Ordinarien dort sollten aus eigener Einsicht und eigenem Antrieb entscheiden, was zu tun war, was getan werden musste. Selbst als der befreundete Münchner Kardinal Faulhaber ein unerträgliches Führerlob nach Rom schickte, blieb Pacelli konziliant. Wie sehr ihm jedoch Faulhabers Einschätzung wohl auf den schwachen Magen geschlagen war, konnte man ein paar Monate später in der Enzyklika »Mit brennender Sorge« nachlesen.

Pacelli hat keinen Ausrutscher und keine Untätigkeit einzelner Bischöfen offen getadelt. Er hat sich auch nicht aktiv eingeschaltet, als unter den deutschen Oberhirten die Spannungen chronisch wurden und zum Zerwürfnis führten. Als Papst hielt er diese Linie bei. Auch bei dem Konflikt zwischen Bischof Preysing und Kardinal Bertram, dem Vorsitzenden der Bischofskonferenz, im Sommer 1940 beschränkte sich Pius auf den Rat, die Problematik in der Vollversammlung freimütig zu besprechen. Auslöser war ein devotes Glückwunschschreiben zum 51. Geburtstag des Führers, das Bertram eigenmächtig und ohne Absprache im Namen aller Bischöfe übermittelt hatte. Auf der Vollversammlung folgten die Bischöfe dem Wunsch des Papstes nicht. Die Tagesordnung sparte das Thema aus. Da Preysing sich nicht damit abfinden wollte, thematisierte er in einer Stellungnahme grundsätzlich die Position der deutschen Bischöfe zum totalitären Staat. Der Berliner Bischof löste damit einen Eklat aus, der den Episkopat endgültig entzweite oder mindestens die latente Entzweiung offenkundig machte.[63] Pius schaltete sich nicht ein. In den Kriegsjahren beschränkte er sich darauf, einzelnes mutiges Handeln zu loben und ansonsten zu trösten.

Pius XII. hat nie mit der Faust auf den Tisch gehauen. Zu keiner Zeit hat er die Bischöfe im Reich verpflichtet, dem gottlosen Staat und seinem dämonischen Treiben aktiv zu widerstehen. Niemals verlangte er auch nur ein Donnerwetter von den Kanzeln oder in Hirtenschreiben. Er hatte gehofft und gewünscht, dass die Bischöfe aus eigenem Antrieb handelten.

Durfte sich der Papst in seinem exponierten Amt als Stellvertreter Christi dermaßen zurückhalten? Durfte er seine moralische Führung in Zeiten entfesselter Bosheit nur als »Wunsch« oder »Bitte« vortragen?

Bei aller Erleichterung am Ende des Krieges war Pius denn auch sehr bedrückt. Hatte er sich bei diesem schrecklichsten Krieg aller Zeiten richtig verhalten? Hatte der Stellvertreter vor dem monströsen Verbrechen der planmäßigen Vernichtung des alten Gottesvolkes versagt? Hatte er alles getan, was er tun konnte, was er tun musste?

Der Zeitenlauf wollte es, dass Eugenio Pacelli in dem Augenblick der Ring des Petrus angetragen wurde, als die apokalyptischen Reiter die Hölle auf Erden schufen. Die Sendboten des Todes konnte Pius nicht aufhalten. Dazu hatte er nicht die Macht, und das konnte niemand von ihm verlangen. Doch hätte er dem Schreckensreiter der Shoa nicht die gleiche Verdammung entgegenschleudern müssen wie den anderen Unheilsboten des Krieges? Hätte er diesen finstersten aller Reiter, der einen bleibenden Schatten auf Europa werfen wird (Johannes Paul II.), nicht mit dem Licht des Evangeliums blenden müssen?

War der Stellvertreter und erste Zeuge Christi dazu nicht verpflichtet –

trotz der Gefahr, dass die Todesernte unvermindert weiterginge und es zu Repressalien gegen die Kirche käme?

Pacelli hat sich im Leben nur vor zwei Dingen wirklich gefürchtet: falsche, gar ungerechte Entscheidungen zu fällen und unnütz Zeit zu verlieren. Zur Vermeidung von Zeitvergeudung tat er alles, was in seiner Macht stand. Er legte sich höchste Disziplin auf und unterwarf sich einem ausgeklügelten Zeit-Management. Vielleicht hat er den Kampf um die Stunden und Minuten seines Lebens sogar gewonnen. Zur Beruhigung seiner zweiten Lebensfurcht tat er auch alles, was in seiner Macht lag. Doch diesen Kampf hat er verloren. Er wusste das selbst am besten. Zu lange hat er seine Zweifel bekämpft, ist ihnen ausgewichen, ja vor ihnen davongelaufen. Bis zum Verderben in seiner Stadt im Oktober 1943 hatte er ihnen kaum Gehör geschenkt. Schwankend entschied er sich letztendlich für Schweigen.

»Simon, Simon, der Satan hat verlangt, dass er euch wie Weizen sieben darf. Ich aber habe für dich gebetet, dass dein Glaube nicht erlischt. Und wenn du dich wieder bekehrt hast, dann stärke deine Brüder« (Lukas 22,32). Solches versprach Jesus dem Petrus und solches forderte er auch von ihm. Eugenio Pacelli hat lange gebraucht, um die Zweifel an seinem Schweigen als Stimme seines Herrn zu deuten, der ihn zur Umkehr rief.

EPILOG – DIE GLOCKEN ROMS

Erinnern Sie sich an die kleine Geschichte zu Beginn des Buches? Pius XII. war zum Himmelstor gekommen und ... Ich hatte die Geschichte nicht zu Ende erzählt. Jetzt ist die Gelegenheit dazu:

Pacelli suchte lange nach dem Herrn, konnte ihn aber nicht finden. Er war müde und traurig. Da beschloss er, in die alte, liebgewordene Kirche seiner Kindheit zu gehen, der Chiesa Nuova. Dort hatte er so oft dem Herrn seine Bitten vorgetragen, sein Leid geklagt und Trost erhalten. Pacelli setzte sich auf seinen Lieblingsplatz. Plötzlich hörte er, wie die Glocke der Kirche anfing zu läuten. Die Mittagszeit war gerade vorüber. Jetzt durften keine Glocken läuten, das wusste Pacelli. Er stand auf und ging nach hinten, um nachzusehen. Er kannte sich noch gut aus, denn oft hatte er selbst die Glocken geläutet und zum Gottesdienst gerufen.

Pacelli stockte der Atem. Er sah den Herrn, wie er am Glockenseil hing und sich abmühte, die Glocke immer lauter dröhnen zu lassen. Augenblicklich lief Pacelli zum Herrn und wollte ihm helfen. Doch Jesus verschwand. Pacelli griff nach dem Seil und zog allein weiter. Da ertönte von draußen eine andere Glocke – dann eine zweite, eine dritte. Verwirrt eilte Pacelli vor die Tür.

Alle Glocken in der Nähe hatten eingestimmt. Auch von fern hörte Pacelli eine Glocke schlagen. Er erkannte sie sofort. Es war die schwere Campanone vom Petersdom, die nur für den Papst läutet. Sie hallte über den Tiber, und ihr Ton schwang weit in die Stadt. Auf einmal stimmten alle Glocken Roms mit ein. Nie zuvor hatte Pacelli das gehört. Die ganze Stadt tauchte in ein Meer von Glockengeläut. Es war, als ob ganz Rom betete und sämtliche Engelchöre sich hier versammelten. Heute ist der Festtag des Evangelisten Lukas, erinnerte sich Pacelli. Wollte der Herr ganz Rom zum Lob erschallen lassen?

Doch plötzlich zuckte Pacelli zusammen. Er lief zurück in die Kirche und weinte bitterlich. Der Herr stand neben ihm. Bald darauf waren beide entschwunden.

Hätten sie doch geläutet – die Glocken von Rom! Hätten sie doch an jenem 18. Oktober 1943 um 14 Uhr geläutet! An diesem Festtag des heiligen Lukas und zu dieser Stunde setzte sich der Todeszug mit den Juden Roms in Bewegung, direkt nach Auschwitz. Hätte Pius XII. doch die Glocken Roms den ganzen Vormittag über läuten lassen, als unweit vom Vatikan die eingefangenen Juden quer durch die Stadt zum Verladebahnhof gekarrt wurden. Wäre er doch selbst unter dem mahnenden Geläut aller Kirchen zum Bahnhof Tiburtina gefahren. Es wäre noch nicht zu spät gewesen.

Wer hätte die Glocken zum Schweigen bringen können? Sie hätten die Stimme Pius' XII. sein können, als er glaubte, keine Stimme zu haben. Sie hätten auch Stimme sein können für das alte Gottesvolk, das unter die Räuber gefallen war wie der Reisende in der Geschichte vom barmherzigen Samariter aus dem Lukasevangelium. Die Glocken hätten für die Juden läuten können, die an jenem Tag einsam am Wegrand Roms lagen. Sie hätten mahnen können für das Wort Jesu: *»Er sah und ging weiter«*, und sie hätten jubeln können für den Barmherzigen, *»der sah und Mitleid hatte«*.

Nur der Evangelist Lukas erzählt von diesen zeitlosen und immer aktuellen Worten Christi. War es nicht ein Zeichen, dass sich an seinem Fest in Rom eine Gräueltat ereignete, die prophetisch den Samariter beschwor?

Wäre es nicht ein prophetisches Zeichen gewesen, wenn die Glocken der Lateranbasilika schon am 9. November 1938 einen Tag lang geläutet hätten, als Synagogen geschändet und zerstört wurden? An jenem Tag wurde auf dem ganzen Erdkreis das Weihefest der Mutter aller Kirche begangen. Hätten nicht die Glocken aller Gotteshäuser der Christen in Deutschland und Österreich einstimmen müssen, da vor ihren Türen die Gotteshäuser der Juden in Schutt und Asche lagen?

Es wurde die Missa Terribilis gelesen: *Voll Schauer ist dieser Ort. Gottes Haus ist hier und die Pforte des Himmels; sein Name ist: Wohnung Gottes. Wie lieb ist deine Wohnung mir, o Herr der Himmelsheere. Verlangend nach dem Haus des Herrn verzehrt sich meine Seele.*

Die Glocken schweigen. Sie schweigen in Rom und auf dem Erdkreis. Sie trugen die Kunde vom unsäglichen Frevel nicht um die Welt. Sie schweigen auch, als sich der Frevel der Schändung zur Bluttat der Ausrottung steigerte. Dabei hätten die Glocken in Rom, in Europa und auf der ganzen Welt einstimmen müssen in ein Trauergeläut über die Verfolgung und Vernichtung der Juden und aller anderen, die dem Rassenwahn Hitlers anheimfielen. Sie hätten Gebet und Protest der Kirche sein können und ein Mahnruf Gottes an alle Menschen. Sie hätten Pius XII. ermutigen können, seine Stimme zu erheben und noch mehr einzutreten für die, die keine Stimme hatten.

Wie endet unsere Geschichte von Pius XII. am Himmelstor?

Pius kam wieder vor das Tor des Paradieses. Diesmal war der Herr bei ihm. Er war aus Rom mitgekommen.

»*Quo vadis, Eugenio?*«, fragte Petrus erneut. Pacelli antwortete nichts. Er hatte Furcht. Er dachte an seine letzten Worte im Testament: »*Sei mir gnädig, o Herr, gemäß deiner großen Barmherzigkeit. Die Vergegenwärtigung der Mängel und Fehler, die während eines so langen Pontifikates und in solch schwerer Zeit begangen wurden, hat mir meine Unzulänglichkeit klar vor Augen geführt.*« Beschämt schaute Pacelli den Herrn an.

Jesus nahm ihn bei der Hand und sagte zu Petrus: »*Ich habe ihn berührt, und er hat sich berühren lassen.*«

Petrus lächelte, und alle drei verschwanden im Himmel.

Wenn der Herr zum letzten Gericht kommt und alle Glocken Roms läuten, mögen sie Eugenio Maria Giuseppe Giovanni Pacelli Geleit geben. Steht Papst Pius XII. vor dem, dessen Stellvertreter er einst war, möge seine Seele Gnade und Fürsprache finden. Die Klagen und Anklagen der Ungezählten, die ihr Leben in den Todeskammern und Lagern lassen mussten, mögen aufgehen in Gottes Barmherzigkeit. Sei diese groß genug auch für den Schmerz der römischen Juden über das Zaudern des Hirten ihrer Stadt. Und mögen alle jene Fürsprache halten, die gerettet wurden durch die Hand Pius' XII. Mögen die Barmherzigkeit Jesu und die Tränen Eugenio Pacellis alles Leiden in Vergebung und Versöhnung enden lassen.

De profundis clamavi ad te, Domine:
Domine, exaudi vocem meam.
Fiant aures tuae intendentes
in vocem deprecationis meae.
Si iniquitates observaveris, Domine:
Domine, qui sustinebit?
Psalm 130

Eugenio Pacelli – Requiescat in pace

DANKSAGUNG

Ich habe vielen Menschen zu danken, die meine Recherchen und Überlegungen zu Eugenio Pacelli mit Rat und Tat begleitet haben. Allem voran danke ich herzlich Professor Pater Gumpel SJ. Bis Mai 2007 war er der langjährige Untersuchungsrichter im Seligsprechungsprozess Pius' XII. Pater Gumpel hat mich in Rom stets freundlich empfangen, mir immer kurzfristig Termine eingeräumt und mir viel Zeit geschenkt für tiefe Aussprachen. Sein immenses Wissen über Pius XII. und seine Zeit war für mich ausgesprochen hilfreich, viele Punkte klarer zu sehen. Auch bei wiederholt detaillierten Nachfragen und kritischen Einwänden blieb er geduldig und aufgeschlossen.

Ich danke auch Kardinal Stickler, Kardinal Mayer und Kardinal Kasper für persönliche Gespräche, sowie Prälat Georg Ratzinger für ein gern gewährtes Telefoninterview. Zu Dank verpflichtet bin ich ebenso Professsor Padre Rohnheimer von der Päpstlichen Universität della Santa Croce in Rom, Msgr. Capovilla, vormals Privatsekretär Johannes' XXIII., Major Haßler von der Schweizer Garde, Pater Gemmingen von der deutschen Sektion von Radio Vatikan und vielen anderen, die ich hier nicht nennen kann.

Für die Unterstützung, im päpstlichen Geheimarchiv und im Archiv der Glaubenskongregation forschen zu können, danke ich dem ehemaligen Direktor des Bildungswerks der Erzdiözese Freiburg Dr. Heinz, dem Präfekten des Archivio Segreto Vaticano Msgr. Sergio Pagano, dem Msgr. Alejandro Cifres von der Glaubenskongregation und den stets zuvorkommenden Mitarbeitern der beiden Archive. Für die Aufnahme als Gast im Collegio Teutonico/Santo Campo Vaticano während eines meiner Studienaufenthalte in Rom einen herzlichen Dankesgruß an den Rektor Professor Gatz.

Ich stehe auch in der Schuld zahlreicher Kollegiaten des Kolping-Kollegs in Freiburg für viele engagierte und offenherzige Diskussionen über Pius XII.

Nicht zuletzt gilt mein besonderer Dank meiner Frau. Sie hat mich in allen Belangen unterstützt, endlos Korrektur gelesen und gerne alle möglichen Fragestellungen diskutiert und kommentiert.

ANMERKUNGEN

Einführung

1 Uraufführung des Stücks am 20. 2. 1963 durch *Freie Volksbühne Berlin* im Theater am Kurfürstendamm (Piscator); mittlerweile 38. Aufl. bei Rowohlt.

2 Brief von Paul Elbogen vom 27. 7. 1963 an den Verleger Ledig-Rowohlt (in: Raddatz/Hg., Summa iniuria, ebd., S. 217 f.).

3 Padover, Saul Kussiel: Lügendetektor. Vernehmungen im besiegten Deutschland 1944/45, TB-Ausg., 2. Aufl., München 2001, S. 210 f. (= New York 1946).

4 So in einem Spiegelinterview vom 26. 5. 2007 mit dem Titel: »Ein satanischer Feigling« (*Der Spiegel,* 22/2007, S. 158 f.).

5 Der erste Band wurde bereits 1965 publiziert, der letzte 1981. Einen kurzen Einblick liefert Blet (einer der vier Editoren) in Vorwort seines Buches: Papst Pius XII. Dieses Werk gilt zuweilen als 12. Band der eigentlich 11-bändigen Dokumentenedition ADSS.

Kapitel 1

1 Tagliacozzo, Communità, S. 36; Coen, 16 ottobre 1943, S. 98 f.

2 Tagliacozzo, La persecuzione, S. 157. Zu den Ereignissen in Auschwitz vgl. auch Katz, Black Sabbath, S. 268 ff.; Coen, ebd., S. 104 ff.

3 Wachsberger, Testimonianza, S. 180.

4 Tagliacozzo, Communità, S. 36; Katz, Black Sabbath, S. 275 f.

5 Vgl. zu Spizzichino ihr Selbstzeugnis: Gli anni rubati: le memorie di Settimia Spizzichino, reduce dai Lager di Auschwitz e Bergen-Belsen, 2. Aufl., Cava de' Tirreni 2001; Interview im Sommer 2000, in: http://web.quipo.it/cpsroma/articoli/art5.html.

6 Aussage Kapplers bei seinem Prozess, dokumentiert in: The Nizkor Projekt (http://www.nizkor.org/); Tagliacozzo, Communità, S. 9.

7 Der Papst und die Juden, S. 168 (abgedr.: Raddatz/Hg., Summa iniuria), S. 167–171.

8 Ebd. S. 169.

9 Möllhausen, E: Die gebrochene Achse, Alfeld 1949, S. 112 f.

10 Telegramm vom 6. 10. 43; vgl. Katz, Rom S. 102 (dort Quelle: Office of Strategic Services/ OSS).

11 Z. B. Coen, 16 ottobre, S. 29 f.

12 Z. B.: E. Zolli, Der Rabbi von Rom, München 2005, S. 227 f.; Blet, Pius XII., S. 220.

13 OSS (RG 226) Doc. 670 (dokumentiert: http://www.archives.gov/iwg/declassified-records/ rg-226-oss/rg-226-disclosure-act-documents.html; auch: Breitman, R.: New Sources on the Holocaust in Italy, in: *Holocaust and Genocide Studies,* 16 (2002), S. 402–414, hier 405; auch Katz, Rom, S. 103.

14 Das Möllhausen-Telegramm ist dokumentiert z. B. in: Akten zur deutschen auswärtigen Politik, hrsg. von Bußmann, W. u. a., Serie E: 1941–1945, Bd. VII, Dok. 18, S. 31, Göttingen 1979; Friedländer, Pius XII. und das Dritte Reich, S. 143; zweites Telegramm: Friedländer, ebd.

15 Dokumentiert in: Friedländer, ebd.

16 Faksimile in: Katz, Rom, S. 108.

17 So nach Katz, ebd., S. 106.

18 ADSS IX, Doc. 336 vom 17. 9. 43, S. 480 f.

19 Steur, C.: Theodor Dannecker. Ein Funktionär der Endlösung, Tübingen 1997, S. 116 ff.

20 Tagliacozzo, La persecuzione, S. 158.

21 Coen, 16 ottobre, S. 78.

22 Debenedetti, Am 16. Oktober 1943, S. 45.

23 Tagliacozzo, La persecuzione, S. 157.

24 Coen, 16 ottobre, S. 67.

25 Am 16. Oktober 1943, S. 48.

26 Vgl. Anm. 19, S. 121.

27 Wachsberger, Testimonianza, S. 177.

28 Coen, 16 ottobre, S. 91; vgl. auch: Picciotto Fargion, Il libro della memoria, S. 882.

29 Coen, ebd., S. 92 f.

30 Dechiffriertes Vollzugstelegramm Kapplers: Centro di Documentazione Ebraica Contemporanea (CDEC/Mailand), http://www.museoshoah.it/link.asp?id=Roma-16-ottobre-1943. Hier Übersetzung aus dem Italienischen.

31 ADSS IX, Doc. 369, 383, S. 507, 519.

32 Ebd., Doc. 374, S. 511.

Kapitel 2

1 Vgl. TV-Interview Principessa Pignatelli-Aragona, in: Pius XII., der Papst, die Juden und die Nazis (BBC, 1995).

2 ADSS IX, Doc. 368, S. 505 f.

3 Ebd., Doc. 373, S. 509 f., korrigierte Fassung.

4 Nach einer Aussage von G. Gumpert (Deutsche Botschaft Rom) im Prozess gegen E. Weizsäcker (Wilhelmstraße-Prozess 1947–49). Gumpert wiederholte eine Mitteilung Weizsäckers an ihn im Oktober 1943. Das Datum der Unterredung mit Montini ist nicht genau bestimmbar. Es macht aber Sinn, das Treffen unmittelbar nach dem 16. Oktober zu legen. Zitiert in: Notenwechsel II, S. XVIII, Anm. 11.

5 ADSS IX, Doc. 383, S. 519.

6 KNA-Interview vom 7. 11. 2000; (= L'Osservatore Romano/8. 12. 2000).

7 Dokumentiert z. B. in: Akten zur deutschen auswärtigen Politik (vgl. Anm. 14/Kap. 1), Dok. 48, S. 85; Friedländer, Pius XII., S. 144.

8 Sale, Roma 1943, hier besonders S. 424.

9 Z. B.: Rychlak, Hitler, S. 207; ders., Zuccottis' Lack, S. 143; Gallo, To Halt, S. 128.

10 ADSS IX, Doc. 373 (dort Anm. 4), S. 510.

11 Hudal, A.: Römische Tagebücher. Lebensbeichte eines alten Bischofs, Graz 1976.

12 Picciotto Fargion (L'occupazione, S. 22) vom C. D. E. C. zählt mindestens 694 Verhaftungen ab 17. Oktober 1943 bis Ende Mai 1944.

13 Kopie des Telegramms z. B.: Institut für Zeitgeschichte München-Berlin (»Weizsäckerprozess«/MA 1563/50), dokumentiert auch: Friedländer, Pius XII., S. 144.

14 Dokumentiert z. B. in: Akten zur deutschen auswärtigen Politik (vgl. Anm. 14/Kap. 1), Dok. 66; Friedländer, Pius XII., S. 145.

15 Brechenmacher, Der Vatikan und die Juden; Kertzer, Die Päpste gegen die Juden.

16 Leiber, Pius XII., S. 84 f.

17 Faksimile in: Tornielli, Pio XII, S. 398.

18 Righteous Gentiles, S. 216. Pater Gumpel hat mir bestätigt, dass er Rychlak entsprechende Unterlagen zur Verfügung gestellt hat.

19 Vgl. z. B. Gasparri, Gli ebrei, S. 39 ff.
20 Pascalina, Ich durfte ihm dienen, S. 120 f.
21 Leiber, Pius und die Juden in Rom, S. 431 ff.
22 Baglioni, P.: Die in den Klöstern versteckten Juden. Der Heilige Vater ordnet an ..., in: *30giorni*, Nr. 7/8., Jul./Aug. 2006.
23 Zuflucht im Vatikan: Die Geschichte des Römers und Halbjuden Bruno Ascoli, Artikel: Nachrichtenagentur ZENIT (Rom), 19. 11. 2007.
24 ADSS IX, Doc. 371, S. 508.
25 Vgl. Liste in: Gaspari, Gli ebrei, S. 127 ff.
26 Ghetto di Roma: Salvati dal Papa, in: *Avveniere* (kath. Tageszeitung) 32 (2000), Ausgabe vom 11. Nov.; auch Gaspari, ebd. 42 f.
27 Am 15. 12. 2005.
28 Vgl. ADSS X, Doc. 53, S. 127 ff.
29 Vgl. z. B. Gaspari, Gli ebrei, S. 40; persönliche Mitteilung Pater Gumpels (Nov. 2006).
30 Friedländer, Pius XII., S. 157 f.
31 ADSS IX, Doc. 482 Annexe, S. 627.
32 Zuccotti, Under his very Windows, S. 220; dort auch Näheres zur Razzia.
33 ADSS XI, Doc. 25, S. 117 f.
34 Zuccotti, Under his, S. 225.
35 Ebd.
36 ADSS XI, Doc. 30, S. 126.
37 ADSS IX, Doc. 387, S. 524.
38 Tittmann, Inside the Vatican, S. 188.

Kapitel 3

 1 Konopatzki, Eugenio Pacelli. Kindheit und Jugend, S. 11.
 2 Ebd., S. 30 f.
 3 Dalin, The Mythe of Hitler's Pope, S. 54.
 4 Padellaro, Pius XII. S. 47.
 5 Konopatzki, Eugenio Pacelli, S. 23.
 6 Ebd., S. 226 f.
 7 Pascalina, Ich durfte ihm dienen, S. 99.
 8 Konopatzki, Eugenio Pacelli, S. 57.
 9 Tardini, Pius pp. XII, S. 127.
10 Vgl. ebd., S. 82 ff.; Pascalina, Ich durfte ihm dienen, S. 57 ff. Bei der Vision handelte sich nach Aussage von Pius um eine Christuserscheinung am 1. Dezember 1954.
11 Zur frühen Zeit im Staatssekretariat vgl. etwa Padellaro, Pius XII., S. 102 ff., A. Spinosa, Pio XII., S. 37 ff.
12 Bemerkung dokumentiert in: Fattorini, Germania e Santa Sede, S. 48.
13 Kaiser Wilhelm II., Ereignisse und Gestalten aus den Jahren 1878–1918, Leipzig/Berlin 1922, S. 225.
14 Zum Vorgang und Dokumentation vgl.: Tornielli, Pio XII, S. 50 ff.
15 Pius XII., S. 36.
16 Näher dazu und zu Jacobson vgl. Lapide, Rom und die Juden, S. 254 f.
17 Vgl. Blumenfeld, K.: Erlebte Judenfrage, Stuttgart 1963, S. 83 f.
18 Pius pp XII, S. 145.

19 Ebd., S. 62.
20 Ebd., S. 63.
21 Archivio Nunziatura Monaco (ANM), Busta 397, Fasc. 2, Bl. 154rv–155rv (Faksimile mit handschriftlichen Korrekturen Pacellis auf meiner Homepage); vgl. auch: Fattorini, Germania e Santa Sede, S. 321–25.
22 Pius XII., S. 101.
23 Ebd.; im engl. Original bei Cornwell: »gang of young women«, »female rabble«, »drugged eyes«. Im italienischen Originalbericht Pacellis: »schiera di goivani donne«, »gruppo femminile«, »occhi scialbi«.
24 Gesamtes Gutachten dokumentiert: http://www.ns-archiv.de/verfolgung/antisemitismus/hitler/gutachten.php
25 ANM, Busta 397, Facs. 3, Bl. 2–9; vgl. auch Recherchen bei: Nassi, Pio XII, S. 133 ff.; Sr. Pascalina gibt eine unvollständige Erinnerung wider (Ich durfte ihm dienen, S. 16).
26 Vgl. Kap. 4, Punkt: Krieg und eine waghalsige Konspiration (S. 180).
27 In: Kardinal Michael von Faulhaber (Archivdokumentation), S. 207.
28 ANM, Pos. 396, Fasc. 7, Bl. 75rv–76rv, Zitat Bl. 75, Bericht an Gasparri vom 26. 4. 1924.
29 Ebd., Bl. 79v, Bericht an Gasparri vom 1. 5. 1924.
30 Ebd. (»forse la più pericolosa eresia di tempi nostri«).
31 Nach Besier, Der Hl. Stuhl, S. 66 und dort Anm. 272 (Quelle), S. 336.
32 Aus Hitlers Grundsatzrede vom 12. 4. 1922 (»Was soll das Ende?«), dokumentiert in: Reden des Führers, S. 28 ff., hier S. 42.
33 S. 70. Näheres zu den Judentiraden in Mein Kampf: vgl. Unterpunkt in Kap. 4: Hitlers Judenwahn und Antijudaismus).
34 Pascalina, Ich durfte ihm dienen, S. 42
35 Vgl. Tornielli, Pio XII, S. 112; auch Pater Gumpel zu mir im Oktober 2006.
36 Pius pp XII, S. 127.
37 Vervoort, Pius XII, S. 106.
38 Padellaro, Pius XII., S. 178.
39 Neuhäusler, Kreuz und Hakenkreuz, Bd. 2, S. 27.
40 Pius pp. XII, S. 68 f.
41 Ebd., S. 45 f.
42 Padellaro, Pius XII., S. 357.
43 Pascalina, Ich durfte ihm dienen, S. 60.
44 Pius pp XII, S. 53.
45 Ebd., S. 92.
46 Ebd., S. 42.
47 Ebd., S. 125.
48 Ich durfte ihm dienen, S. 46.
49 Vgl. z. B. Brechenmacher, Vatikan und Juden, S. 160f; H. Wolf, »Lasst uns beten für die treulosen Juden«. Neues zum Thema Kath. Kirche und Antisemitismus aus den Vatikanischen Archiven (Festvortrag/30. 9. 2004): www.dfg.de/aktuelle_presse/preise/communicator_preis/2004/wolf/download/vortrag_wolf_040930.pdf.
50 Brechenmacher, ebd., S. 158.
51 Acta Apostolica Sedis XX (1928), S. 104.
52 Gruber, Kath. Kirche/Quellen, Nr. 1, S. 1.
53 Ebd., Nr. 2, S. 2 ff.
54 Affari Ecclesiastici Straordinari (Germania, Periodo IV: 1922–1939) im Archivio Segreto

Vaticano (= A. E. S.), Pos. 621, Fasc. 138, Bl. 3rv–4r mit einer vollständigen italienischen Übersetzung des Mayer-Briefes als Anlage (8. Oktober 1930).

55 Ebd., Bl. 10.

56 Akten Bischöfe I, S. 806–809.

57 Ebd., S. 832 ff., hier 838.

58 A. E. S., Pos. 121, Fasc. 138, Bl. 38r.

59 Ebd., Bl. 40rv.

60 Feldmann, Pius XII., S. 73.

61 Akten Bischöfe I, S. 843 f.

62 Ebd., S. 844.

63 Regierungserklärung dokumentiert z. B.: Bayerische Staatsbibliothek, Digitale Bibliothek (Münchner Digitalisierungszentrum): http://mdz1.bib_bvb.de/cocoon/reichsblatt/Blatt_ bsb00000141,00027.html.

64 Neuabdruck in: Bendel (Hg.), Die katholische Schuld? (2004).

65 Brief dokumentiert in Sale: Hitler, La Santa Sede, S. 345 f.

66 Latein. Orig.: Akten Bischöfe, Bd. I, S. 210f; Deutsch: Müller, Dokumente, S. 162.

67 Akten Bischöfe, ebd., S. 238.

68 Ebd., S. 239 ff.

69 Vgl. Anm. 63, S. 27 f.

70 Vgl. z. B. Benz, Juden in Deutschland, S. 268 ff. (Beitrag von G. Plum); Friedländer, Das Dritte Reich Bd. 1, S. 21 ff.; Brief Pater O. Stratmanns an Kardinal Faulhaber, Akten Faulhaber I, S. 711.

71 A. E. S., Pos. 643, Fasc. 158, Bl. 4r.

72 Brechenmacher, Vatikan und die Juden, S. 173.

73 A. E. S., Pos. 643, Fasc. 158, Bl. 5r.

74 Edith-Stein-Gesamtausgabe, Bd. 1, Freiburg u. a. 2002, S. 348 f.

75 Nachrichtenagentur ZENIT (Rom), 12. 10. 2007.

76 Brief Edith Stein: A. E. S., Pos. 643, Fasc. 158, Bl. 16 f., Absatzformatierung hier beibehalten, Faksimile auf meiner Homepage.

77 Briefe und Antwort Faulhabers: Akten Faulhaber I, S. 701 f., 705 ff., 709 ff. Wurm war selbst Herausgeber einer kleinen katholischen Zeitschrift (Seele). Gegen die Judenverfolgung hatte er einen Artikel verfasst und wünschte sich die Publizierung in einer großen katholischen Zeitung. Der Artikel kam allerdings kommentarlos zurück. Nach dieser Absage und der Absage einer Rückendeckung durch Faulhaber entschloss er sich, einen Artikel in seinem kleinen Blatt auf die eigene Kappe zu nehmen. Wurm rechnete mit »Schutzhaft« – wie er an Faulhaber zurückschrieb.

78 Akten Bischöfe I, S. 54 und ebd., S. 43.

79 Judentum, Christentum, Germanentum, München 1934.

80 Vorderholzer, R.: Die Bedeutung des Alten Testaments für die Christen, in: *Die Tagespost*, 9. 10. 2003.

81 A. E. S., Scatole, Fasc. 45d, Bl. 63rvff; Brief Faulhabers an Pacelli: 11. November 1934.

82 A. E. S., Pos. 643, Fasc. 158, Bl. 48r (Jewish Chronicle vom 1. 9. 1933).

83 Nach Brechenmacher, Vatikan und die Juden, S. 177.

Kapitel 4

1 Akten Bischöfe, Bd. I, S. 100–103, Zitat 101 f.

2 Skandalös war z. B. die Artikelserie »Die jüdische Frage in Europa« in der halb-vatikanamtlichen Jesuitenzeitschrift *Civiltà Cattolica* im Jahre 1890; vgl. Beschreibung und Bewertung der umfänglicheren Kampagne Ende des 19. Jahrh.: Kertzer, Päpste gegen die Juden, S. 179 ff.

3 Mein Kampf, S. 338. Alle folgenden Zitate sind aus dem Original *Mein Kampf*, ungekürzte Ausgabe, 651./655. Aufl., München 1941. Veröffentlicht sind die meisten Bemerkungen auch in: Zentner, Chr.: Adolf Hitlers Mein Kampf. Eine kommentierte Auswahl, 18. Aufl., Berlin 2006.

4 Mein Kampf, S. 334 f. (beide Zitate).

5 Ebd., S. 704.

6 Ebd., S. 337. Zu den Protokollen vgl. z. B.: Die Protokolle der Weisen von Zion. Die Grundlagen des modernen Antisemitismus – eine Fälschung. Text und Kommentar, hrsg. von Jeffrey L. Sammons, Göttingen 1998.

7 Ebd., S. 69 und 54.

8 Ebd., S. 347.

9 Ebd., S. 357 f.

10 Ebd., S. 702f (gesperrt gedruckt).

11 Ebd., S. 70 (gesperrt gedruckt).

12 Ebd., S. 772.

13 Salz der Erde. Christentum und katholische Kirche im neuen Jahrtausend. Ein Gespräch mit Peter Seewald, TB-Ausg., 6. Aufl., München 2004, S. 267 f.

14 Neben der Sklaventhese auch die These von der ruhelosen »Zerstreuung« der Juden als Strafe ihrer Christusleugnung maßgeblich beeinflusst. Vgl. Blumenkranz, B.: Die Judenpredigt des Augustinus, in: Basler Beiträge zur Geschichtswissenschaft, Bd. 25, Basel 1946. Zum ewigen, heimatlosen Juden vgl. die Legende des sogenannten »Ahasver«, der als Einzelperson und als Symbol für das gesamte jüdische Volk für alle Zeit heimatlos auf der Erde herumwandern muss.

15 Zur Skandalgeschichte Kirche-Juden/Judentum vgl. z. B. das 8-bändige Werk: Geschichte des Antisemitismus von Léon Poliakov, Worms/Frankfurt/M. 1978 ff.; überblickend: Brechenmacher, Vatikan und Juden; Kertzer, Päpste gegen die Juden.

16 Vgl.: *Wir erinnern. Reflexion über die Schoa.* Vatikanische Kommission für die religiösen Beziehungen zu den Juden, Vatikan 1998.

17 A. E. S., Pos. 643, Fasc. 158, Brief vom 11. 11. 1933.

18 Ebd., Scatole 43 a, Bl. 21.

19 Ebd., Bl. 93rv.

20 Ebd., Pos. 742, Fasc. 356, Bl. 4r.

21 Z. B.: Das Reichskonkordat 1933. Forschungsstand, Kontroversen, Dokumente, hrsg. von Th. Brechenmacher, Reihe: VKZG, Reihe B, Forschungen, Bd. 109, Paderborn u. a. 2007; Hürten, Deutsch Katholiken 1918–1945, S. 231 ff.; Besier, Der Heilige Stuhl, S. 169 ff.; Volk, L.: Das Reichskonkordat vom 20. Juli 1933. Von den Ansätzen in der Weimarer Republik bis zur Ratifizierung am 10. September 1933, Reihe: VKZG bei der Katholischen Akademie in Bayern, Reihe B, Forschungen, Bd. 5, Mainz 1972.

22 Bericht Kirkpatricks (19. 8. 1933) dokumentiert in: Volk, ebd., S. 250 f., Zitat S. 251.

23 Deutsch dokumentiert: Utz/Groner, Aufbau, Bd. II, S. 1800–1812, Zitat: 1803.

24 Vorgang Droll: A. E. S., Scatole 49, Bl. 98 ff.

25 Vgl. z. B. Burkard, D.: Häresie und Mythus des 20. Jahrhunderts. Rosenbergs nationalso-

zialistische Weltanschauung vor dem Tribunal der Römischen Inquisition, Paderborn u. a. 2005; Piper, E.: Alfred Rosenberg. Hitlers Chefideologe, München 2005.

26 Buttmann an seine Frau, in: Brechenmacher, Th., Unveröffentlichte Dokumente aus dem Nachlass Buttmann, in: ders. (Hg.), Das Reichskonkordat (Anm. 21) S. 153–280, hier 209.

27 Akten Bischöfe I., S. 539 f.

28 Notenwechsel I, S. 259–262, Zitat: S. 260.

29 Ebd., Nr. 65, S. 259–268 (vom 26. 7. 1935).

30 Akten Bischöfe II., S. 113 ff., Zitat 115.

31 Ebd. II, S. 262–264.

32 Akten Bischöfe I, S. 507 f.; Brief Gröber: S. 491–495, Zitate: S. 494 und 507.

33 Zitiert nach: Besier, Die Kirchen und das Dritte Reich, S. 791

34 Text online z. B.: http://www.verfassungen.de/de/de33_45/reichskonkordat33.htm.

35 Akten Faulhaber II, Nr. 572, S. 184 ff. (=A.E.S., Scatole, Fasc. 45d, Bl. 130r–138r). Oder: Kopie des Originalprotokolls aus dem päpstlichen Geheimarchiv auf meiner Homepage.

36 Gestapoprotokoll 21. 8. 44, Akten Faulhaber II, Nr. , 942, S. 1028 ff.

37 Ebd. II, Nr. 575, S. 197.

38 Das Audienzprotokoll von Pacelli in: A. E. S., Pos. 719, Fasc. 314, Bl. 22r–27r; siehe auch Faulhabers Bericht, in: Akten Faulhabers II, Nr. 605–609, S. 275 ff. Die Vorbesprechungen waren am 15. u. 16. Jan. 37 (ebd. Bl. 5r–6r).

39 Ebd., Pos. 719, Fasc. 315, Bl. 6r–16r.

40 Besier, Die Kirchen und das Dritte Reich, S. 791.

41 Ebd., S. 792.

42 Zitiert nach Besier, ebd., S. 795.

43 A. E. S., Pos. 720, Fasc. 329, Bl. 40.

44 Ebd., Scatole, Fasc. 26, Bl. 52rv–54rv, hier Bl. 53.

45 Akten Faulhaber II, Nr. 569, S. 179 f. (23. Okt. 1936).

46 A. E. S., Pos. 742, Fasc. 356, Bl. 31rv–32rv.

47 Die Tagebücher von Joseph Goebbels, Teil I, Bd. 6, S. 180 f.

48 Vgl. z. B. Friedländer, Das Dritte Reich und die Juden, Bd. I, S, 291–328; Benz, Das Novemberpogrom, in: ders., Die Juden in Deutschland, S. 499–544.

49 Zitiert nach Kock, E.: Er widerstand. Bernhard Lichtenberg, Berlin 1996, S. 137.

50 Nach der Aussage von Bistumsarchivar Helmert, der den Caritasdirektor Holling zitiert. Holling sagte, dass er persönlich diese Bemerkungen von Galen hörte. In: Wolf, W., Clemens August Graf von Galen. Gehorsam und Gewissen, Freiburg u. a. 2006, S. 123. Vgl. auch Bierbaum, M., Nicht Lob Nicht Furcht. Das Leben des Kardinals von Galen nach unveröffentlichten Briefen und Dokumenten, 7. Aufl., Münster 1974, S. 395. Bierbaum sieht in einer Mahnung von Pius XI. zur Zurückhaltung den Grund für Galens Schweigen (gesprochen im Frühjahr 1938 anlässlich des Besuches von 5 Bischöfen). Das ist eine Fehlinformation. Einen solchen Besuch hat es zu dieser Zeit nicht gegeben. Vielleicht meinte Bierbaum den Besuch im Januar 1937. Doch bei diesem Treffen hatte Pius nicht gemahnt – im Gegenteil.

51 Deutsche Bischofskonferenz: Wort aus Anlass des 50. Jahrestages der Befreiung des Vernichtungslagers Auschwitz/27. Januar 1995.

52 Berliner, Deutsche, Österreichische Bischofskonferenz: »Die Last der Geschichte annehmen«. Wort der Bischöfe zum Verhältnis von Christen und Juden aus Anlass des 50. Jahrestages der Novemberpogrome 1938 vom 20. Oktober 1988.

53 Repgens Bemerkung: Judenpogrom, Rassenideologie und Kirche im Jahr 1938, in: Bendel, Die katholische Schuld, S. 60–95, hier 69.

Kapitel 5

1 Pascalina, Ich durfte ihm dienen, S. 71.
2 Tagebücher Goebbels, Teil I, Bd. 6, S. 275.
3 Die Protokolle und die vorgelegte Denkschrift sind dokumentiert in: Schneider, Briefe Pius XII., als Anhang, S. 299 ff. (= ADSS II, Anhang, S. 387 ff.).
4 Schneider, ebd., S. 322.
5 Akten Bischöfe III, S. 501 (A. E. S., Scatole/Pos. 743, Fasc. 26, Bl. 49rv, hier 49r.
6 Domarus, Max (Hg.), Hitler: Reden und Proklamationen 1932–1945, Bd. 1, Neustadt 1962, S. 1058.Vgl. auch Friedländer, Das Dritte Reich, S. 331 ff.
7 Autorisierte deutsche Übersetzung mit Kommentar: Akten Bischöfe IV, S. 564–574.
8 Zu dem Gezerre um die Verurteilung des Rassismus und um die »Thesen« vgl. z. B. Brechenmacher, Der Vatikan und die Juden, S. 181 ff.; Godman, Der Vatikan und Hitler, S. 139 ff.; Repgen, Judenpogrom, 81 ff.
9 Zu den Vorgängen um die Entstehung der Enzyklika vgl. z. B.: Passelecq, G./Suchecky, B., Die unterschlagene Enzyklika. Der Vatikan und die Judenverfolgung, München 1997 (= Paris 1995); Miccoli, I Dilemmi, S. 335 ff.
10 Enzyklikatext auf Vatikan-Homepage (nicht auf Deutsch); hier Übersetzung aus dem italienischen Original; Deutsch auch: Utz/Groner, Aufbau, Bd. I, S. 3–40, hier S. 11.
11 Ansprache bei Utz/Groner, ebd., S. 1813–1816, Zitat: S. 1814 f.; Acta Apostolicae Sedis (AAS 31/1939), S. 333–335.
12 ADSS I, S. 42; auch Blet, Pius XII, S. 19.
13 Vgl. Chadwick, Britain and the Vatican, S. 85.
14 ADSS I; Doc. 235, S. 353 ff.; auf Deutsch: Utz/Groner, Aufbau, Bd. II, S. 1869 ff. (Zitat S. 1873).
15 Blet, Pius XII., S. 75.
16 ADSS I, Doc. 257, S. 384 ff., deutsch zitiert nach Blet, Pius XII., S. 33.
17 Zum Vorgang: Müller, J.: Bis zur letzten Konsequenz. Ein Leben für Frieden und Freiheit, München 1975, S. 80–145; Deutsch, H. C.: Verschwörung gegen den Krieg. Der Widerstand in den Jahren 1919–1940, München 1968 (= Minneapolis 1968), ab Kap. 4; Chadwick, Britain and the Vatican, S. 86ff; Gallo, P. J.: We Have Contended with Diabolical Forces, in: ders. (Hg.), Pius XII, S. 67–83.
18 Müller, ebd., S. 83.
19 ADSS I, Doc. 301–303, S. 444 f.; auch: Tardini, Pius XII, S. 104 f.
20 ADSS I, Doc. 313, S. 453 ff.; deutsch zitiert nach Blet, Pius XII., S. 42 f.
21 Bis zur letzten Konsequenz (Anm. 17), S. 82 f.
22 Verschwörung gegen den Krieg (Anm. 17), S. 127 f.
23 Pius XII., S. 5.

Kapitel 6

1 Akten Bischöfe V, S. 226 f.
2 Schreiben vom 1. 8. 1940, Akten Bischöfe V, S. 81 f.
3 Zum Führerbefehl »Gnadentod« und zur gesamten so genannten T4-Aktion vgl. z. B.: Süß, W.: Der Volkskörper im Krieg. Gesundheitspolitik, Gesundheitsverhältnisse und Krankenmord im nationalsozialistischen Deutschland 1939–1945, München 2003; Friedlander, H.: Der Weg zum NS-Genozid. Von der Euthanasie zur Endlösung Berlin 1997 (= London 1995/Uni North Carolina Press); Klee, E.: Euthanasie im NS-Staat. Die »Vernichtung lebensunwerten Lebens« Frankfurt/M. 1983.

4 Diese Predigt ist im vollem Wortlaut dokumentiert z. B.: Akten Bischöfe V, S. 497–509, Zitat S. 500 f.

5 Dokumentationen bei Portmann, H.: Der Bischof von Münster, Münster 1946, S. 160–200; ders., Dokumente um den Bischof von Münster, ebd. 1948, bes. S. 165 ff.

6 Schneider, Brief Pius' XII, S. 154 ff., Zitat 155.

7 Akten Bischöfe V, S. 675, Anm. 1.

8 Ebd., S. 675–678.

9 Dehler, Th.: Sie zuckten mit den Achseln, in: Raddatz (Hg.), Summa iniuria, S. 231 f., Zitat: 232.

10 Akten Bischöfe V, S. 770–801, Zitate: S. 777, 790. Einen ersten noch vagen Hinweis auf die Ermordung von Juden in der Ukraine und Weißrussland hatte Pius schon Ende Oktober 1941 vom Giuseppe Burzio erhalten, dem Apostolischen Vertreter des Hl. Stuhls in Bratislava. Burzio leitete die Information von Feldkaplänen nach Rom weiter, dass jüdische Zivilisten ohne Unterschied von Geschlecht und Alter systematisch ermordet würden (ADSS VIII, Doc 184, S. 327 f., hier 328). Am 11. März 1942 konnte Burzio präzisere Informationen der Feldgeistlichen melden. Danach würden die Massaker auf Befehl der deutschen Regierung von Milizen der SS mit Maschinengewehren durchgeführt (ebd., Doc 301, S. 456).

11 ADSS VIII, S. 466; vgl. Riegner, G. M.: Niemals verzweifeln. Sechzig Jahre für das jüdische Volk und die Menschenrechte, Gerlingen 2001 (= Paris 1998), S. 59 ff.

12 Aus dem »Gerstein-Bericht« (im Internet zugänglich); näher z. B. Saul Friedländer, Kurt Gerstein oder Die Zwiespältigkeit des Guten, München 2007 (= Paris 1967); Schäfer, J.: Kurt Gerstein – Zeuge des Holocaust. Ein Leben zwischen Bibelkreisen und SS, Bielefeld 1999; Joffroy, Pierre: Der Spion Gottes. Kurt Gerstein. Ein SS-Offizier im Widerstand? Berlin 1995.

13 Gerstein schreibt in seinem Bericht vom 4. Mai 1945, dass er in Berlin mit einem »Dr. Winter« Kontakt aufgenommen hätte, der Syndikus von Bischof Preysing. Alles spricht dafür, dass dieser Dr. Winter, den es im Umfeld von Preysing nicht gab, Dr. Sommer war. Gersteins Namenserinnerung nach fast drei Kriegsjahren an diese einmalige Begegnung ist noch erstaunlich gut; es sei ihm nachgesehen, wenn er aus »Dr. Sommer« »Dr. Winter« machte.

14 Vgl. Falconi, Das Schweigen, S. 166 ff.

15 Zitiert nach Falconi, ebd. S. 170. Original: La Parracchia (Rom), Ausgabe Mai 1964; vgl. dazu ADSS VIII, Doc. 374, S. 534: »La strage degli ebrei in Ucraina è ormai al completo [...] col sistema delle uccisioni in massa.«

16 Schreiben Scavizzis in: ADSS VIII, in Anm. 4 zu Doc. 496, S. 669f: »La eliminazione degli ebrei, con le uccisioni in massa, è quasi totalitaria, senza riguardo ai bambini nemmeno se lattanti.«

17 ADSS VIII, Doc. 431, S. 601 f. (Zitat 601); Blet, Pius XII., S. 183.

18 ADSS III, Doc. 406, S. 625; gesamter Brief: S. 625–629. Ähnliches schrieb einige Wochen später der Erzbischof von Riga, Msgr. Springovics, in einem persönlichen Brief an Pius XII. Fast alle Juden in Litauen seien getötet worden, nur im Ghetto von Riga gäbe es noch welche (ADSS III, Doc. 448, S. 694–96, hier 695).

19 ADSS VIII, Doc. 493/Anm. 2, S. 665 f. Zur Taylorfrage: ebd., Doc. 496, S. 669.

20 Brief auf Französisch: ADSS VII, Doc. 83, S. 181 f. Zu Karski vgl. z. B. Wood, E. Th./Jankowski, St.: Jan Karski. Einer gegen den Holocaust, München 1998 (= New York 1994).

21 Der päpstliche Gesandte Burzio in der Slowakei sandte am 7. März 1943 einen glaubwürdigen Brief eines Pfarrers aus Bratislava nach Rom, in dem von Seifenherstellung aus massak-

rierten Juden berichtet wird und von der Aussage eines deutschen Offiziers, der den Giftgaseinsatz gegen Juden bestätigte; in: ADSS IX, Doc. 85, S. 175–178.

22 ADSS IX, Note 174, S. 274.

23 Bis zur letzten Konsequenz (Anm. 17/Kap. 5), S. 295.

24 Dezza, P.: »Si lamentano che il Papa non parla ma il Papa non può parlare«, in: *L'Osservatore della domenica* vom 28. 6. 1964, S. 68 f. (Zitat 68).

25 Auf Deutsch dokumentiert: Utz/Groner I, S. 98–119 (Zitat: 118); Acta Apostolicae Sedis (AAS) 35 (1943), S. 9–24.

26 Utz/Groner II, S. 1909–17 (Zitat: 1913); auch ADSS VII, S. 396 ff. (nur Auszug).

27 Schneider, Briefe Pius XII., S. 235–242.

28 Protest der Frauen in der Rosenstraße vgl. z. B. Stolzfus, N.: Widerstand des Herzens. Der Aufstand der Frauen in der Rosenstraße – 1943, München 1996 (= New York/London 1996).

29 Schneider, Briefe Pius XII., a) S. 239/Anm. 1; b) S. 236; c) S. 242; d) S. 239.

30 Pascalina, Ich durfte ihm dienen, S. 151.

31 Anm. 29, a) S. 240; b) ebd.; c) 236.

32 Brief vom 31. 1. 1943: Schneider, ebd., S. 214–217, Zitat 215.

33 Brief vom 3. 3. 1944, ebd., S. 279–282, Zitat 280. Vgl. auch Brief an den Passauer Bischof Landersdorfer (9.2.44), wo Pius vom »Sichüberkreuzen widersprechender Richtungen«, spricht (ebd., S. 267 ff.).

34 Original abgedruckt in: Gariboldi, Pio XII, S. 152, vgl. auch die deutsche Übersetzung in: Falconi, Das Schweigen des Papstes, S. 284; Kaltefleiter/Oschwald, Spione, S. 183 f.

35 Vgl. z. B. http://www.karmel.at/edith/general.htm.

36 Ich durfte ihm dienen, S. 117 f.

37 Rom und die Juden, S. 171.

38 Salemink, Theo: Bischöfe protestieren gegen die Deportation der niederländischen Juden 1942. Mythos und Wirklichkeit, in: *Zeitschrift für Kirchengeschichte* 116 (2005), S. 63–77, hier S. 67.

39 *The Tablet* (11. 4. 1964), S. 419.

40 Vgl. Anm. 38, S. 68f (mit Belegen); Papstbrief vom 10. 5. 1943 in: ADSS IX, Doc.183, S. 287–289.

41 Ebd., S. 69.

42 ADSS III, Doc. 410, S. 633 ff.; Doc. 477, S. 736 ff.; Zitat: Blet, Pius XII., S. 84.

43 Deutsch zitiert nach Blet, ebd., S. 84 (ADSS, ebd. S. 738).

44 Ich durfte ihm dienen, S. 118.

45 Veröffentlicht 23. 9. 1963, S. 719; auf Deutsch: *L'Osservatore Romano* in der deutschen Ausgabe vom 15. September 1989, S. 7.

46 Schneider, Brief Pius XII., S. 165 f.

47 Pius XII, S. 65.

48 Auf Deutsch: Utz/Groner, Aufbau II, S. 2132–45: Die Kirche Christ u. der Friede unter den Völkern (= AAS 41/1949), S. 5–15); Zitate: a) S. 2141 f., b) 2142, c) ebd., d) ebd.

49 Profunder Überblick und Reflexion bei: Honnefelder, L.: Güterabwägung und Folgenabschätzung. Zur Bestimmung des sittlich Guten bei Thomas von Aquin, in: Schwab, D. u. a. (Hg.), Staat, Kirche, Wissenschaft in einer pluralistischen Gesellschaft. Festschrift P. Mikat, Berlin 1989, S. 81–98.

50 Vgl. Mangan, J.T.: An Historical Analysis of the Principle of Double Effect, in: *Theological Studies* 10 (1949) S. 41–61.

51 Zur Problematik der Güter- und Folgenabwägung bzw. zur Kritik des sogenannten Kon-

sequenzialismus vgl. vor allem die profunden Überlegungen von Rhonheimer, M.: Die Perspektive der Moral, Berlin 2001, S. 321–362; dazu Schockenhoff, E.: Naturrecht und Menschenwürde. Universale Ethik in einer geschichtlichen Welt, Mainz 1996, S. 197–227; Spaemann, R.: Grenzen. Zur ethischen Dimension des Handelns, Stuttgart 2001, S. 193–248 (Sammelband).

52 Interview-Aussage Keulens, in: Guido Knopp, TV-Dokumentation: Pius XII. und der Holocaust, Reihe: Vatikan – Die Macht der Päpste/Folge 1, 1997.

53 Vgl. z. B. Garibolidi, Pio XII, S. 193 ff.; Kurzman, D.: A special mission. Hitler's secret plot to seize the Vatican and kidnap Pope Pius XII, Cambridge (Mass.) 2007; Kaltefleiter/Oschwald, Spione (Anm. 33) S. 155 ff.

54 Bei einen Gespräch am 3. 11. 2007.

55 Vgl. Zuccotti, Under his very Windows, S. 259 ff.; Rychlak, Righteous Gentilies, S. 219f; zur Kontroverse ebd.

56 ADSS IX, Doc. 336, S: 480f (vgl. Anm. 18/Kap. 1).

57 ADSS VIII, Doc. 326, S. 479. Zu den Vorgängen siehe: Brandmüller, W., Holocaust in der Slovakei und die katholische Kirche, Neustadt 2003, bes. ab S. 55 und Blet, Pius XII. S. 174 ff.

58 Brief dokumentiert als Faksimile und auf Deutsch in: Brandmüller, ebd., S. 197 ff.

59 Zu Baranski vgl. Rychlak, Righteous Gentiles 218 f. und Rosenfeld, H.: Raoul Wallenberg, New York/London 1995, S. 72–81; zu Rotta vgl. Morley, J. F.: Pope Pius XII, Roman Catholic Policy, and the Holocaust in Hungary, in: Rittner/Roth (Hg.), Pope Pius XII, S. 154–174.

60 ADSS X, Doc. 243, S. 328; Horthys Antwort: ebd., Doc. 250, S. 339 (1. 7. 1944).

61 Der internationale Druck auf Horthy hatte auch durch den sogenannten Vrba-Wetzler-Bericht zugenommen. Den slowakischen Juden Rudolf Vrba (eigentlich: Rosenberg) und Alfred Wetzler war Anfang April 1944 die Flucht aus Auschwitz gelungen. Noch im April diktierten sie einen vielseitigen Bericht des Grauens über Auschwitz, der bald in Teilen von der ausländischen Presse publiziert wurde. Msgr. Burzio schickte den vollständigen Bericht (29 Seiten in Deutsch) Ende Mai ans vatikanische Staatssekretariat – dort soll er allerdings erst im Oktober angekommen sein. Auch von der Berner Nuntiatur wurde der Bericht an den Vatikan geschickt (Ende Juli). Welche Bewertung der Bericht erfuhr, ist nicht bekannt (vgl. ADSS X, Doc. 204, S. 281 u. S. 50).

62 ADSS X, Doc. 376, S. 460.

63 Vgl. z. B. Knauft, W.: Konrad von Preysing. Anwalt des Rechts. Der erste Berliner Kardinal und seine Zeit, 3. Aufl., Berlin 2003, S. 133 ff.; Leugers, Positionen der Bischöfe, S. 127 f.

LITERATURVERZEICHNIS – EINE AUSWAHL

Actes et documents du Saint Sièges relatifs à la Secondes Guerre mondiale, hrsg. von Pierre Blet, Robert Graham, Angelo Martini, Burkhart Schneider, 11 Bde., Vatikan 1965–81 (= ADSS).

Albrecht, Dieter: Der Hl. Stuhl und das Dritte Reich, in: Gott, K./Repgen, K. (Hg.), Die Katholiken und das Dritte Reich, 3. Aufl., Mainz 1990, S. 25–47.

Akten Deutscher Bischöfe über die Lage der Kirche 1933–1945, Reihe: Veröffentlichungen der Kommission für Zeitgeschichte (= VKZG), 6 Bde, Mainz 1968 ff.

Akten Kardinal Michael von Faulhaber, Reihe: ebd., 2 Bde. (1917–34/1935–45), Mainz 1975/1978.

Bendel, Rainer (Hg.): Die katholische Schuld? Katholizismus im Dritten Reich. Zwischen Arrangement und Widerstand, 2. Aufl., Münster 2004.

Bergen, Doris L.: An Easy Target? The Controversy about Pius XII and the Holocaust, in: Rittner/Roth (Hg.), a. a. O., S. 105–119.

Bergmann, Werner: Geschichte des Antisemitismus, 2. Aufl., München 2004.

Besier, Gerhard: Die Kirchen und das Dritte Reich. Spaltungen und Abwehrkämpfe 1934–1937, München 2001.

Ders.: Der Heilige Stuhl und Hitler-Deutschland. Die Faszination des Totalitären, München 2004.

Blet, Pierre: Papst Pius XII. und der zweite Weltkrieg. Aus den Akten des Vatikans, 2. Aufl., Paderborn 2000 (= Paris 1997).

Böckenförde, Ernst-Wolfgang: Der deutsche Katholizismus im Jahre 1933. Eine kritische Betrachtung, in: Bendel (Hg.), a. a. O., S. 195–223, zuerst: *Hochland* 53 (1960/61), S. 215–239.

Brechenmacher, Thomas: Pius XII. und der Zweite Weltkrieg. Plädoyer für eine erweiterte Perspektive, in: Hummel, K.-J. (Hg.), Zeitgeschichtliche Katholizismusforschung (VKZG), Reihe B, Bd. 100), Paderborn 2004, S. 83–99.

Ders.: Der Vatikan und die Juden. Geschichte einer unheiligen Beziehung, München 2005.

Breitman, Richard: New Sources on the Holocaust in Italy, in: *Holocaust Genocide Studies* 16 (2002), S. 402–414.

Burkard, Dominik: Papst Pius XII. und die Juden. Zum Stand der Debatte, in: Schuller, F./Veltri, G./Wolf, H. (Hg.), Katholizismus und Judentum. Gemeinsamkeiten und Verwerfungen vom 16. Jahrhundert bis zum 20. Jahrhundert, Regensburg 2005, S. 282–296.

Chadwick, Owen: Britain and the Vatican during the Second World War, Cambridge 1986.

Concutelli, Antonio: Roma, città aperta?, in: Il Novecento. I Giovani e la Memoria, hg. vom Istituto Statale della S. S. Annunziata, Firenze 1998–99 (Internetveröffentlichung: http://daniele.apicella.com/novecento/libro/intestazione.htm).

Coppa, Frank J.: The Papacy, the Jews and the Holocaust, Washington 2006.

Cornwell, John: Pius XII. Der Papst der geschwiegen hat, München 1999 (= London 1999).

Dalin, Rabbi David G.: The Mythe of Hitler's pope. How pope Pius XII rescued jews from the Nazis, Washington 2005.

De Felice, Renzo: Storia degli ebrei italiani sotto il fascismo, erw. Auflage, Turin 1993.

Denzler, Georg: Widerstand ist nicht das richtige Wort. Katholische Priester, Bischöfe und Theologen im Dritten Reich, Zürich 2003.

Die Tagebücher von Joseph Goebbels, hg. von E. Fröhlich, im Auftrag des Instituts für Zeitgeschichte, 32 Bände, München 1993 ff.

Falconi, Carlo: Das Schweigen des Papstes. Hat die Kirche kollaboriert? München 1966 (= Mailand 1965).

Fattorini, Emma: Germania e Santa Sede: le nunziature di Pacelli fra la Grande guerra e la Repubblica di Weimar, Il Mulino/Bologna 1992.

Feldkamp, Michael F.: Pius XII. und Deutschland, Göttingen 2000.

Fest, Joachim: Hitler. Eine Biographie, Tb-Ausg., 9. Aufl. München 2006 (= Berlin 1973)

Friedländer, Saul: Pius XII. und das Dritte Reich. Eine Dokumentation, Reinbek 1965 (= Paris 1964).

Ders.: Das Dritte Reich und die Juden, Bd. 1: Die Jahre der Verfolgung 1933–1939, Tb-Ausg., München 2000 (= New York 1997), Bd. 2: Die Jahre der Vernichtung, München 2006.

Gallo, Patrick J. (Hg.): Pius XII, The Holocaust and the Revisionists. Essays, Jefferson (North Carolina) 2006.

Ders.: Beyond The Deputy. Origins of the New Revisionism, in: ebd., S. 9–42.

Ders.: To Halt the Dreadful Crime, in: ebd., S. 110–135.

Gariboldi, Giorgio A.: Pio XII, Hitler e Mussolini. Il Vaticano fra le Dittature, Milano 1988.

Gaspari, Antonio: Gli ebrei salvati da Pio XII, Rom 2001.

Goldhaken, Daniel J.: Die katholische Kirche und der Holocaust. Eine Untersuchung über Schuld und Sühne, Berlin 2002 (= New York 2002).

Gollwitzer, Helmut: Darf der Papst schweigen? In: Raddatz (Hg.), a. a. O., S. 206 f.

Gotto, Klaus/Repgen, Konrad (Hg.): Kirche, Katholiken und Nationalsozialismus, Mainz 1980.

Gruber, Huber: Katholische Kirche und Nationalsozialismus 1930–1945. Ein Bericht in Quellen, Paderborn 2006.

Gumpel, Peter SJ: Pius as he really was, in: The Tablet (13. 2. 1999).

Ders.: Cornwell's Pope. A Nasty Caricature of a Noble and Saintly Man, in: ZENIT (Internationale Nachrichtenagentur, Rom), 16. 9. 1999.

Hitler, Adolf: Mein Kampf, ungekürzte Ausgabe, 651./655. Aufl., München 1941.

Hochhuth, Rolf: Der Stellvertreter. Ein christliches Trauerspiel, TB-Ausg., 38. Aufl., Reinbek 2005 (erstmals 1963).

Ders.: Ein Gesamtbild gibt es nicht. Antwort an Wilhelm Alff, in: Raddatz (Hg.) Summa iniura (a. a. O.), S. 133–39.

Hofer, Walther (Hg.): Der Nationalsozialismus. Dokumente 1933–1945, Frankfurt/M. 1957.

Hürten, Heinz: Deutsche Katholiken 1918 bis 1945, Paderborn 1992.

Kaltefleiter, Werner/Oschwald, Hanspeter: Spione im Vatikan. Die Päpste im Visier der Geheimdienste, München 2006.

Kardinal Michael von Faulhaber 1869–1952: Hrsg. von der Generaldirektion der Staatlichen Archive Bayern (Eine Ausstellung des Archivs des Erzbistums München und Freising des Bayerischen Hauptarchivs und des Staatsarchivs München zum 50. Todestag), München 2002.

Katz, Robert: Black Sabbath. The Politics of annihilation. The harrowing story of the jews in Rome 1943, London 1969.

Ders.: Rom 1943–1944. Besatzer, Befreier, Partisanen und der Papst, Essen 2006 (= New York 2003).

Konstantin Prinz von Bayern: Papst Pius XII., Stein a. Rh. 1980 (Aufl. 38.–42. T.).

Konopatzki, Ilse-Lore: Eugenio Pacelli. Pius XI. Kindheit und Jugend, Ruppichteroth 2001 (= Regensburg 1974, Reprint).

Kertzer, David I.: Die Päpste gegen die Juden. Der Vatikan und die Entstehung des modernen Antisemitismus, Berlin/München 2001 (= New York 2001).

Körfgen, Peter: »Das ist dir nicht erlaubt«, in: Raddatz (Hg.), a. a. O., S. 107–110.

Kühlwein, Klaus: »Die armen Juden« – als Papst Pius XII. weinte, in: Das Heilige Nichts. Gott nach dem Holocaust, S. 122–135, hrsg. von T. D. Wabbel, Düsseldorf 2007.

Lapide, Pinchas E.: Rom und die Juden. Papst Pius XII. und die Judenverfolgung, Bad Schussenried, 3. Aufl., 2005.

Laqueur, Walter: Was niemand wissen wollte. Die Unterdrückung der Nachrichten über Hitlers »Endlösung«, Frankfurt/M. u. a. 1981 (= London 1980).

Lawler, Justus G.: The Pope and the Shoah, in: Gallo (Hg.), a. a. O., S. 79–83.

Lehnert, Pascalina, Sr.: Ich durfte ihm dienen. Erinnerungen an Papst Pius XII. 5. Aufl., Würzburg 1983.

Leiber, Robert: Pius XII. †, in: *Stimmen der Zeit* 163 (1958/59), S. 81–100.

Ders.: Pius XII. und die Juden in Rom, in: ebd., 167 (1960/61, S. 428–436.

Ders.: Der Papst und die Verfolgung der Juden, in: Raddatz (Hg.), Summa iniura (a. a. O.), S. 101–107.

Leugers, Antonia: Positionen der Bischöfe zum Nationalsozialismus und zur nationalsozialistischen Staatsautorität, in: Bendel (Hg.), a. a. O., S. 122–142.

Levai, Jenö: Interventions by the Pope and the Nuncio, in: Gallo (Hg.), a. a. O., S. 104–109.

Ders.: »Mit brennender Sorge«, in *Stimmen der Zeit* 169 (1962), S. 417–426.

Lewy, Guenther: Die katholische Kirche und das Dritte Reich, München 1965 (= New York/ Toronto 1964).

Lierde van, Petrus Canisius Johann: Eindrücke von Person und Wirken Pius' XII., in: H. Schambeck, Pius XII. Friede durch Gerechtigkeit, Kevelaer 1986, S. 68–85.

Longerich, P.: Politik der Vernichtung. Eine Gesamtdarstellung der nationalsozialistischen Judenverfolgung, München 1998.

Ders.: »Davon haben wir nichts gewusst!« Die Deutschen und die Judenverfolgung 1933–1945, München 2007.

Marchione, Margarita: Did Pope Pius XII Help the Jews? New York 2007.

McInerny, Ralph: The Defamation of Pius XII, South Bend 2001.

Miccoli, Giovanni: I dilemmi i silenzi di Pio XII. Vaticano, Seconda guerra mondiale e Shoah. Nuova edizione aggiornata, Milano 2007.

Napolitano, Matteo/Tornielli, Andrea: Il papa che salvò gli ebrei. Dagli archivi segreti del Vaticano tutta la verità su Pio XII, Casale Monferrato 2004.

Nassi, Enrico: Pio XII la politica in ginocchio, Milano 1992.

Neuhäusler, Johann: Kreuz und Hakenkreuz. Der Kampf des Nationalsozialismus gegen die katholische Kirche und der kirchliche Widerstand, 2 Teile, München 1946.

Nonn, Christoph: Antisemitismus, Darmstadt 2008.

Notenwechsel zwischen dem Heiligen Stuhl und der deutschen Reichsregierung. Reihe: Veröffentlichungen der Kommission für Zeitgeschichte (= VKZG), 3 Bde, bearbeitet von D. Albrecht, Mainz 1965 ff.

Padellaro, Nazarena: Pius XII. 3. Aufl., Bonn 1957 (= Rom 1949).

Pawlikowski, John T.: The Papacy of Pius XII: The Known and the Unknown, in: Rittner/Roth (Hg.), a. a.O., S. 56–69.

Phayer, Michael: The Catholic Church and the Holocaust. 1930–1965, Bloomington 2000.

Ders.: Pius XII, the Holocaust, and the cold War, Bloomington 2008; Kurzfassung unter dem Aspekt der Judenhilfe auch: »Helping the Jews is not an easy thing to do.« Vatican Holocaust Policy: Continuity or Change? In: Holocaust Genocide Studies 21 (2007), S. 421–453.

Poliakov, Léon/Wulf, Josef: Das Dritte Reich und die Juden. Dokumente und Aufsätze, 2. Aufl., Berlin 1955.

Picciotto Fargion, Liliana: L'occupazione tedesca e gli ebrei di Roma. Documenti e fatti, Milano 1979.

Ders.: Il libro della memoria. Gli Ebrei deportati dall'Italia (1943–1945), 2. Aufl., Milano 2002.

Ders.: The Shoah in Italy: Its History and Characteristics, in: Zimmermann, J. D.: Jews in Italy under Fascist and Nazi rule, 1922–1945, New York u. a. 2005, S. 209–223.

Raddatz, Fritz J. (Hg.): Summa iniuria oder Durfte der Papst schweigen? Hochhuths »Stellvertreter« in der öffentlichen Kritik, TB, Reinbek 1963.

Reden des Führers. Politik und Propaganda Adolf Hitlers 1922–1945, hrsg. von E. Klöss, dtv dokumente, München 1967.

Repgen, Konrad: Judenpogrom, Rassenideologie und Kirche im Jahr 1938, in: Bendel (Hg.), a. a. O., S. 60–95.

Rhonheimer, Martin: Katholischer Antirassismus, kirchliche Selbstverteidigung und das Schicksal der Juden im nationalsozialistischen Deutschland. Das »Schweigen der Kirche« zur Judenverfolgung im NS-Staat: Ein Plädoyer für eine offne Auseinandersetzung mit der Vergangenheit, in: Laun, A. (Hg.), Unterwegs nach Jerusalem. Die Kirche auf der Suche nach ihren jüdischen Wurzeln, Eichstätt 2004, S. 10–33.

Rittner, Carol/Roth, John, K. (Hg.): Pope Pius XII and the Holocaust, London/New York 2002.

Rubinstein, Richard L.: Pope Pius XII and the Shoah, in: Rittner/Roth (Hg.), a. a.O., S. 175–202.

Rychlak, Ronald J.: Hitler, the War and the Pope, Columbus 2000.

Ders.: Righteous Gentiles. How Pius XII and the Catholic Church Saved Half a Million Jews from the Nazis, Dallas 2005.

Ders.: Zuccotti's Lack of Evidenz, in: Gallo (Hg.), a. a. O., S. 138–149.

Sandfuchs, Wilhelm: Papst Pius XII. Ein Lebensbild, 2. Aufl., Karlsruhe 1956.

Sale, Giovanni: Roma 1943: Occupazione nazista e deportazione degli ebrei Romani, in: Civiltà Cattolica 154 (2003), S. 417–29.

Ders.: Hitler, la Santa Sede e gli ebrei. Con documenti dell'archivio Segreto Vaticano, Mailand 2004.

Sarfatti, Michele: Gli ebrei nell' Italia fascista. Vicende, identità, persecuzione, Turin 2000.

Ders.: La Shoah in Italia. La persecuzione degli ebrei sotto il fascismo, Turin 2005.

Schad, Martha: Gottes mächtige Dienerin. Schwester Pascalina und Papst Pius XII., München 2007.

Schneider, Burkhart (Hg.): Die Briefe Pius' XII. an die Deutschen Bischöfe 1939–1944, (VKZG), Reihe A: Quellen Bd. 4, Mainz 1966.

Spinosa, Antonio: Pio XII. Una papa nelle tenebre, Milano 2004.

Statman, Daniel: Moral Dilemmas, Amsterdam/Atlanta 1995.

Symposium on Pope Pius XII and the Holocaust in Italy. Debates: in: Journal of Modern Italien Studies 7(2) 2002, S. 215–268 (Debatten zw. Rychlak/Zuccotti/Cotta).

Tagliacozzo, Michael: La Communità di Roma sotto l'incubo della svastica – La grande razzia del 16 ottobre 1943, in: Gli ebrei in Italia durante il Faschismo, Quaderni del Centro di Docum. Ebraica Contemporanea, Nr. 3 (Centro di Documentazione Ebraica Contemporanea), Milano 1963, S. 8–37.
Ders.: La persecuzione degli ebrei a Roma, in: Picciotto Fargion, L'occupazione, S. 149–172.
Tardini, Domenico: Pius XII. Als Oberhirte, Priester und Mensch, Freiburg. u. a. 1961 (= Città del Vaticano 1960).
The Trail of Adolf Eichmann. Record of Proceedings in the District Court of Jerusalem, hrsg.: State of Israel. Ministry of Justice, Vol. I und IV, Jerusalem 1992 f.
Tittmann, Harold H., Jr.: Inside the Vatican of Pius XII. The Memoir of an American Diplomat during World War II, ed. von Harold Tittmann III, New York u. a. 2004.
Tornielli, Andrea: Pio XII. Il Papa degli Ebrei, TB, Casale Monferrato 2002.

Utz, Arthur/Groner, Josef: Aufbau und Entfaltung des gesellschaftlichen Lebens. Soziale Summe Pius XII., Bde. I/II, Freiburg (Schweiz) 1954.

Vervoort, Constant: Pius XII, Antwerpen u. a. 1949.

Wachsberger, Arminio: Testimonianza di un deportato di Roma, in: Picciotto Fargion, L'occupazione, S. 173–207.
Whitehead, Kenneth D.: The Pope Pius XII Controversy: A Review Article, in: Gallo (Hg.), a. a. O., S. 84–103.

Zuccotti, Susan: Under his very Windows. The Vatican and the Holocaust in Italy. TB-Ausg., New Haven (Yale Univ. Press) 2002.
Ders.: Pope Pius XII an the Rescue of Jews during the Holocaust: Examining Commonly Accepted Assertions, in: Zimmermann, J. D. (Hg.): Jews in Italy under Fascist and Nazi rule, 1922–1945, New York u. a. 2005, S. 287–307.

Michael Wolffsohn
**Juden und Christen –
ungleiche Geschwister**
Die Geschichte
zweier Rivalen
200 Seiten
ISBN 978-3-491-72508-9

Sind Judentum und Christentum zu Beginn zwei Arten von
Reformjudentum, mithin Geschwisterreligionen, so kenn-
zeichnen Abgrenzung und Rivalität seitdem die weitere, wenig
geschwisterliche Geschichte. Das Christentum setzt sich als
Staatsreligion gegen das Judentum durch.
Wolffsohn spürt der Gemeinsamkeit beider Religionen nach.
Dabei stellt er folgende Paradoxie heraus: das Judentum wurde
in 2000 Jahren immer »christlicher«, das Christentum wurde
immer »jüdischer«. Seit dem Holocaust allerdings zeichnet sich
eine gegenläufige Entwicklung ab. Auf der Basis der historischen
Quellen gewinnt Wolffsohn überraschende Einsichten zur
jüdisch-christlichen Geschichte und formuliert pointierte
Schlussfolgerungen für eine weitere Annäherung von Juden
und Christen.

 Patmos